名园长的诗与远方

MING YUANZHANG DE SHI YU YUANFANG

第二季

李情豪 著

華中師範大學出版社

新出图证(鄂)字 10 号

图书在版编目(CIP)数据

名园长的诗与远方. 第二季 / 李情豪著. -- 武汉 : 华中师范大学出版社，2025. 1. -- ISBN 978-7-5769-0447-5

Ⅰ. G4-53

中国国家版本馆 CIP 数据核字第 2024Z7L844 号

名园长的诗与远方(第二季)

责任编辑:梅 杰

封面设计:胡 灿　　**责任校对**:王 炜

编辑室:少儿教育分社　　**电话**:027-67861321

出版发行:华中师范大学出版社

社址:湖北省武汉市洪山区珞喻路 152 号　　**邮编**:430079

销售电话:027-67863426(发行部)

网址:http://press.ccnu.edu.cn

电子信箱:press@mail.ccnu.edu.cn

印刷:湖北恒泰印务有限公司　　**督印**:刘 敏

开本:880mm×1230mm 1/32　　**印张**:11.75

版次:2025 年 3 月第 1 版　　**印次**:2025 年 3 月第 1 次印刷

字数:293 千字　　**定价**:59.00 元

欢迎上网查询、购书

自 序

于我而言，这是一个嵌入我生命的重要日子，我写给园长的“情书”《名园长的诗与远方》出版了，这个日子是2021年9月1日，它在我的人生中闪射着独特且永恒的光芒。这本书的字里行间都燃烧着我的幼教激情，流淌着我对幼儿园园长深深的爱，飘逸着我对幼儿与幼儿教师无比的敬畏之情。此书出版后，在全国幼儿园园长中产生了我未曾预料到的热烈反响，它让我十分荣耀地成为园长们至真至诚的朋友，我特别引以为傲。每每有园长要我在书上给其签名时，我都带着虔诚之心为其写下我最美好的祝愿。

我感到无比兴奋，我的《名园长的诗与远方（第二季）》又要出版了，我将我生命中最美的词汇又献给了全国136位园长，连带第一季写的132位园长，遍及中国大江南北，两本书融入了我对园长、对学前教育的全部理解。它是我给予园长的万丈豪情与心灵赞歌，它是我对于中国幼儿园五彩缤纷、光芒璀璨的尽情描绘和钦敬热爱。

一幅浓墨重彩的画铺现在眼前：幽幽江城武汉，全国名园长俱乐部东湖微论坛的参会园长们济济一堂，以最生动的方式展现着各自幼儿园旖旎的风姿，以最朴实真诚的话语讲述着他们的文化、环境、游戏、课程、管理故事，透着他们对学前教育的深深理解与情怀，凸显了他们对于学前教育生命性的执着追寻。他们有着大海般的胸怀，有着阳光般的格局，有着蓝天般的视界。

《名园长的诗与远方（第二季）》有四个版块：园长之境、文化之品、课程之魂、理念之要。园长之境，园长宛如一位智慧的领航者，展现出令人赞叹的高境界。她的身影仿佛是定海神针般，给人一种安稳与踏实之感。她的眼神中透着温柔与慈爱，如同春日的暖阳，洒落在每一个孩子的心田。她深知，幼儿园是孩子们人生的起点，每一个细节都可能影响孩子的未来。文化之品，犹如一首悠扬的乐章，在幼儿园的每一个角落奏响。园长们用心打造着独具特色的园所文化，让孩子们在浓厚的文化氛围中生长。课程之魂，是学前教育的核心所在。园长带领着自己的团队精心设计的课程，如同灵动的音符跳跃在孩子们的学习生活中。他们注重培养孩子们的综合素质，让孩子们在游戏中学习，在探索中成长。课程里有科学的奥秘，有艺术的魅力，有语言的美妙，有运动的活力。理念之要，园长及学者们怀揣着对学前教育的深刻理解和对孩子们的无限关爱，提出了一个个先进的教育理念。这些理念如明灯般照亮了孩子们前行的道路，引领着他们走向更加美好的未来。

本书能够以诗与远方的意境见诸全国学前领域，这得益于以“创造优质教育，培育一代新人”为重要使命的武汉亿童文教公司的董事长陈先新先生，是他与华中师范大学出版社联手推出此书，我真是感激至极。在陈先新董事长的心灵溪泉中，始终悠悠荡漾着对儿童及儿童教育的无比热爱，他把自己人生的梦想和理想以及生命全部的智慧都倾注于儿童教育事业之中。我之所以满怀激情地书写《名园长的诗与远方》《名园长的诗与远方(第二季)》，都是被陈先新先生的执着精神所感动，我如若不写仿佛会感觉对不起他，这也是我写此书的出发点之一。

歌赞园长，我燃烧着我的万丈豪情；走进园长的心灵，是我独特幸福生活淋漓尽致的畅快体现。我骄傲地说：我的人生流光溢彩，因为我始终沐浴在全国那些园长的“山楂树般的微笑”中，我荡漾在“园长妈妈”“园长爸爸”那高雅、深厚、创造、幸福的江河湖海与浩瀚的蓝天之上。我还要抒写《名园长的诗与远方》第三季、第四季……我好想沉浸在《名园长的诗与远方》里。

目　　录

第一部分

园长之境

永远与孩子、老师和家长同频共振

同频共振，是胡华语汇中的高频词。同频共振，在胡华的语言体系中有着十分重要、十分特殊、十分生动的意义。

同频共振，早已成为胡华的办园理念、办园信条、办园智慧。同频共振，是胡华用生命修炼的办园秘笈；同频共振，是胡华生命之情的自然流淌。

永远与孩子同频共振。胡华，在生命的蜿蜒中，读懂了孩子，理解了孩子；胡华，在生命的灿烂中，感恩孩子。于是，她有了一个坚定的信念，有了一个极其珍贵的法宝：永远把自己的心灵频率调到孩子的频道上去，始终与孩子同频共振。无论在什么时候，无论在什么状态下，她都清晰地知道孩子们在想些什么，需要些什么，在什么状态下才会真正快乐，才会按照他们的节奏成长。胡华的幼儿园，孩子们是真正的主体，到处呈现的是孩子们美丽的生命痕迹，到处闪现的是孩子们生命的快乐与精彩。

永远与教职工同频共振。胡华之所以能够走进教职工的心灵世界，成为他们最知心的朋友，就是因为她了解、尊重、关心所有的教职工。胡华能真情而智慧地将自己的频道调到教职工的心坎上；教职工也非常愿意主动把频道调到胡华的心坎上去。门卫师傅、扫地的员工都是她的挚友。胡华与教职工的同频共振，创造了中华女子学院附属实验幼儿园的生命和谐。

永远与家长同频共振。幼儿园教育特别需要与家庭教育进行科学的融合，否则难以创造高品质的幼教质量。胡华通过各种方式调整幼儿园与家庭的振动频率，尤其是提升一些家长的教育认识,使之与幼儿园保持一致。

永远与花草树木同频共振。在胡华的幼儿园里,树木苍翠,花草清香,到处都充满勃勃生机。人文与自然的同频共振,创造了独特的文化生态。这就是她的美丽的花花草草幼儿园,这就是她的“传统、自然、本真”的幼儿园,这就是“成为我自己”“我们在一起”“按照自己的节奏呼吸与思考”的花草幼儿园。这一切,都源于一个同频共振。

“静言静语”讲述“儿童第一”

刘静是重庆市江北区新村幼教集团总园长。在首届东湖微论坛上,刘静园长用她东方美女的身影,用她极富感染力的“静言静语”讲述“儿童第一”的时候,我便期盼着有机会到重庆新村幼教集团去好好看看。后来机会终于来了,刘静名园长工作室与亿童教育研究院联合举办东湖微论坛重庆站,于是我就乘着蓝天白云,飞到了那个“儿童第一”的重庆新村幼教集团。我的眼睛超级闪亮起来,我用手机一个劲儿地拍拍拍,每一处都让我情不自禁地感慨:“啊!真是‘儿童第一’哟!‘儿童第一’体现在幼儿园的所有环节、所有角落和所有地方。”

重庆新村幼教集团共有 8 所幼儿园,我看的这所幼儿园是总部,即为江北新村幼儿园。这个幼儿园的牌子就很具有国际范,进门一边墙角是转动的微型水车,另一边则是孩子们种的菜,那菜长得十分绿翠,好像映耀着孩子们的生命光辉;小茶馆的桌椅,环境的设置,淋漓尽致地凸显着当地某些茶文化的元素;青绿的土堆下是孩子们钻爬的小洞,泥土中散逸着孩子们生命的味道;依墙院自然状态而精心构建的各种小屋、各种游戏活动区域透着创设者的儿童立场。

我很喜欢幼儿园地面那带有古朴色调的木质地板，我很喜欢那些随处可见的、充满活力的、跟孩子们相依相伴的绿植。在江北新村幼儿园，似乎有一个声音在坚定地告诉你"儿童第一"；在江北新村幼儿园，还有一个稚嫩的声音在接连不断地响起："这是我们的幼儿园！在幼儿园，我们最快乐！我们最幸福！"

刘静的内心很美好又很强大。"儿童第一"是她孜孜追求的梦想，但一个先进的教育理念要真正变成一种自觉的行为姿态，并非是一件简单的事情。刘静的温柔中带有一种坚忍的意志。那天到幼儿园正巧碰上她们的老师进行第二届骨干教师"践行儿童第一，聚焦儿童成长"的演讲比赛，教师们的演讲让我感知到"儿童第一"的观念已经牢牢地、深深地植根于重庆新村幼教集团每一个教师的骨髓里。

"儿童第一"是面向世界、面向未来的教育观；"儿童第一"是对钱学森之问的深情回应；"儿童第一"是对儿童生命的最大尊重。刘静，一个在世界前端快速行走的名园长，一个在儿童生命鲜花中绽放梦想的幼教名家，我想代表孩子们向你致以崇高的敬礼！

她深情于普特融合教育

她，将一颗善良仁慈的心嵌入了幼儿园普特融合的教育之中；她在第十四届东湖微论坛上讲述普特融合教育的探索与实践时，满含深情。我感到她的热泪在眼眶里转动，她把世上只有母亲可以给予的温暖都献给了孩子们，特别是给予了那些视觉障碍儿童、听觉障碍儿童、自闭症儿童、智力障碍儿童等特殊儿童。我在内心深处向她以及她幼儿园的老师们深深地鞠躬。应该说关心特殊儿童这个弱势群体的教育是社会文明进步的标志,我们应该让包括特殊儿童在内的所有儿童都充分享受到阳光的温暖。

她叫唐敏,是云南省学前教育专家委员会主任委员、原昆明学院学前与特殊教育学院院长,她也是昆明学院附属幼儿园总园长。我曾到过她们的学院,那里的自然风光与人文底蕴构筑了学院普特融合的精神境界。昆明学院在自己的附属幼儿园做普特融合教育的探索与实践,唐敏认为它不仅仅具有得天独厚的优势,同时也是学院与幼儿园义不容辞的神圣职责。

唐敏说学前普特融合教育是将学前特殊儿童安置在正常的托幼机构中,让他们与普通儿童一起参与班级日常的保教活动,最大限度地发掘特殊儿童的潜能,促进他们积极科学的康复和成长。普特融合教育对于教师而言要求更高,它既需要教师具备朴素的敬业精神,也需要教师具备更多的专业知识与技能。但与此同时普特融合也拓展了教育资源,特殊儿童的存在让普通孩子们懂得了这个世界上还有一些需要帮助的小伙伴,其同情心、怜悯心会在共同学习与生活中慢慢生长。

普特融合尽管十分重要,但做起来并非易事。唐敏作为一个高等院校院长、一个大学教师、一个幼儿园园长,把整个身心投入其中,用超乎寻常的爱,带领教师们探索着融合教育的多维路径。她们在研究与实践中建立了“四叶草”全融合教育支持体系,即高校教师全程的专业指导和技术支持、家长社区社会职能部门的社会支持、资源教师与幼儿园普教教师的协作支持、幼儿间协作互动提供的同伴支持。多么宝贵的“四叶草”,它是特殊儿童欢快奔跑的草原,是特殊儿童接受阳光雨露的绿叶,是与蜜蜂、彩蝶共舞的香甜,是特殊儿童浸润大爱的嫩尖。唐敏说,高校教师拥有系统、前沿的专业知识与技能,高校教师的全程指导为全融合教育的实施提供了强有力的理论支持和实践指导。在推行过程中,昆明学院特殊教育系教师为幼儿园普通教师、资源教师进行了多次集体专业培训,并对教师们在语言、运动等个别化康复训练过程中遇到的问题进行研讨。她们构建了 CRF 教育康复模式。唐敏把自己的爱与情都融进了融合教育,融进了儿童的生命成长之中。

唐敏有一个坚定的目标,让两类幼儿都获得最大限度的发展。她们幼儿园开展的普特幼儿全融合班级活动,始终围绕游戏、活动、朋辈、弹性等关键词做文章,扎实推进基于资源中心的特需幼儿个别化支持功能康复,坚持实施普特家庭家园共育,特别关注语言功能评估与康复、认知功能评估与康复、运动功能评估与康复和社会适应与情绪行为康复。她们探索建立了特殊儿童自理能力行为常规。全融合的班级活动就是在生活活动中引导普特幼儿结成朋辈生活伙伴;在教学活动中用弹性课程设计,让不同发展程度的幼儿均能参与课堂;在游戏活动中建立任务导向制的友伴协作关系。她们建立了资源中心运作机制,建立“一人一案”,制订个别化计划,为特殊需要幼儿提供个别化的功能康复和参与促进训练,对融合班级提供巡回指导。对家庭的支持则采取“四项措施”:一是与资源教师一起评估,一起制订个别化康复计划;二是进行心理疏导;三是争取政府的项目支持;四是研制家庭远程康复训练指导软件。唐敏说如何使特殊儿童在平等教育环境下获得进步和发展,是学前儿童融合教育工作的重点和难点。她们以坚定不移的态度,用执着的行为克服重重困难,将一个又一个具体的问题逐一解决。

我知道普特融合教育是一件很复杂、很辛苦的事情。因为我曾做过特殊儿童随班就读的研究工作,我了解教师的付出特别大,如果没有对特殊儿童的深爱,没有将心比心的博大胸怀与善良,没有对特殊教育的特殊信念,是很难做好普特融合的。唐敏对学前普特融合教育的热爱是发自内心的,是建立在生命立场上的思考。她在阐述学前普特融合教育意义时说,普特融合教育是帮助特殊儿童建立良好的社会关系、帮助特殊儿童进入主流社会、促进他们全面发展的教育;是探索早期教育与康复服务新模式,完善学前教育和特殊教育体系的教育;是帮助家长认识孩子的特殊需要,并积极参与教育过程去帮助孩子、帮助家长减轻精神和经济方面的负担的教育。一个人的心灵境界,一个人的专业素养,决定了这个人的工作情怀与追求。唐敏的认识深度驱使着她必须把这项工作做到最好。

唐敏说,"幼有所育,弱有所扶"是中国特色社会主义教育的重要任务。"普特平衡发展、融会贯通、合而不同"是昆明教育学院的目标追求。"我们都一样,我们不一样"是昆明教育学院附属幼儿园每个特殊儿童的生命感受。她们创建公平接纳的园所文化,她们消除各种偏见,她们为特殊儿童提供了一个平等的教育环境、一个立体的支持系统。事实上,她们的努力获得了巨大的回报,她们的研究获得了云南省教育科研成果一等奖,《人民日报》作了报道,更重要的是孩子们得到了充分的发展,家长看到了希望。唐敏给我们放了一个小视频,当看到家长泪流满面地讲述自己孩子发展故事的时候,我的眼睛也湿润了,我对昆明教育学院教师们的敬意油然而生,我一直沉浸在一种特别的感动之中,可能会永远延续。

一只飞翔于幼教改革天空的海燕

海燕,大海的精灵。我一下就想起了高尔基的《海燕》,眼前闪现海燕的雄姿:“在苍茫的大海上,狂风卷集着乌云。在乌云和大海之间,海燕像黑色的闪电,在高傲地飞翔。一会儿翅膀碰着波浪,一会儿箭一般地直冲向乌云,它叫喊着——就在这鸟儿勇敢的叫喊声里,乌云听出了欢乐。”我今天要写的海燕,是中国幼教领域里的一只海燕,准确地说,她是一只优雅灵动的海燕,她展翅高飞的样子总会让人振奋。这只海燕是郭海燕,她是山西省学前教育研究中心的主任,同时兼任山西省康乐幼儿园的园长。

虽然我们只见过两面,但觉得彼此特别熟悉,一谈起学前教育那些事儿,就会很兴奋,一直往远处、往高处、往深处谈,那是我们可以看得到的春意盎然的幼教天空。对于康乐幼儿园,我有种特别的感受,我和前任园长郭晚盛是老朋友,他现任山西省教育科学研究院院长,我所著的《名园长的诗与远方》写有两篇关于他的文章。那次到太原,他邀我到康乐幼儿园去看看,可遗憾的是因论坛的原因还是没能如愿走进康乐幼儿园。这次走进康乐幼儿园,郭海燕园长带我们看壮硕的梧桐,看回归自然的生态环境,看主题与功能鲜明的户外教育介绍,看基于康乐内涵的文化呈现,看孩子们自由、自主、创造与愉悦的游戏活动,看独特而丰富的园本课程。我的心在康乐的执着追求中跳动,我的思绪在郭海燕所讲述的课程故事中萦绕。

一种心灵的格局,孕育了一个园长的胸怀与远见。郭海燕身上闪现着与众不同的气度。她说,康乐幼儿园还将新建幼儿园。我不得不感叹政府的魄力,感叹社会对幼教的高度重视。郭海燕在酝酿,在自由地想象,她要不辜负政府的高期待,她要创造内涵发展的新境界,她要寻求儿童发展的新高度,她想构建比所谓“高瞻”课程更高瞻的课程。

有一个话题,让我更为关注。康乐幼儿园按照山西省教育厅与太原市人民政府签署的合作框架协议,以托管办园的形式,扶持建设太原市各城区 10 所分园,以扩大太原市优质公办学前教育供给,实现区域间的协同均衡发展,托管了 10 所公办园。郭海燕园长和太原市教育局局长任筹备工作小组组长,成立了专班,制定了详尽可行的方案。这是大手笔,这是宏伟的幼教工程。郭海燕告诉我,她们将以课题研究的方式来探索中国迅速拓展优质学前教育资源的新型体制。把人民对优质学前教育的渴望放在首位,走出中国特色社会主义新时代学前教育优质发展的新路。海燕,扇动着有力的翅膀,带着她的团队,在筹划,在研讨,在实践,在探索新的空间。这是海燕飞翔的意义,这是茫茫幼教之海的无限魅力。

海燕在飞翔,她带领一帮人,对托管园工作开展实地调研,从地理方位、班级规模、管理队伍、环境创设、课程实施及配套设施等方面全方位考察评估。郭海燕懂得,要托管好这 10 所园,并不是一件简单的事情,深入调研,科学分析,才能精准施策。调研后,她们确立了“一区一策”“一园一案”的基本方针。接着她们组建专业团队分别赴 10 所分园,从园务管理、环境创设、课程实施、家园共育、教科研及培训等方面进行工作对接指导。她研究制定了托管办园工作长效机制,力争所有托管园达到太原市四星至五星级标准,并建立托管工作联席会议机制,制定工作人员管理办法,建立考核评估机制及考核办法。

我以为,中国学前教育急需探索快速扩大优质教育资源的新机制。我们不能被动等待,我们应该积极改革探索,我们应该不拘一格寻找新的发展方式。郭海燕承担着探索新路的重任,她信心满满,因为她懂得政府的期许,因为她知道人民群众的渴盼,她必须带领山西省康乐幼儿园的同事们竭尽全力去奋斗,把 10 所公办幼儿园的托管工作做实做好,闯出一条高质量发展的路径,她的心里有一团火在熊熊燃烧。那天晚上，我们聊得特别兴奋，她不断给我们展望着有效扩大优质教育资源的新蓝图。

山西学前教育之大海上飞翔的海燕，其姿态是那样的矫健，是那样的隽美。我和郭海燕园长面对面交流并不多，但只要交流，我就会跟着她的节奏走。她说她要做一个关于“托管式”学前教育集团优质发展的大课题，将邀请全国的学前教育专家进行指导。我非常赞同，改革既要有勇气，更要有科学的思维。作为担任过山西省学前教育研究中心主任的郭海燕园长，科学研究是她的强项或优势。她认为，“托管式”教育集团改革是一个系统性的工程，其复杂性不言而喻，其挑战性也是可想而知的。她说她要建立一个攻坚克难的研究团队，要精心规划研究的线路，要从不同的维度去确立研究的具体问题，注重细节，各个击破。

学前教育，真是一种飞翔的工作。幼儿的蒙养需要飞翔，幼儿的梦想需要飞翔，幼儿的幸福与快乐需要飞翔。郭海燕，她要和幼儿高高飞翔，这是她作为园长的心愿，这是她感受生命价值的行为方式。郭园长是一个特别有品位的人，她对新建园的园徽设计要求非常严苛，几种设计稿都被她否了。最后她选的一稿设计真是让我眼睛一亮，构思奇妙，匠心独具，内涵丰富。这也给我上了一课，做事一定要追求极致，一定要无限地接近完美。

飞翔的海燕，这不仅仅是画面，而且是莫大的能量。山西的天空，蓝蓝的，偶尔几缕白云飘过。太原市学前教育的天空，轻风徐徐，如大海般的茫茫无际，郭海燕放飞着梦想。

流连于北京航天城的幼儿园

在首都北京，在航天城，理所当然地有一所航天幼儿园，它是中国人民解放军某部队航天幼儿园，园长叫肖萍，曾在第二十八届东湖微论坛上分享过她们幼儿园的特色航天课程。肖萍在我心中是出色的舞者，她在东湖边的那段独舞，便成了我对于她极有画面感的记忆。肖萍的微笑与她的舞姿一样，让人强烈地感受到那是一种源于职业幸福感的最美表达。

春在北方，显得比南方更具魅力，尤其是那些树绿得简直让人的眼睛闪射碧光。走进航天城，楼房、道路、花坛与树林，都仿佛披上了神秘的面纱。一切仿佛都是高科技：太空、宇宙飞船、航天员。我走进了一个我从小就向往的世界，我真想飞向浩瀚无垠的太空，去探寻宇宙的奥秘。在思维的飘飞中，我来到了航天幼儿园，见到了具有舞蹈天赋的肖萍园长。这是我第三次同她见面，每一次都在升华我对她的认识。第一次她以一位园长的艺术才华让我惊叹；第二次她以航天系统幼儿园联盟重要的组织者，以她的组织才能令我折服；第三次我当然是满怀期待，想走进她独特而精彩的幼教故事，想“窥探”她作为中国人民解放军航天幼儿园园长的心灵世界。

肖萍很有军人的作风，一到幼儿园就立马带我参观。她熟悉这里的每一寸土地，她的脚下和眼中似乎全是故事。她不停地讲，越讲越兴奋。她讲首长是如何重视幼儿园，为了保证幼儿健康与快乐，为了促进幼儿园质量的提升，给予了特别的关照。我现在看到的航天幼儿园，是全面改造、提档升级的全新幼儿园，是面向现代化、面向世界、面向未来的幼儿园。那多功能大厅，有航天的气势；那具有坡度的楼上广场，给孩子们一种特殊的户外活动空间；那外面的衔接廊道很有点太空飞船的味道。

我尤其喜欢幼儿园的那些树，教学楼的天井处、旧幼儿园与新幼儿园的衔接处，都有粗壮的树。这给孩子们以生命的气息。肖萍园长说，在施工期间，有几棵树是准备挖掉的，是她死死坚持，让其保留了下来。许多园长知道，如果到幼儿园看不到花草树木，我会非常郁闷的。我无数次地拿别墅来打比方，人们之所以要住别墅，最主要的是因为有院子，有可以种花、种草、植树的土地，也可以弄点小水池、种点荷花、养点小鱼，还可以种点青菜，甚至还可以弄点假山什么的。这说明人们最向往的还是自然生态环境，这给我们幼儿园的启示，就是要根据儿童的天性给孩子们更多的泥土，更多的花草树木。这应该成为园长铁的坚守和铁的原则。肖萍坚定护树的故事，真让我感动。肖萍是一个特别细心的人，她在幼儿园改造新建过程中，整天忙忙碌碌，她总要转转看看，她希望每一个细节都要站在儿童的立场上、用儿童的视野去考虑，不能留下遗憾。走到幼儿园的每一处，我都感觉到留下了肖萍的心血。

航天幼儿园有它特殊的经历，肖萍也有她特殊的故事。航天幼儿园招收的孩子当然是航天战线的子女，当然也包括航天员的小孩。肖萍和她的老师们，加班是经常有的事情。肖萍以她的承诺、以她和老师们的悉心照顾，让航天工作人员能够安安心心地工作。航天幼儿园用自己特别的爱在为中国航天科技事业默默贡献着她们的力量。想到这，我在此向肖萍，向她们幼儿园的所有教职员工致以崇高的敬意。肖萍在我要离开的时候，还送给我一张航天员刘洋的签名照，很珍贵，我兴奋得不得了。

肖萍的脑海里，似乎全是关于航天幼儿园的故事，她不停地讲着，如泉喷涌，如绿叶一样繁茂，如鲜花一样鲜艳，如彩虹一般美丽。我听得津津有味、心旷神怡。她跟我说，她们的幼儿园正在凝炼航天方面的科技文化，正在研发幼儿航天课程。在扩建的幼儿园里，呈现出许多航天元素。墙面透着蓝色的航天色彩，新旧楼之间是迷幻的航天过道，过道之中站立着“航天员”，多功能大厅有一面黑色的大墙,墙上是用粉笔绘画而成的太空,中国的卫星、宇宙飞船正在飞行,闪烁在群星之中。航天幼儿园在航天城,拥有丰富的航天课程资源。幼儿园的孩子们可以去参观航天展,可以看到一些航天实验,这对孩子们来说是非常难得的科技课程。肖萍和她的老师们还有许多美好的展望,她们正在全面地研究开发更多的环境资源和课程资源。

在肖萍园长的协调下,我参观了航天展览馆,参观了航天员训练中心,参观了航天员太空实验室,一方面为我国航天科技的快速发展而感到骄傲自豪,另一方面对航天员极其艰苦的训练感到由衷地敬佩。这些都是航天幼儿园得天独厚的课程资源,这一定会在孩子们幼小的心灵里留下非常深刻的印记,这也让我联想到整个中国的幼儿园应该如何基于现代化、基于世界、基于未来,去主动根据一切可以利用的教育资源,构建潜移默化、润物细无声的环境,开发实施课程,具有特别重要的意义。园长应该有强烈的责任感,应该有不可怠慢的主动意识,应该有熊熊燃烧的激情,应该开启自己所有的智慧之门去努力提高幼儿园的教育品位与品质。

参观航天幼儿园,与肖萍园长及老师们交流,让我长了见识,让我进一步懂得了幼儿园教育的重要性。我非常感谢肖萍园长,让我看到了幼儿园教育的又一个崭新的天地。直到今天,我仍然心潮起伏,仍然有太多关于幼儿园教育的联想。

一生只为一事来

心一直无法平静。一个幼儿园园长,那气场,那能量,那阳光般的笑容，那激情燃烧的表达，让我感慨万千：多好的园长啊！她把自己的情感、心血、智慧都献给了她钟爱的幼教事业；是幼儿园教育成就了她生命的赤诚追求，成就了她对人生幸福与快乐的独特感知。她叫安慧霞，山西省太原市万柏林区兴华学前教育集团总园长、正高级教师、全国先进工作者、全国教书育人楷模、山西省特级劳动模范、山西省特级教师。她曾在第十二届东湖微论坛上带来过《幼儿园课程与游戏》的精彩分享，也曾作为亿童幼师网校的特约讲师，分享过《幼儿园集团化管理的思考与实践》的独特经验。安慧霞说："一生只为一事来。"这是她的心声，这是她对自己生命价值的至真表达，这更是许许多多教育同仁对她的至诚赞许；她的人生就是幼教人生。

我翻阅着安慧霞厚厚的著作《发芽的"太阳"》。发芽的"太阳"？真是发芽的太阳，我想走近这特殊的"太阳"，是稚真的孩子？是嫩绿的事业？是安慧霞美好内心的刻画？我在猜测中想象，我在想象中猜测。"红梅扮靓寒冬，星星点缀苍穹。生命有意义才会精彩，精彩的生命才有意义。""红梅""星星"与"生命"是否是发芽的"太阳"的哲学联想？安慧霞的内心充满了诗意，而这诗意的灵魂却是源于幼儿教育事业。"一切向前走，都不能忘记走过的路；走得再远，走到再光辉的未来，也不能忘记走过的过去，不能忘记为什么出发。"这是安慧霞的独特言语，我听得懂她话音之外的声音。一个园长究竟该如何行走？如何走出自己的调性来？如何感知到生命深处的美好？安园长的心灵真如茫茫大海，潮涌时，波涛滚滚；潮落时，静水深流。

"一生只为一事来"，她对她所从事的幼儿教育事业是何等的尊崇啊！她说："我执守一颗初心，在孩子幼小的心灵，点亮他们智慧的明灯。"我随着她，参观她们的幼儿园。我倾听着，从她心底发出来的每一个声音。我看环境,那是生命的色彩,红色里满含家国情怀,蓝色飞扬教育理想,绿色给予园所生机,橙色彰显教师使命。玉兰是她们幼儿园的园花,忠诚、坚贞、纯洁、质朴、向上等品质注入教师与孩子们的生命之中;“和”是她们幼儿园的文化灵魂,这是一个大集团幼儿园的生命特征与力量。在兴华学前教育集团的兴西幼儿园,我看到了园长、教师们阳光一样的生命色彩,用生命陪伴生长,用生活陪伴生长,用生长陪伴生长。幽香的橘皮课程,上十本作品集呈现孩子们生长痕迹的精彩,让我感佩之至。曾经的一所容易被人忽略的乡村幼儿园,如今孕育着创造与幸福。安慧霞说,每一个孩子来到这个世上是无法选择的生命行为,我们必须热爱每一个孩子;每个老师都有潜在的力量与智慧,她们都可以成为思想家,我们要让她们绽放人生的梦想。荔梅幼儿园代表着兴华学前教育集团的高度,那里的建筑、文化环境,具有典型的中国风味,流溢着深厚的中华色彩。那里的教师指引着孩子们在山西晋剧的表演中、在翰墨轩的绘画与书法中、在建构的奇思妙想与创意中、在游戏的快乐中,展现着童性的光熠。

“一生只为一事来”,安慧霞和朋友、同事常说一句话:我们在一起,一定了不起。她和我真有许多相同点,总是充满阳光,满满的正能量。安慧霞对兴华的教师提出了“十字”要求:重视一个“学”字,勤学新知;强调一个“新”字,创新教学;突出一个“优”字,优化品质;坚持一个“严”字,严谨求精;狠抓一个“实”字,求真务实;体现一个“快”字,快思速成;崇尚一个“和”字,和谐共进;贵在一个“诚”字,诚挚献策;考核一个“绩”字,真绩真效;统一一个“值”字,兴华价值。安慧霞的内心,铺满霞光。作为一个大集团园的总园长,她执着地认为,没有一支过硬的教师队伍,一切期待都会落空。因此她希望每个教师“一生只为一事来”,希望每个教师都是一朵云彩，都能优质成长，都能建树于兴华学前教育集团，都能生活美好。

跟安慧霞交流，你会被她感染，你会被她照亮，你会走进她的阳光与节奏。她说："桥的价值在于承载，人的价值在于担当。担当价值千金，担当任重千钧。"安慧霞把担当看得何等之重！担当，一个园长的担当，是对于家庭无限信任与渴望的担当，那一双双眼睛看着园长的肩膀；是对于教师成长与职业幸福期待的担当，教师需要园长格外地关怀；是对于幼儿生命快乐与发展的担当，一个个独特的生命寄予园长妈妈多少期许。安慧霞，一生只为一事来，她是一个特别有担当的园长。她的故事，生长于幼儿园的所有环节，大事小事都投射了她忙碌而竭诚的身影。安慧霞经常给她的团队讲，非脚踏实地、肩挑日月而不可得，非顶风冒雪、饮尽寒暑而不可得，非扛住重压、顶起千钧而不可得，非汗流成瀑、无私奉献而不可得。这就是她对担当的理解，这就是她基于生命的担当。

我对安慧霞说，你有太多的金句。安慧霞的每一个金句都是心灵土壤的鲜花，每一句都流溢清香。她说：登上高路会有期，待到山花烂漫时；创业坎坷历艰辛，呕心沥血满园红；对口帮扶心贴心，殚精竭虑立新功；天职昭然铭肺腑，辛勤耕耘三十载；五星辉耀树典范，甘苦备尝却赤心；共筑幼教共同体，桃李不言望绿荫。在兴华，感动无处不在。感动，如沁人心脾的清泉；感动，如熏人欲醉的春风。求索的意义，在于孜孜不倦地探寻。求索是一束光，照亮精神的暗夜，点燃事业的明灯，"路漫漫其修远兮，吾将上下而求索"。情怀是一种高贵的品质，情怀是一种高尚的德行，情怀是一种宽广的胸襟，情怀是一种不懈的追求，情怀是一种无私的奉献，情怀是一种思想的升华。这里还需要我评论吗？抄录于此，这是我最合适的做法。安慧霞，一生只为一事来。

始终追随儿童本位的园长

陈娟的生命深处,坚守着一个坚不可摧的信念:追随儿童本位是幼儿园教育的根本原则,甚至是铁律。听陈娟演讲,她的语调中透着对儿童的挚爱,她的微笑中映现着对儿童的珍视和崇拜。她讲起追随儿童本位的故事,似乎几天几夜都讲不完,她不断地加快节奏,和园长们分享着,她的激情如海潮一样澎湃着。她越讲越兴奋,有一种无法停下来的感觉。我想,追随儿童就应该有这样的状态,因为这种状态就是回归童心、童真的真实状态。

陈娟是江苏省南京市江宁区湖山北路幼儿园、天惠路幼儿园园长,南京市学科带头人,省市优秀青年教师。在第十七届东湖微论坛上,她围绕"追随儿童本位"这个逻辑关键点,激情地论述着《追随儿童本位的课程改革新视野》:追随儿童必须要读懂儿童、理解儿童、尊重儿童;追随儿童必须要充分考虑如何去适应儿童的需求,倾听儿童的表达,关注儿童的思维;追随儿童必须遵从儿童的天性,悉心研究儿童的差异性,把空间和时间还给儿童,让儿童自主规划他们的游戏、自主决定他们的玩法,让儿童自己去感受、体验;追随儿童就要在课程实施中充分考虑儿童好游戏、好模仿、好奇、好成功、好户外、好合群、好被赞扬的天性。陈娟还以自己的女儿学歌为例,阐明追随儿童本位的重要性;又以残障儿童的融合教育为例,阐述追随儿童的可操作性。

追随儿童本位,是一个哲学问题,也是一个教育的境界问题。事实上,如果眼里和心中没有儿童,是做不好幼儿园教育的。尽管很多人理解这一点,但要在具体的教育行为中真正做到这一点并不容易。陈娟说，我们要让儿童成为真实的儿童，绝对不能把儿童变成表演的工具，一日活动中的生活、运动、游戏、学习等，都应该依据儿童身心发展规律、儿童的内在需要进行科学安排。相信只要我们给孩子机会，孩子一定会给你惊喜。追随儿童本位，需要我们的教师始终依据儿童的天性设计和组织活动，如环境要追随孩子跑、游戏要追随儿童兴趣。

追随儿童本位，要落地生根，必须要按照儿童节奏研究、改革、实施好课程。陈娟深有感触地说：我们要刨根问底地弄清楚“什么是课程？课程的核心要素有哪些？为什么要坚持‘追随儿童’的课程改革之路？”她还说，幼儿教育是我国教育体系的有机组成部分，既有与其他阶段教育的密切关联，又有其专属的特质。幼儿园课程是实现幼儿园教育任务的主要手段，是帮助幼儿获得有益的学习、促进幼儿身心全面和谐发展的各种活动的总和。一日活动皆课程，但课程不仅仅是一日活动，幼儿园课程有着不可替代性的特点，它应关注幼儿学习与发展的整体性，尊重幼儿发展的个体差异，理解幼儿的学习方式和特点，重视幼儿学习品质的培养。

我静静地听着，我沉浸在陈娟的儿童世界之中，那是追随儿童本位的课程改革新视野，那是“惠润童心，悦享成长”“幸福相伴，快乐成长”“让儿童更像儿童”的曼妙意境，那是“三惠”文化的绮丽云彩。“惠知”，让儿童在好奇、好问、好探究、好游戏中增知；“惠能”，让儿童在会学习、会倾听、会思考、会交往、会合作、会表达中提能；“惠行”，让儿童在会生活、善挑战、乐创造、知温暖、勤专注中前行。陈娟幼儿园的“三惠”课程开发呈现多元形态，诸如分享阅读课程、通向数学课程、儿童生成课程等。“三惠”课程的实施琳琅满目，诸如主题活动、项目活动、游戏活动、运动活动、生活活动等。“三惠”课程的评价多维立体，如评价关注了“他人与自我、量与质、过程性与综合性”等多重元素。

在陈娟追随儿童本位的课程改革新视野里，课程绝不等于蓝本教学内容的拼盘，儿童的学习与发展绝不等于一节教学活动效果的好坏。课程建设的第一要素是坚持正确的课程观、教育观、儿童观。陈娟认为只有教师沉下心来，观察、陪伴和支持儿童，才会被儿童接纳；游戏是基于儿童个体内在需要的自发性活动，是促进儿童身心发展的重要途径，教师须通过观察儿童的真实游戏来深入了解幼儿，并通过环境的创设和有效的介入来支持儿童的游戏，促进其全面发展。陈娟说，生活活动是满足儿童基本生活需要的活动，包含进餐、盥洗、午睡、排泄等，要注重儿童良好行为习惯的培养以及在习惯形成中的积极情感体验。陈娟指出，运动强调培养儿童对运动的兴趣，强调儿童体质的增强和综合运动能力的培养，强调在运动中培养儿童大胆、自信、勇敢的精神。学习活动是有目的、有计划地支持儿童自主学习探索的过程，强调儿童的真实需要与内容整合，注重激发儿童学习兴趣和探究意识，时刻关注儿童的经验的获得。

陈娟说她们幼儿园追随儿童本位的课程实施原则有“四个”：一是突出目标性。一日活动安排是否合适，不是由哪本“完美”的教材可以决定的，而是取决于是否依据科学的儿童发展目标去编制各项活动内容。二是注重操作性。幼儿的学习以具体形象思维为主，他们需要看、听、摸、闻等多感官学习方式，多一些动手操作更符合幼儿自我建构学习的需要。三是强调游戏的渗透性。游戏是幼儿的主要学习方式，也是他们最基本的需要，我们不仅要倡导游戏精神，更要将“玩”还给儿童，让儿童像儿童。四是讲究环节的融合性。儿童年龄越小，生理和心理的稳定性、节奏都不一样。切忌在一日活动中制订集体如厕。要让幼儿感受到舒适、安全。陈娟以她们幼儿园的“竹笋之探”课程为例介绍追随儿童兴趣的成功经验。孩子们看竹笋，“细细的”“高高的”“笋壳是一片一片的”；孩子们闻竹笋，“闻起来像一种树叶的味道”；孩子们摸竹笋，“感觉上面有一种毛毛的东西”，“摸起来有点粗糙”。在幼儿园课程的组织与实施上，用“天性”需要，优化一日活动课程，用“生活”资源，支持幼儿体验学习。追随儿童的课程环境是安全的、舒适的、温馨的、有趣的、有挑战的、被尊重的、被允许的。陈娟最后说，课程实施中要“三少”，即少折腾、少干预、少批评；要“四多”，即多观察等待、多启发回应、多支持鼓励、多反思调整；要把“相信儿童、尊重儿童”的思想落实到行动中去，要时刻关注个体差异及个体需要，要创设儿童需要的环境，要与儿童保持良好的互动。

一个始终追随儿童本位的园长，一定可以成为一个杰出的园长。当我听完陈娟园长的演讲，心灵又有了升华，我胸中那个孩子更加伟大起来，我对儿童的崇拜之情更为浓郁了。

盈盈热泪为老师流淌

北京阳光灿烂，位于昌平的航天工程大学天星幼儿园（昌平园）让我感到特别亲切，并涌起深度探究的愿望：航天的幼儿园？航天士官学院的幼儿园？北京昌平的幼儿园？儿童般的好奇心在飞扬。况且，每每走进一所幼儿园，都会给我的人生增添一道独特的风景线，都会丰富我对幼儿园极具个性化的理解。

园长张丰霞步履轻快地小跑而来，诠释着属于航天、属于北京的园长的美丽，仿佛是晨间的霞光，抑或是玉兔的传奇，也许是夜空星星的闪耀。张丰霞早已铭塑在我的记忆深处。

北京，昌平，那个具有太空元素的天星幼儿园，画一样地铺展在我的面前，一帮老师天女般齐刷刷地玉立于我的面前，张丰霞太阳般地笑着、介绍着。她那种对幼儿园的钟爱与对老师的亲爱、对幼儿的母爱汩汩而出。

一片生态之地，深深地吸引了我。那是孩子们的种植之地，青青的菜让深秋的幼儿园充满了绿意，那里有映现北京园林的亭子。北京的幼儿也能如此浓郁地接近泥土，我的心欣怡飞舞起来。我完全掩饰不住内心的激动，以我的方式点评着：这是自然的回归，这是幼儿园教育的绿肺，这是孩子们的生命呼吸之地，这是绽放儿童天性的野趣之园，这是娃娃们体验劳动的游乐园。

苍劲的柏树，透着阅历的美曼松树，逸着忠诚、坚贞、质朴、高雅与向上的玉兰，还有好多我不知名的树，蒙养着孩子们的品性，这是历经阳光雨露与风寒淬砺的成长。张丰霞在树林中讲她们幼儿园的课程故事。

航天的旋律，以智慧的主题体现着。基于儿童的航天科技，渗透在游戏课程中。满园的智慧活动，管理方式与过程的智慧化，创造性思维的流溢，师幼互动的螺旋上升的智慧，拉动着幼儿园的高质量的发展。兵娃娃进军营，滋养着勇敢的智慧；融入体育与美术的阅读，增长着新艺术与新运动的智慧；拥有航天特征的二十四节气课程，厚植着农耕的智慧。

我倾听着张丰霞园长讲述的故事，我感觉到了她对于老师们至真至诚的情感。她说老师们根本不计较个人的得失，尽心尽力地投入教育之中；她描述着老师们感人的工作场景，展示着老师们热爱孩子、辛苦工作的生动画面。

讲着讲着，张丰霞热泪盈盈，老师递给她擦泪的纸，我不知道如何来调整她的情绪。就让她的眼泪流吧，作为园长，她应该要有这样的表达，这是她最可以给予老师们的。我感受着张丰霞与老师们的情谊，我体悟着张丰霞盈盈之泪的生命内涵，我在接受某种特殊的洗礼，我似乎溶化在张丰霞的盈盈之泪中。

老师们讲着，展现着张丰霞的热泪，演化着天星幼儿园哲学的生命关系：真与敢是我们幼儿园的特质，既体现了陶行知的教育理念，也体现了军队幼儿园的独特追求；凝聚力是我们幼儿园的精神财富，我们拧成了一股绳，我们钢铁般地团结和凝聚在一起，我们也是响当当的中国人民解放军的航天战士；我们殷殷希望孩子坚强、勇敢，我们要炼就军人的意志；我们探索基于航天生态与特点的阅读和体育；雄心壮志、顽强拼搏、团结合作、开拓创新，这是我们幼儿园的育人目标；自然、力量、想象和科技，我们在自由地飞扬，我们在创造中建构；基于爱与发展、善与玩的教育追求，我们一直在前行。张丰霞和天星幼儿园的老师们，都沉浸在畅想中，个个都展示着憧憬未来的美好。

张丰霞流泪的画面始终在我眼前闪动，晶莹剔透、善良之至。她的深情的眼泪，流进了我的心灵，流进了我对她的理解。

一个集团园长的管理之道

崭新的时代，百舸争流，百花争艳；崭新的时代，幼儿园教育呈现出多姿多彩的样态。一个又一个幼儿园教育集团如雨后春笋般诞生并发展，受到社会的广泛关注。我今天要讲的这位园长叫徐丽娟，她是浙江省衢州市实验幼儿园园长，衢州市实验幼儿园已经发展为七个园区的集团园。作为以扩大优质教育资源为根本目的的公办幼儿教育集团园，究竟该如何实施管理，如何有效提升教师专业水平，如何开发高质量的课程等，都是徐丽娟必须解决的问题。徐丽娟有不畏困难的坚强决心,有善于探索研究的智慧,她积累了自己的管理之道,她创生了自己的管理故事,还来到了第十七届东湖微论坛分享过她的管理故事。

我考察过许许多多的集团园,有教办集团园,有民办集团园,有大学办的集团园,有国企办的集团园;有松散型联盟式集团园,有钱财物一体化管理的具有唯一法人资格的集团园。集团园究竟该如何管理,尤其是不同类型的集团园应该如何管理,这的确是一个非常值得研究的问题。和徐丽娟的交流引起了很多集团园的关注,大家围在她的身边问这问那,她也谦逊地回答着咨询者提出的问题。徐丽娟告诉大家,她的集团园管理之道集中体现在"开好四个会""搭好两个台"上,即每周举办一次园务工作会,把握各分园的管理大方向;每学期举办一次中层互通会,明晰各个岗位的职责;每月举办一次教学研修团和教职工大会,研究和部署好课程建设、教师素养提升和家园合作等重点工作,以及充分利用网络平台,做好互联互通,做好过程监管;开好总结会,展现好工作成效。

一个集团,七个园区,徐丽娟作为一个钱财物管理集于一身的集团园园长,究竟应该以一种什么样的角色、什么样的思想、什么样的方式来管理,她首先是把复杂的问题简单化:总园长老老实实做好服务,认认真真强化自身责任;把必须开的会议开深开透,任务明晰到人,路径明晰到线;把每一个阶段、每一个园区、每一个管理者的问题弄得一清二楚,找出具体有效的解决办法,确立不解决问题决不罢休的坚强意志;利用现代网络平台,力求互联、互通、互享,加强过程监督,不放过任何细节,把所有工作落到实处;建立强有力的总结、宣传、激励机制,设法鼓舞人心,增加正能量。说到这里,我又要借题发挥了,在集团园的管理过程中,也许我们不可能会有什么特别的、颠覆传统的创新办法,但我们应该坚信把事情计划实、研究实、做落实的道理。徐丽娟就是把大事小事样样做得很实，实得没有花架子、没有漏洞、没有疏忽。但做到这一点很不容易，“开好四个会”“搭好两个台”的关键点就在于会该如何开，台该如何搭，如何使其成为集团园管理的制胜法宝。我们要追问的是细节中的细节。

徐丽娟做管理，真是涓涓细流，流淌于各项工作的过程中。徐丽娟召开园务工作会，每周一次，各园区负责人汇报本周工作要点、下周工作计划、目前遇到的困难、希望获得的帮助和协调。她说，这个会议是十分关键的会议，这是把年度工作目标、学期工作目标落到实处的会议。如果把每周的工作做落实了，做出成效了，学期工作、年度工作才能落到实处。徐丽娟对各个园区每周所遇到的问题非常重视，而且力求准确把握各园区在解决问题方面“希望获得什么样的帮助和协调”。开会就是要聚焦问题，就是要研究解决问题的办法，总园长的责任就是要为各个园区解决问题提供有力的支持。这就是总园长的角色，也是总园长必须担当的责任。园务工作会召开之后，线上园长群里各园区负责人每周要汇报本周的工作亮点，要汇报本周出现的新问题或困难，还要分享克服困难、解决问题的成功案例或故事。线上着力研讨各种问题存在的背景和影响因素，建设性地提出解决问题的策略，以提升领导团队策划、决策、问题解决的能力。

一学期一次的“中层互通会”，是徐丽娟很重视的工作。中层互通会，重在互通，重在执行，力求岗位明晰，责任到人，计划先行，适合可行，过程扎实，精细管理，督查评价具体。始终强调可操作性原则，始终强调定位要准确、要求要明确、路径要开放、评价可量化、有拓展空间、汇报要及时的工作规范。“教学研修团”，这是徐丽娟实施集团管理的重要路径，是她提升教师专业水平、打造优秀教师团队的成功经验。参加教学研修团的对象是各园区的教学骨干,一月一次活动。研修内容包括办园目标、环境文化、教育理念、管理方式、课程建设、教师素养、家园合作、认知你我等,它的核心任务是赋能,而赋能的重点是通过组织有针对性的问题研讨提高专业教师专业水平,如"塑实验品格、扬实验精神、育实验气质"的文化建设研讨、"我眼中的美国幼儿园教育"考察分享、安吉游戏精神下的幼儿园课程建设研究。教学研修团是教师们很喜欢的研修方式,它倡导一种体验式教研,它的"私董会、世界咖啡、无领导小组讨论"等活动,让教师研有所获、研有所乐。

衢州市实验幼儿园有一个"互通群",其功能是加强过程监管,园区各条线的负责人都在群中。要求每活动必报告,一次活动一个简报。简报很简单,一段文字,三张图片,不会占用大家太多时间去编撰和阅读。徐丽娟说这样做有利于工作总结、资料收集、推广宣传、互相学习、相互督促、模仿创新。在衢州市实验幼儿园,为各园区搭建了一个便利而强大的"汇报平台",即认认真真开好总结会,有按主题分类的经验交流会,如班本主题、大型活动、教育研究、教学论文、班级管理、家园互动等;有按版块分类的经验交流会,如安全线、教务线、总务线、保健线等;还有园区团队联合报告、组别联合报告等。只要取得了成绩、只要有亮点,宣传的渠道多种多样。集团园特别需要这种多角度、及时地分享,这就是激励鼓劲,也是相互学习借鉴,是对集团管理资源的最佳运用。

徐丽娟说:"一个人的经历决定了她的所思所想所作所为。"我十分认同这一观点。徐丽娟一直在进修学习,她读过中专、大专、本科、硕士;从一个幼儿园老师做起,又担任过班主任、教研组长、副园长,还当过区教研室学前教育教研员,现在仍兼任衢州市学前教育教研员,应该说丰富的学习经历与工作经历为她在相对复杂的集团园担任园长奠定了良好的基础，因而她的办园目标比较高："办精品高质的一流园，育走向世界的礼仪娃，做幸福温暖的教育人。"

像花儿一样自然绽放

春，是花儿闪射的光芒；花，是春天最美丽的衣裳。初春的三月，花儿在次第开放，合奏出第十四届东湖微论坛的绝妙音符，刘秀红正像那花儿一样在歌唱，在唱自己遵循自然办园的心声。刘秀红是唐山第四幼儿园园长、正高级教师、河北省特级教师。"像花儿一样自然绽放"是她们幼儿园的办园理念，培养"自然的儿童"是她们幼儿园的独特追求。

"像花儿一样自然绽放"，这是刘秀红对于办园理念的诗意表达，它的核心意涵是"自然"。刘秀红说，她们所追求的自然主要包含三层意思：尚本，尊崇天性；循道，遵循规律；重人，尊重个性。我很认同这三个点。"尚本，尊崇天性"，这是"像花儿一样自然绽放"教育的根本原则或属性，尊崇儿童的天性，就是尊崇儿童生命的本源，就是按照儿童的生命成长需求做教育，而尊崇儿童天性的前提则又是读懂儿童、理解儿童、尊重儿童。"循道，遵循规律"，这是"像花儿一样自然绽放"教育的铁律。对于儿童的教育，首先必须了解儿童身心发展的基本规律，并在所有的教育过程中遵循这些规律。"重人，尊重个性"，每一个幼儿都有自己的个性，他们的存在方式与成长方式是有差异的，只有正视差异、尊重个性才能让每一个孩子"像花儿一样自然绽放"。刘秀红为了坚定她的办园信念，她和她的团队深入研究了梁启超、孙中山、蔡元培、陶行知、陈鹤琴、叶圣陶等大家关于自然教育的思想，找到了厚实的理论根基。这是一种基于科学的教育态度,这是园长专业素养的凸显。

刘秀红深深懂得,一种教育理念要转化为一种教育行为,是需要付出艰苦努力的,是需要渗透在整个教育过程之中的。刘秀红十分重视以打造和实施园本课程为抓手来推进“像花儿一样自然绽放”教育的落地,其园本课程就是 ONCI 课程体系,诸如评剧、皮影、泥人、陶瓷等课程。孩子们唱评剧时的装扮,有模有样,一个个像小小的艺术家;那一招一式,让人拍案叫绝;那稚嫩的童声,唱起来给人一种特别美妙的感觉。孩子们真的了不得,其潜能令人感慨。孩子们做陶瓷,兴奋、专注、熟练,他们满怀激情地创造着,他们把自己的梦想掌控在小手上,他们把艺术与创造渗透在微笑中。我在心底为孩子们叫好。

每个孩子都是美丽的花儿,我们的教育就是要让每个孩子能够按照自己的节奏绽放。刘秀红对于园本课程的开发与实施有着自己鲜明的目标。刘秀红说,她们以《3—6 岁儿童学习与发展指南》为依据,尊重幼儿的年龄特点和发展规律,根据幼儿的兴趣、能力以及教师的经验,把从传统文化中筛选出的元素有机融入幼儿的生活、学习、游戏、运动中,从而建立体系化的自然性的园本课程。

糖葫芦、驴打滚、月饼、饺子,以及传统节日、冀东秧歌、文化礼仪、成语故事、神话传说、十二生肖等都成了课程内容。课程目标始终指向崇本、循道、重人,让幼儿和教师都像花儿一样自然绽放。

刘秀红的心灵深处充满了烂漫的情调,她说花儿色彩不同、姿容各异,彰显了儿童、教师以及四幼的勃勃生机和光彩夺目的独特魅力,我们的教育应该是静待花开。游戏化、活动性、直接经验性、潜在性常在刘秀红的脑海里荡来荡去,形成了课程的张力。她们将五个领域的发展巧妙地融进了 NOCI 课程之中。她说自然绽放、全面发展是她们的整体追求,反复强调幼儿的天性和发展规律要受到特别的尊重，幼儿的个性要得到很好的张扬，让所有幼儿能够在自然的综合性活动中实现各个领域全面协调地自然发展。她还说像花儿一样自然绽放是让孩子们能够独立自主地、有尊严地自由成长。

唐山四幼，一个源于自然绽放的教育实施系统，从两个大的维度建立了教育的哲学架构。她们认为没有优秀的教师队伍，没有尊崇教师的天性，没有遵循教师的成长与课程实施的基本规律，没有尊重教师的个性，不可能实现幼儿像花儿一样自然绽放。所以在刘秀红这一思想的指导下，幼儿园对教师的学习发展、工作与生活做了科学统筹，她们力求让教师能够最大限度获得专业的成长和职业的幸福。

刘秀红、唐山四幼，自然绽放，是一幅美丽的画卷，花儿在阳光雨露下变幻着色彩，弥漫着醉人的芬芳。幼儿园本该自然、浪漫，幼儿本该自由、烂漫，幼儿教师本该幸福、灿烂。像花儿一样自然绽放，是理念，是梦想，是刘秀红园长的诗和远方。

放飞童真的立体模式

“呵护童心、点燃童趣、放飞童真”是王艳林的教育理念，是王艳林坚定不移的教育实践。王艳林是成都市第十幼儿园教育集团园长、成都市教育督导评估专家、成都市“三八”红旗手。我听过王艳林的演讲，查阅过媒体对王艳林的报道，知道了她“踏实做事、真实做人、诚实待人”的信念，更有幸在第十五届东湖微论坛上目睹了她的风采。其实，王艳林做幼儿教育的时间并不太长，她在中小学工作了整整二十年才转做幼教。但她坚定地说：“迎难而上，不怕一切,从零开始。”十年来,她前行的脚步铿锵有力,每一步都留下了深深的印迹。

“呵护童心、点燃童趣、放飞童真”,有画一般的意境,有诗一样的韵味,这固然很美,但实现它并不是一件容易的事情。王艳林无惧艰辛、从零起步。她始终牢记那条熟语:办法总比困难多。王艳林经常追问自己:“如果我是孩子? 如果是我的孩子?”“幼儿园应该提供什么样的教育?”一路走来,王艳林面对诸多压力和阻碍,她的内心非常坚定,她说:“一年做不出来,没关系,就做两年,两年做不出来,就做三年,三年做不出来,就做十年,等到我退休的时候,总能做出来!”王艳林从“构建文化、规范管理、凝练团队、发展儿童”的整体思路出发,探索并逐步建立着“放飞童真”的立体模式。

王艳林是一个踏实做事、真实做人、诚实待人的园长。她提出了“四联”管理形态,即管理联营、研训联体、课程联创、资源联通;提出了“勤、善、喜、乐”的育人目标,即“勤动手、善动脑、喜锻炼、乐分享”。她激情满怀地对老师们说:“踏踏实实,以心换心,守住教育这块净土,阳光便能落进每一个孩子的心里;只要用力,就能看见奇迹;只要有爱,就能描绘阳光的轮廓!”

改造环境,进一步挖掘和体现教育的功能,为放飞童真奠定坚实的基础。从有到优改造旧区域。如一楼以体能为中心,二楼以科学为中心,三楼以艺术为中心,环境主题课题组希望以各班级与园所具体环境为契机,分年龄段生成更多自主创设性主题活动,而这些自创主题反过来又促进幼儿园环境发生改变。无中生有,增添新环境内容。在环境改造过程中,始终坚持以儿童视角来谋划改造方案;紧扣教育价值来整合各种资源;兼顾审美情趣,如神奇的钢琴、风力趣味多、魔力之电。再者突出中心主题,如形成小班《好玩的球》、中班《各种各样的声音》、大班《勺子的秘密》等自创主题教育。与此同时,适时进行动态调整。

开发课程,着力于五个领域的教育载体建构,让放飞童真行稳致远。开发童心教育混龄自主游戏课程。在混龄自主游戏课程上,梳理出“五个自主”,包括自主选择玩伴、自主选择区域、自主选择材料、自主选择玩法、自主管理和评价。在童心教育行走课程上,从园级、年级、班级建立起十余个行走课程实施基地,形成大班“科学探索之旅”、中班“采摘之旅”、小班“亲近自然之旅”等课程主题;开展走进牙科、走进邮局等活动;开展“前进跑”“剑术”等不同领域家长进课堂活动,以延伸行走课程的内涵。

课程建设对于幼儿园来说是一个大的工程。王艳林带领教师分析相关背景与条件,从园情、幼情、师情上明确童心教育课程建设的起点和方向。其课程理念是在生活中习得、在游戏中建构、在活动中探索;其课程目标则是培养独立自主、善于解决问题、身心健康、具有良好品德的幼儿。坚持全园参与,扎扎实实推进课程的具体实施。例如:混龄自主游戏课程,每学期形成混龄自主游戏活动资源包,固化课程实施的成果。课程开发与实施坚持“四个原则”:一是课程体系力求完善而全面;二是必须经历去粗取精的过程;三是要形成人人参与的氛围;四是要以问题为导向,推进课程的深度发展。整个混龄游戏丰富多彩,诸如年级组混班游戏活动、全园室内混龄游戏、全园混龄游戏、全园混龄自主游戏等。碧云园区“小篮球、大世界”课程:篮球小达人、篮球百事通、篮球课间操、篮球体能活动、篮球友谊赛、班级户外篮球游戏、年级混班篮球游戏、全园篮球游戏节等,五彩斑斓,其乐无穷。

培训教师,努力提升教师实施课程的能力,确保放飞童真有品位、有质量。幼儿园围绕课程开发与实施,开启了教师三年外出培训计划。经过三年时间,管理人员和教师都分期分批走出去参加各种培训和观摩学习,有效提高了教师的专业水平。组织"共读一本书"活动,通过阅读深刻理解童心教育的内在含义,学会走进儿童的内心世界,学会站在儿童的生命立场上去尽力满足儿童的需求。

王艳林一直在前行。她的幼教激情始终在熊熊燃烧;她的专业智慧为她的前行插上了腾飞的翅膀。王艳林是一个幼教领域里的奋斗者,她有高远的目标,她有美好的梦想,她有永不停歇的执着精神,她会一直在奋斗中前行。

琴声悠扬献幼教

这悠扬的琴音,回荡在第十三届东湖微论坛上,泛起一双双赞赏的眸光,钦佩的笑容如彩虹绽放。郑琴是湖南省常德市政府督学、正高级教师、湖南省特级教师。她的脸上写满了幼教人生的自豪与幸福。

郑琴把自己最悠扬的琴声献给了儿童,献给了幼教事业。她从事幼教工作三十九年。当教师,她沉浸在孩子们游戏的快乐中;当副园长,她紧密配合园长燃烧着自己的激情、贡献着自己的智慧;当园长,她成为幼儿园的灵魂,成为老师们的挚友,成为孩子们最亲近的园长妈妈。

幸福幼教,遇见更美的自己:这是郑琴在东湖边的深情分享。一个长镜头,急速铺展开来:心的向往,邂逅幼儿园;梦的坚守,同绘幼儿园;爱的传递,情满幼儿园。我感觉到,她似乎在用力地克制着泪光的闪现,这诗一样的人生,怎不令她感慨万千?怎不让她回望自己那串串留有儿童微笑与快乐的脚印?我在网上认真查了查郑琴的相关资料,我看到她在常德市第一幼儿园任园长的那些春夏与秋冬，她坚守着快乐办园的理念，带领教师为幼儿创设了快乐的游戏环境与游戏课程，为幼儿的幸福人生奠定了坚实的基础；她积极主动地争取政府与社会的支持，为全园教职工的工作、学习和生活创造了最好的环境。

心的向往、梦的坚守、爱的传递，这是郑琴在幼教天空奏出的音韵。她曾带领教师做课题研究，她有一个美丽的心愿，她希望她幼儿园的孩子们能够拥有真正属于他们的快乐童年，便扎扎实实地开展课题研究，第一个大课题是“幼儿教育去小学化倾向的实践研究”。科学保教、还孩子真童年是这项研究的核心价值追求；快乐游戏、让孩子真发展是这项研究贯彻的重要原则。在研究过程中，她们通过探索新的教师培训机制而提升了教师的专业水平；通过建立家园协作平台而逐渐转变了家长片面追求文化知识的育儿观念；通过活动环境和活动内容的丰富而优化了孩子的一日活动；通过幼儿园与小学的互动研讨而加强了幼小衔接。郑琴很聪明，她认为只有用科学研究的方法才能更好地解决幼儿园教育中的各种问题。

梦，郑琴的梦，在悄悄地绽放，一个接着一个，滋润着幼儿的心灵。我默默地读着她的文字：五月，携一缕浅夏的芬芳，凝一脂冰清玉洁的清梦，迎来五一国际劳动节。劳动是一首永恒的赞歌，劳动中的每一个细节都是一个美丽跳动的音符。孩子们将勤劳精神融进点滴的行动里，在实践中感知劳动的快乐，在劳动中收获成功的喜悦。劳动是光荣的，劳动是伟大的，劳动人民用勤劳的双手和智慧，编织出五彩斑斓的世界。孩子们用手中的画笔，勾勒出他们可爱的身影，向他们致敬。对于孩子们美好的期待就是郑琴的梦；孩子们在劳动中收获成功的喜悦，也是郑琴梦的绽放。郑琴融进了孩子们劳动的成长之中，她纵情地抒发着自己的特殊幸福：一份耕耘,一份收获。幸福的果实在每一次耕耘中悄然而来,人们只有通过辛勤的劳动才能创造美好生活。孩子们,让我们一起践行劳动精神,从小事做起,从点滴做起,从小养成爱劳动的习惯吧。郑琴,她仿佛就是一个孩子,就是一个无上幸福的孩子。

爱的传递,爱的伟大,爱的温暖,在郑琴的幼教人生中凝合成心与梦的诗篇。她爱儿童,她爱幼儿园,她爱幼儿教育事业。三十九年的幼教人生,尤其是十六年的园长生涯,郑琴把自己的深爱献给了朝霞似火的幼教人生。她还是湖南省国培专家库成员,是常德市最美家庭教育讲师,她做过许多场报告,她把爱与专业传递给了无数的幼儿教师,她把家园共育的理念与技能传递给了许许多多的家长与教师。做督学时间不长,她除了不断地自我提升外,还远赴美国与日本等地学习幼儿园的文化,她把国外的先进理念与经验用各种各样方式进行传播,以此促进学前教育事业高品位的发展。

郑琴的人生属于幼教,她的生命故事生长在幼儿园,她的快乐与幸福融进了幼教事业,她的生命价值与儿童发展共灿烂。她在第十三届东湖微论坛上深情地说:“幼儿园是一个保持纯真、保持快乐的地方,相信我们的明天一定会更美好。”

“数”说范县第一幼儿园

到河南濮阳范县第一幼儿园,你会听到孙立平园长与她的副园长、主任们经常谈到一些数字,这些数字饱含着孙立平为一个国家贫困县党委政府、教育行政分忧的责任情怀,闪耀着孙立平与她的整个团队用科学思维解决问题的智慧光芒,浸透着范县一幼全体教职员工敬业奉献的虔诚精神。

充满激情的孙立平，她感恩范县厚重的红色文化与独特的板桥文化的浸润，她感恩她的家人对她工作的绝对支持，她感恩她在著名大学念书的儿子能给她的一种无限憧憬的力量。她把工作当作她重要的幸福源泉，她把教师当作她生命有缘的亲人，她把孩子们当作她心中最为灿烂的霞光与曼隽的梦想。

您看，范县一幼有自己的教学模型“1＋3”。“1”是一日活动；“3”则是三种不同类别的循环，即课堂循环、区域循环、户外循环。一日活动的“1”，也有一组重要的数字，包括8个环节，即入园、游戏、用餐、盥洗、如厕、午睡、喝水、离园；66个细节；132个具体标准，诸如入园刷卡标准、家长与幼儿签到标准、值日生接待标准、师幼问好与拥抱标准等。

谈到“1＋3”，必须说说两个重要的突破：一是解决了班额特别过大的问题。范县是国家贫困县，尽管县领导十分重视学前教育的发展，但城镇公办幼儿园仍然难以满足老百姓的需求，所以每个班都是50多个孩子。孙立平为了确保教育质量，让所有孩子都能享受优质的教育，便探索出了一种课堂循环模式，把每个班的孩子分成两拨，一拨做户外游戏，一拨做室内活动。这实际上是让超大班孩子尽可能享受标准班或小班教学。课堂循环还指老师在园本课程教学上，可选择一门相对专业一点的课程，在同年龄班级实行走班，这促进了年轻教师的发展。二是渗透在“66个细节”之中的“132个标准”，凸显了对孩子们的习惯培养。培养良好习惯是幼儿园至关重要的任务，范县一幼把习惯培养真正落到了实处。范县教育局的郭股长兴奋地说，他孙子在一幼上中班，坚决不让大人们闯红灯；吃饭吃得一点不剩，还要求大人们吃得一点不剩；主动洗碗；主动帮爷爷洗脚。习惯培养是多么重要啊！

在范县一幼，还有一组数据，那就是“4321”。“4”指每天必须突出的四个环节:值日生整理衣服、入园迎接活动、集体活动前的两分钟故事分享、小小广播站;"3"指每周的三个集体活动:国旗下的展示、食物分享、亲子阅读;"2"指每月的两个社会实践活动:逛超市、参观医院;"1"指每学期一次大型会演。孙立平有着自己独特的思考,有着自己符合园本状态和追求的个性化选择。

孙立平的范县一幼,孩子们的活动特别丰富。有做各种食品的,我喝过孩子们磨的豆浆,吃过孩子们做的蛋糕、蛋挞、水果沙拉;有的擦皮鞋;有的洗头;有的"做服装生意";有的在银行"做业务";有的在做针线活儿。活动超过20种之多,孩子们活动兴趣浓厚,促进了孩子们的发展。

在孙立平的范县一幼,"我真的很不错"是她们的办园理念。12月14日教育局召开了有200多名园长参加的大型的"1+3"教学模式现场观摩会,教育局局长黄守月全程参与活动并作重要指导,黄局长充分肯定一幼的成功探索与实践。会上,我唯有高赞孙立平,唯有高赞范县一幼,才能表达我最真诚的情感。

对园长才艺的歌赞

在我的眼里,许多园长特别牛,特别厉害。他们才艺卓然,彰显着丰厚的魅力,荡漾着迷人的风姿。园长,是中国教育中最有气质活力的管理者,是中国教育中最有生命情趣的工作者。

我无法计算我跟全国多少园长打过交道,我无法记清我欣赏过多少园长的才艺演绎。我的脑海,已经成为园长群体才艺展示的巨大舞台,一幅幅隽韵的画面,一个个令人叹服的场景;我的脑海俨然成了园长群体才艺存储的大数据。

那天，贵州凯里欧江南园长的苗歌，惊动全场；也是那天，来自北京的肖萍园长，一段炫酷的舞蹈，堪比杨丽萍；那天，安徽芜湖姜乃宾园长与湖北潜江张安芳园长，即兴对唱的《敖包相会》，赢得掌声雷动；那天，在"知音号"上，安徽芜湖黄志静园长和钟玉兰园长扮演的夫妻，让人惊叹不已；还有那天，新疆李玉芳园长的颈脖舞，给人带来巨大快乐。

园长们，真是能歌善舞，真是琴棋书画样样精通；园长们，把职业浸泡在无限的美好中，把生活沐浴在美妙的艺术中，把人生绽放在梦幻的童话里。北京的吴振发园长诗意纵横，文采斐然；贵州的侯磊园长，语如翩翩莲荷，言似彩蝶曼舞；贵州的王卫霞园长，将滚滚激情蕴涵在诗歌中；重庆的刘瑗园长，具有演小品的天赋，那举手投足，都透着浓浓的戏韵。

我曾到过广东中山金仁萍园长那儿，她们名师工作室的老师们个个都多才多艺，一台节目成为我难忘的记忆；我到湛江王联红园长那儿，王联红、胡甜等园长，歌是那般甜美，舞是那般精湛；我到重庆刘静园长那儿，一帮园长，真是歌如百灵鸟，舞如孔雀开屏；我到湖北著名的革命圣地红安与麻城，张武、邹晓芳带领众多园长的大联欢，显露了横溢的才华，创造了一个特殊群体的高雅与快乐。

和园长们吃饭，也特别有文化。记得新疆的张静园长，晚餐成了晚会，她独唱独舞，极为专业；记得内蒙古的园长们，每每相聚，都如同春晚；记得湖南永顺的几十位园长，把酒店变成了苗族、土家族的歌舞剧院，大家舞之蹈之，歌之唱之，热闹非凡。

我打交道的园长中，有许多才艺高人。河南的马春丽园长，她担当过微电影的主角，曾荣获央视大奖；从湖北调到重庆的何磊园长，技艺众多，才气过人；还有园长参加过央视的星光大道比赛；还有园长是省作家协会、书法家协会会员。

园长们,身怀绝技;园长们,尽显芳华。我想:为什么幼儿园的孩子们都快乐无比,因为园长们都是快乐的化身。

守卫儿童生命成长的盾牌

内蒙古是我心中永远葱绿的大草原,包头青山民幼教育集团,则让我看到了中国西部地区幼儿园教育发展的壮阔。这也是草原的奇迹。

青山民幼教育集团是一个拥有多所幼儿园和一所早教中心的大型教育集团,奋斗的脚步走过了三十五个春秋,在中国的大地上留下了深深的印迹。

民幼教育集团总园长刘建琴曾在第四届东湖微论坛上饱含深情地讲述她们奋斗的故事,在全国精英园长中引起强烈反响:在内蒙古,居然有这么高品位的幼儿园。刘建琴园长说,三十多年前,一帮还散发着学生味道的青年教师,她们带着青春的憧憬,下菜窖、做清洁、缝被褥、摆桌凳、创环境,把简陋的青山区民族幼儿园弄得生机盎然。一所幼儿园,刻录着教师的青春与梦想;一个个朴素的场景,把奋斗者的精神体现得淋漓尽致。民幼的诞生,是青春奋斗的结晶,是生命绽放的玫瑰。刘建琴的眼睛满含幸福的热泪。

时光荏苒,民幼在春去秋来的岁月里,在刘建琴等奋斗者的追光逐梦中成长、壮大,2017 年民幼教育集团诞生了,这是内蒙古自治区幼儿园教育发展的跨越,这是包头青山幼儿园教育发展的改革成就,为有效拓展幼儿教育领域里的优质教育起到了积极的推动作用。

今天,当民幼教育集团的奋斗者们细细翻阅自己走过的三十五个春秋时，便想编辑一本文化小书，以此再现奋斗的历程，弘扬奋斗者精神。我读着这本文化小书，看着那些诗一样的精炼文字，我对民幼教育集团的奋斗者们心生敬意，我在心中庄严地敬礼：向你们致敬——内蒙古自治区包头市青山区民幼教育集团的所有教师。

民幼集团文化小书，我喜欢这个谦虚的称呼。小书的第一页是“园徽解读”，对于园徽，我特别关注，因为园徽呈现的是一所幼儿园的办园理念。民幼集团的园徽主体是由盾牌和绶带组成的花朵造型。“盾牌”象征着对孩子的守卫与保护。我还很少看到这样的文化表达。“盾牌”，是具有神圣责任与力量的象征，在现代复杂的社会环境下，我们对于充满童真天性的孩子们应该用“盾牌”来守护他们，不让他们受到侵蚀和伤害，这是一种更具力量的爱与尊重。还有什么比孩子的心灵和生命更重要？孩子健康快乐的成长，首先需要守卫与保护。绶带象征着责任与荣誉，花朵象征着对孩子们的憧憬与希望。我以“守卫儿童生命成长的盾牌”为题写这篇小序，也算是我对幼儿园教育神圣与崇高的另一种表达吧！

我有幸两度到民幼集团，考察了她们的几所幼儿园，于是那些我看到的教育场景，我听到的教育故事，成了我在全国讲课的鲜活案例。我讲她们具有课程性的环创，讲她们艺术教育的品牌追求，讲她们对于早期阅读的深度研究与实践，讲她们循环走班的智慧设计，讲她们足球课程教育的重要意义，讲她们关怀教师的温馨管理……我常常在讲课中对全国各地的园长说，内蒙古的幼儿园教育有很多值得我们学习的地方，青山民幼教育集团就是一个很好的案例。

水滴精神是她们的文化灵魂：做人晶莹剔透，做事水滴石穿，对人润物无声，对己超越自我。一个规模宏大的幼教集团，却选择小小的水滴作为自己的精神图腾，这是美丽而深刻的哲学辩证；这是以生命培育生命的教育追求，幼儿园教育就该这般透亮。水滴，是玫瑰花上的露珠，是草尖上闪烁的星星。水滴虽小，却孕育着伟大；水滴虽近，却拥有诗与远方，拥有五彩斑斓的未来。

“一切为了孩子的成长”，这是她们的教育心声。“质朴中行走，自然中捕捉，探索中成长，生活中体验”，集成了她们的办园思想，集成了水滴般晶莹的办园主张。水滴，孩子们永远是民幼教育集团最为璀璨的明珠。我的思维在内蒙古的茫茫草原上放飞，又稳稳地停留于青山之上，因为“致广大而尽精微”水滴文化，摇曳着我的视线，因为“以恒心完善自己，以爱心温暖他人，以行动昭示社会，用微笑灿烂世界”的纯净园风吹拂着我的心灵。

刘建琴，那个拥有草原性格的幼教人，那个把幼教看作她人生的人，当她电话邀约我为民幼集团的文化小书撰写序言时，她的声音从遥远的包头青山传来，传到我的耳畔，感染着我，振奋着我。她异常激动地跟我讲民幼集团的前世今生，讲老师们与民幼共同成长的光辉历程，讲那些水滴般亮丽的孩子们的快乐。她说，我们的教师个个都能牢牢记住：给孩子游戏的时间，让孩子学会实践；给孩子自由的空间，让孩子学会思考；给孩子体验的机会，让孩子学会生活。每一个孩子都是一滴水，只有将他们放进江河、大海里，他们才能自由自主地发展自己，才能获得属于自己的幸福与快乐。

在民幼集团的上空，回荡着教师们的铮铮誓言：我将竭尽全力传承文明，用智慧点燃智慧，用爱心托起爱心，用人格引领人格。这是九鼎之言，这是信仰之志。民幼集团的教师们把这一誓言化作了行走的课程，闪射着水滴的光芒：“5C 宝贝”金色多维课程、情景阅读课程、礼仪品格教育课程、美术游戏课程、智趣科学课程、运动玩乐课程、植物智能课程、编程启蒙课程、生活创艺课程等。水滴终将汇成江河湖海，每门课程都将浇灌姿态万千的生命之花。

文化小书，给人以沉甸甸的感觉。三十五个春秋，奖牌、奖章、奖证诠释着何谓优秀；一个又一个金光闪闪的荣誉在幼儿园教育的土壤里构成了庞大的根系，伸向了水滴浸润的生命空间，形成了一座幼儿园教育的青山；我仰视着这座特殊的青山——民幼教育集团。

洋溢诗性智慧的同佳

有一个特别曼美的地方叫玉林。有一个融陶瓷之乡、建筑之乡、荔枝之乡、水稻之乡、水泥之乡、捐资助学之乡于一体的地方，那是玉林的北流市，那是世界铜鼓王的故乡。北流市实验幼儿园同佳教育集团当然是这块宝地的明珠。

陈韵湖是北流市实验幼儿园园长、正高级教师、广西特级教师、广西教学名师，荣获全国宋庆龄幼儿教育奖、宋庆龄幼儿教育荣誉奖提名奖、广西三八红旗手、广西最美生态环境志愿者等诸多荣誉，入选首批“广西八桂教育家摇篮工程”“广西幼儿园名园长培养工程”“北部湾经济区优秀中青年专业技术人才培养工程”培养对象。媒体这样评价她：陈韵湖以如磐的初心、独具的匠心，在幼教田园里绵绵用力、久久为功，描绘了一轴轴花香满蹊的美丽画卷。

我认识陈韵湖已经好几年了，我们在网上和电话里有不少交流，但我还没有认真描述过我对她的感受。韵湖，这名字很有诗意，也非常契合她在第二届东湖微论坛介绍的北流市实验幼儿园的办园理念:师法自然,润泽生命。只是韵湖,更多了几分恬静的韵律,更拥有几缕生命之湖的清纯,更增添了几片丁香般的色彩。她质朴得很可爱,带有北流泥土的芳香,嵌着树林中小草的摇曳,身上散发着美丽乡村的自然气息。

绿草茵茵,鲜花放飞着浪漫;蔬菜,用葱翠讲着生动的童话;那吊脚楼连通的阳光沐浴下的长廊,绽放着幼儿的天性。那里有蝴蝶嬉戏的场景,那里有浇灌生命的节奏,那里有自由奔跑的快感。这就是北流实验幼儿园,这就是文化共生、管理共融与资源共享、创新共赢的幼教仙地。陈韵湖构织着一幅美图:畅享物质与精神共融、花香与书香共存、诗意与惬意共生的幼儿园田园课程。

陈韵湖洋溢着浓郁的诗意。她说她的北流实验幼儿园是田园、甜园和恬园,她们要用爱和智慧陪伴孩子成长。她用心刻画着她的真教育:初心、爱心与匠心、童心、诗心,还有那感恩心,更有那敬畏心。发自肺腑地,用心做幼教;虔诚地,用生命做幼教。陈韵湖带着老师们,捧着自己的心做真教育。因为幼教是心与心的歌唱,是心与心的柔暖,是心与心的融通。这是一个至真至善至美的世界。

韵湖的芳香地,同佳教育集团,走着属于自己的道路,一体化+集团化、实验区+领头雁与强教研+优竞赛,探索着属于自己的资源共享、优势互补、以强带弱、共同发展的教育集团模式。

在陈韵湖的视界里,文化是教育的根,科学是教育之魂,而这灵魂又生长在中华优秀文化的土壤里。陈韵湖与她的团队,在幼儿园文化的王国里研究、选择、反思着,在文化的哲学体系中重构、重塑着。她们执着地追求着:教育自觉、文化自信与生命自强。她们充分挖掘本土的红色文化,打造出独特的培根铸魂课程。她们建构着自己集团的文化体系:正确的办园理念文化、自然人文的环境文化、创先争优的管理文化、和合共赢的团队文化、善做善成的科研文化、敢为人先的创新文化、平等合作的家园文化，它们如弯弯的小路盘山而上，如清清的小河潺潺流淌，如白云飘动万千姿态。

诗的音韵，始终是陈韵湖故事的旋律：拥抱经典，悦读赋能，渐行渐美。她们幼儿园的老师是一首优美的诗：做有教育梦想的教师，积蓄更多教育的动力；做有专业能力的教师，看到更多教育的美好；做有教育担当的教师，用行动改变教育生态。教师与孩子们共同构成了诗的节奏与意境，创造着生命的灿烂。

北流幼儿园真的美轮美奂，那是一种幼儿园教育的绝佳生态。幼儿园实施田园课程、打造耕读文化，给孩子们带来许多乐趣。那里有开耕节、亲子丰收节、果蔬美食节、收获节、星空帐篷节；那里有开心饲养场、快乐采摘、种植中草药、二十四节气饮花茶会、森林小卫士童话剧、拓印扎染作品展、五彩田园摄影；那里还有醒狮舞龙、红色基因之旅，丰富程度令人惊讶。真的是属于孩子们的田园、恬园和甜园。

北流实验幼儿园、同佳教育集团让陈韵湖焕发着诗意。我燃烧着激情，我在吟诵这首伟大的幼教之诗，我在为孩子们的当下与未来而尽情歌唱。

崇德向善的张晓红

东湖的阳光抚摸着绿草，国际会展中心的典雅与豪华，见证着全国汇聚的几百名精英园长的激情。当那位帅哥园长张晓红在第十四届东湖微论坛的讲坛上突然出现时，美丽如春的柔香中陡添了几分阳刚之气。张晓红是山西省太原市育蕾幼儿园园长,是山西省幼儿园学科带头人。张晓红园长满身洋溢着新时代中国男性幼教工作者的热情与活力,我深受感染,力量倍增。

张晓红有着自己五彩缤纷的理念世界,他的脑海里装满了基于儿童快乐生活与成长的梦想,他对幼教的热爱已经变成了他生命的能量。他谈起自己工作的幼儿园时,脸上所透出的自豪感太让人羡慕了。在张晓红园长的演讲中,你会听到培根、育蕾、铸红、启智、润心、崇德、向善、寻本、求真等一系列的词汇,而它们还会反复清晰地出现。我试图走进张晓红的逻辑世界,试图走进他时时刻刻都在苦苦思索的一个优秀园长的应然角色。老实说,我对张晓红有一种本能的特别好感,"崇德向善"是我对他最突出的印象,他对人的真诚仿佛是岸对于海的忠心。我和他有着同样的心灵特征,我把善良为人、真诚待人作为自己为人处事的最高原则。

张晓红让我特别感动的是他对教师的悉心关怀。在他们的幼儿园开设了瑜伽班,他要让老师们健康优雅;每年教师节,他们领导班子会给教师新颖而温馨的祝福;他看望退休教职工,送去的是满满的爱;为教职工举办集体生日会,让教师们热泪盈眶;他协调各方力量,想方设法解决教师子女入学问题,不让教师有任何的担忧;他安排车辆,帮助老师接送子女;他奔走呼号,为青年教师解决住房问题;他为了激励教师,评选并颁发育蕾栋梁奖、精英奖和翘楚奖。为了教师的专业成长,幼儿园提供了各种平台;他提出要给教师试错的机会,以最大的包容促进教师发展。张晓红说他当园长最重要的任务是为教职工服务,他说只有主动帮助教师解决各种问题,只有让教师感觉到家一样的温暖,只有给教师成长提供有力的支持,幼儿园的教育质量才能得到充分的保障。张晓红是一个很实在、很低调的人,他从不显山露水,他只是默默地做着他认为应该做的事情；在荣誉和待遇面前，他说他应该让，应该比别人少，他说因为他是园长、党支部书记。这就是他最真实的心声。

我的经验告诉我，男园长有他们不一样的思维方式与管理风格。我总希望中国有更多的男园长出现，让优雅之质与阳刚之气共融共进。张晓红是属于一种大胸怀、大格局的人，他以文化为引领，探索出了四条文化建设路径：将文化融入理念，作为引领园所建设的价值追求；将文化融入管理，培养文化情感认同和行为习惯；将文化融入环境，营造陶冶幼儿情操的育人氛围；将文化融入实践，不断丰富特色鲜明的文化课程。张晓红十分关注团队建设，十分关注管理效能的提升。他在幼儿园推行层级管理，坚持建设好党政联席会、班组长会、班务会制度建设，使管理始终规范有序。这里所体现的也是张晓红园长崇德向善的办园思想。

为了营造灵动的育人氛围，把崇德向善、培根育蕾的理念渗透在幼儿园教育的所有环节之中，张晓红园长用大海般的思维，建构着幼儿园的课程环境。在大环境建设上，张晓红是把整个山西都搬进了幼儿园，诸如云冈石窟、平遥古城、五台山、皇城相府、王家大院，还有木兰从军浮雕、皮影表演、九个成语故事等，都成了幼儿园的课程资源。幼儿园带着孩子们从文学作品中看山西，如《赵氏孤儿》《西厢记》《杨家将》等。那么多鲜明的形象，那么多独特的场景，那么多经典的故事，构成了幼儿园的环境，构成了园本课程的丰厚资源。一个园长的文化视野、课程理念对幼儿园的环境建设与课程开发是多么重要。

许多时候，我真心地对我说：我应该好好向园长学习。他们的精神、他们的学识、他们的智慧都值得我好好学习。听张晓红演讲，我觉得我需要好好修炼。张晓红把自己交给了他的幼儿园，他深深感到了生命的价值与幸福。他主张“园所处处皆育人”，他追求让墙壁说话、让生命焕发灵动,他让师幼感知“真、善、美”,感知自由平等、公正法治。他打造幼儿开放混龄游戏区、美工室、小鬼当家体验馆、图书漂流馆、劳作室、建构室、舞蹈房,他立足园本建立整体课程:关注过程,营造和谐宽松的课程实施环境;落实行动研究,提升课程实施的教师专业水平。张晓红的幼教眼光从灿烂的历史中走来,又走向宏伟的未来;张晓红的崇德向善、寻本求真,在教师、幼儿、家长的心中生根发芽、开花结果。

青秀幼教盛开的八朵新花

青秀,三月南宁的青秀,其春之美,那是可想而知的。我微闭着眼睛,遥望着南宁,那绿叶与花都已幻化成抒写春天的文字,润朗的阳光揉进青茵的草丛;我深情地依恋着,依恋着青秀幼教永远的春天,而最让我难以忘却的还是廖丹萍特级教师工作坊的翠茂。青秀幼教盛开的八朵新花就是八位优秀的园长,她们独特的成长姿态一直在我眼前。

讲童趣足球的余岑芳

吉祥、善良,既是吉祥路幼儿园的文化之魂,也蕴含着余岑芳园长的个性追求。我到过她的幼儿园,闪进我思维的满是吉祥、善良。我曾为吉祥路幼儿园写过一篇小文章,赞赏过她们幼儿园以童为本的深情与精细。再次到南宁,听余岑芳讲她们的童趣足球课程,又从心底感到敬佩。她说她们的幼儿园是全国足球特色幼儿园;她说她们幼儿园的孩子们踢出了快乐、踢出了精彩,我为之感动,为之鼓舞。

足球,对于孩子们有着很大的魔力。一次秋游,老师发现孩子们特别喜欢踢足球，于是基于孩子兴趣的足球微课程诞生了。余岑芳认为，幼儿园的课程应该是教师、幼儿、家长共同创造的，而且课程开发过程本身也是课程实施的重要组成部分。幼儿园开展座谈、访谈、问卷调查，了解幼儿、家长、教师对于足球的认识，了解幼儿的兴趣点，以此把握课程的发掘、引导与深化的方向。足球课程的实施充满着童趣，渗透着厚重的教育意义，五个领域的发展都承载于此。孩子们讨论队名如何取队服、号码、队旗、队标如何设计。孩子们认真细致地测量和装扮球场，讨论策划啦啦队的组织与编排。孩子们在进行足球比赛时相互商讨、相互配合、相互鼓励；在世界足球日，开展“足球，我想对你说”主题活动。足球训练与比赛中，始终伴随着安全教育、合作意识教育、自信心教育、坚强意志教育，而这些教育又藏匿在足球的快乐之中。

余岑芳与她的教师们做足球微课程，始终贯穿着科学的研究，强调儿童是课程的起点。她们讲究“三入”，即身入：充分考虑健体、运动、年龄特点；心入：关键是强调喜欢、兴趣、心底之爱；情入：关注包容、合作、情商。她们坚持“四化”：一是游戏化，列负面清单，坚守自由、开放原则，力求拓展。二是情境化，晨间锻炼、障碍射门、定点踢球、快乐足球操、足球对抗赛。三是亲子化，开发家长资源。四是探究化，及时发现和解决课程实施中的问题。足球激越了孩子们的生命活力，足球创造了幼儿园的特色品牌，足球成就了余岑芳的花香。

玩出极致的杨映雄

杨映雄有着男生的名字，女孩的微笑，青秀的韵味。她是南宁新兴苑幼儿园的园长，我与她做过深刻的交流，脑子里始终存有她的办园主张、实践情怀、环创特色、课程追求。她是廖丹萍的优秀坊员，在全区教研节上，她的分享让我颇为喜欢，我喜欢她幼儿园的孩子们超出常态的“玩”。

玩，是游戏；玩，是课程；玩，需要教师设计、组织、指导的智慧。杨映雄园长当然有她的本事让教师、家长懂得玩对于幼儿成长的价值与意义，懂得为幼儿快乐地玩、智慧地玩创造最合适的环境、最充分的条件、最多样化的方式、最积极的评价。在新兴苑幼儿园，玩板凳课程可以说是全国第一。板凳，在教师、孩子们那儿仿佛成了无所不能的魔凳。板凳搭建成了马、狮子、大炮、坦克、高台、高墙等，真是应有尽有。板凳是智力建构的材料，也是无限想象的载体。孩子们在其乐无穷中获得了多个领域的发展。杨映雄给我们带来一种启示，平平常常的东西，也可以成为千变万化的玩具，也可以成为内涵丰富的课程。孩子们玩大米，用大米摆出数学与艺术的图画，用大米做各种装饰，讨论大米从何处来，观看稻田，讲袁隆平爷爷的海稻、树稻。杨映雄说，玩没有框框，只要孩子喜欢、只要对孩子成长有益处，就可以开发成课程；往往孩子生活中常见的东西，最能唤起孩子的欲望，用最熟悉的东西拓展，才能开发思维，玩出崭新的创造力来，有些科学发明也可能源于此。孩子们玩水管，让我大开眼界，真是神了，你不得不佩服孩子们的潜在能力，他们是真正的创造者。

杨映雄在玩的课程认识上，有她独特的眼界与体会。她主张让孩子自主玩，让师幼共同玩，让玩承载不留痕迹的教育功能。她强调在孩子们玩的过程中，教师要积极地细致地多维度观察，科学地引导孩子有效学习或发展；观察，是教师指导、激励孩子的重要基础；没有高质量的观察，就没有课程的深度实施。

编织飞天梦的韦江腾

韦江腾，一听这名字就感觉特别霸气。她是青秀区金梓幼儿园园长，花一样的身姿与气质。我怎么也没有想到她们的幼儿园会开发与实施"飞天梦"课程，她们的飞天梦课程已经成为她们的品牌课程，成为她们引领孩子们创造梦想的课程。一所民办幼儿园，以她们的责任担当，奋然描绘着幼儿奔向中国梦的绚丽蓝图。

飞天梦课程的诞生，源于韦江腾她们的学习，她们在寻找新时代的金梓幼儿园的准确定位，她们在寻找基于未来民族复兴的课程视界，她们在寻找新背景下幼儿发展的方向。飞天梦课程的诞生，源于她们对幼儿园心、力、气的融合，对于真、善、信的文化赋能，对教研常态化、丰富性、多维度的探索建构，对管、学、研鹰架的搭建。通过大量的调查研究，她们发现孩子们对代表着国家前沿科技的火箭很感兴趣，甚至有着强烈的好奇心，于是她们集中精力与智慧做起了飞天梦课程。孩子们进行火箭设计，观看火箭视频，讨论火箭的真实模样，绘制设计图；孩子们做航天服，量、设计、裁剪、粘、试穿、呈现，经历了一个严谨而充满乐趣的过程；孩子们制作标志、五星红旗、头盔等，多次试验具有难度的头盔，使其舒适；穿上航天服进行分享，孩子们觉得神奇得不得了。

梦想的萌发，必须创造教育的载体与契机，必须全面立体地延展，必须让孩子真实地投入到一种情境之中。如今，飞天梦已经进入到孩子的心灵深处，老师也融进了孩子的梦想之中。飞天梦在不断升华：成为宇航员，需要怎么做？让孩子懂得：梦想的实现需要执着地奋斗，要成为航天员，需要艰苦地学习，需要练就强壮的身体、高超的智慧。这就是飞天梦课程的深刻价值与意义。

燕子喜爱的黎晓明

燕子课程成了青秀区凤凰岭路幼儿园的特色课程，黎晓明园长成了一只可爱的燕子。燕子课程是生成性课程，是师幼共同创造的基于自然的生命教育课程。

大约是环境的改善引来了燕子。黎晓明带领教师重构幸福小站,曾经的水泥变成了泥土,干涸中涌动着清水,茂树绿草散发着馨香,小鸟儿鸣叫翩飞,小鱼儿嬉游追逐,鹦鹉说着动听的话。生机盎然的幸福小站,引来了新的客人,燕子飞来了,建了自己的家。孩子们可欢喜了,敏锐的教师为孩子们创建了燕子工坊,开发了燕子课程,跟孩子们讲解候鸟的知识,指导孩子观察燕子,引导孩子主动发现。突然有一天,一只雏燕掉下来,孩子们开始拯救雏燕,但最终还是没有保住雏燕的生命,孩子们很伤心,老师引导孩子们为死去的雏燕举行追悼会。然后,又讨论如何不让雏燕摔死,有孩子提出在燕窝下的地上垫上软草,有孩子提出帮燕子加建房子,这些提议都得以实施。为了让孩子们更为直观地了解燕子抚育雏燕的过程,幼儿园安装了摄像头,进行实况直播。孩子们还讨论:燕子吃什么?燕子是如何给雏燕喂食的?燕子飞走的时候,究竟飞到哪里去了?孩子们的好奇在不断延伸,这就是燕子课程的魅力。

燕子工坊、燕子课程,这是陈鹤琴活教育思想的经典实践。黎晓明讲这些故事的时候,显得格外激动,因为她看到孩子们通过燕子课程的实施,对生命的敬畏感明显提升了,孩子们更加热爱大自然了,在孩子们的心中,天人合一的思想正在萌生:植物、动物、人,都是生命的共同体,我们应该热爱这些可爱的生命。由此又衍生出其他的生命教育课程,诸如地上的羽毛是从哪儿来的?燕子是高级工程师,它们把房子做得那么漂亮、温暖,我们要学习燕子什么样的智慧与精神?探索鸡蛋花树的生长、寻找香味的源头、分享在幼儿园里的独特发现。燕子课程的伸展,让生命教育更加有力度。

让孩子热爱广西的银燕

银燕是南宁北大博雅幼儿园总园长,她对广西的爱十分深厚,谈起广西的美景、美食、民族、民俗等,她总流露出自豪与幸福的表情。她对我说作为园长，她要让每一个幼儿都深深地爱上广西。是啊，作为一个园长，理所应当地要培养孩子们热爱家乡的情感，这是园长的社会责任，这是园长的教育任务。银燕组织教师开发了《可爱的广西》《我爱壮美广西》课程，并扎实有效地实施着这一课程。

银燕说她们的课程主要是从吃、穿、玩来让孩子们了解广西。对于吃广西美食，银燕带领老师进行了全面深入的梳理，形成了丰富多彩的美食课程。她们根据时间，每月安排相应的活动，依次了解南宁、玉林、崇左、贺州、柳州、钦州、桂林、防城等各地美食，把孩子们带进老友面、八仙粉、干捞粉、卷筒粉、八宝饭、王府牛杂、马蹄炒鸡球、白鸽芝麻虾、竹筒鱼、荔浦芋扣肉、桂林荷叶鸭、桂林米粉等五彩斑斓的美食世界，让孩子们了解这些美食的悠久历史，产生一种热爱广西的内在情感。银燕说美食是中国文化的重要组成部分，“舌尖上的中国”充分表明美食对于中国的特殊意义。孩子们参观了解广西美食、制作美食、品味美食，构成了课程的广度与深度。银燕说认识广西的多个民族，尤其是民族服饰、风俗习惯也是重要的园本课程，孩子们抛绣球兴高采烈，进行民族服装表演像模像样，开展三月三系列活动乐在其中。

让孩子们了解广西、热爱广西，它需要开发适应年龄特点、受孩子喜欢的课程。课程是重要的载体，课程是达成目标的关键方式。北大博雅幼儿园将广西这幅美丽的长卷以其多姿多彩的方式展现在了孩子们的面前，让他们看到了、体验到了、感受到了广西的美丽和可爱。

开创一公里课程圈的黄瑜

“五百米课程圈”，“一公里课程圈”，这是一个十分好的课程资源观。事实上，园本课程的开发应该是依据幼儿适合的步行距离，来最大限度地开发资源,以形成更为多样丰富的课程。南宁银蕾幼儿园的园长黄瑜在开创一公里课程圈方面颇有心得,她们积累了许多成功的经验,取得了显著的成绩。黄瑜谈起一公里课程圈,往往会兴奋不已、滔滔不绝。

黄瑜很自豪地说她们的幼儿园是广西最大的幼儿园,我吃了一惊,随后才知道她说的是一公里课程圈都属于幼儿园的范围。黄瑜认为生活实践课程对于孩子而言,是具有现场感、真实性、可操作性的多元课程,生活课程源于生活又回归到生活中。所谓一公里课程圈就是以幼儿园为圆心,以一公里为半径画一个圈,圈内的林林总总都是课程资源。园内的花、草、树、沙、水、蔬菜等是最方便的课程资源,园外的水果店、花店、华联超市、金花茶公园、博物馆、银行、广西图书馆等都是幼儿园的课程资源。一公里课程还可以延伸为孩子们共同熟悉的事物、共同参与过的生活、共同去过的地方等,如壮族三月三、名树园等。一公里课程圈的特色课程有幼儿园的树、幼儿园的生日、小蚂蚁、蛋宝宝、桂花开、我和萝卜有个约会、小蝌蚪成长记、有趣的乌龟,还有搭建壮族木楼、美丽的壮族服饰、壮乡音乐美、南宁的桥、玩色、木有意思、壮美三月三等。

设计地铁站、运行地铁站是银蕾幼儿园一公里课程圈的大场景、大意义课程。首先是考察:地铁站有哪些设施?让孩子通过考察知道有电梯、地铁、路线图、安检、自助售票机等,孩子们全都把它们画出来。在教室里搭建地铁站,孩子们按照他们考察了解的情况,进行设计,然后搭建地铁站,呈现各种场景,再开始运营试验,买票,行李过安检,乘坐电梯,相互帮助,协助小伙伴,广播预告,等等,模拟了生活场景,增长了孩子们的见识,提升了孩子们的素养和能力。

带孩子探寻奥秘的黄剑琴

黄剑琴是广西医科大学幼儿园园长，作为廖丹萍特级教师工作坊的优秀坊员，她对班本课程的实践与研究做得很扎实，凸显了她成长的亮色。

蚂蚁课程把孩子带进了一个神秘的世界、科学探索的王国。孩子睁大眼睛观察着蚂蚁：蚂蚁身体小小的，蚂蚁有很多细细的脚，眼睛圆圆的。孩子讨论着：蚂蚁的家在哪儿，是什么模样？蚂蚁喜欢吃什么食物？孩子们分享着“我和蚂蚁的故事”。蚂蚁画展、蚂蚁摄影展展示着孩子的发现与想象；搭建蚁穴，搭建蚂蚁地下王国游乐场，促进了孩子思维与能力的发展。《西游记》课程，选点之广、活动之丰富，给了孩子自主游戏的巨大空间。西游足迹、初见西游、探西游、九九八十一难、玩转西游、西游迎新会等，让孩子乐趣无穷。你最喜欢《西游记》里的哪个人物？哪个故事？激发孩子强烈的探索欲望。孩子们扮二郎神、猪八戒、哪吒，神气十足；谈唐僧师徒的优缺点，见解各异；制作兵器，兵器排行，各显神通。车课程，既有可操作性，也有浓厚的趣味性。孩子们在探索和游戏中，知道小车的发动机长什么样子，知道后备箱很宽敞，还知道后备箱下面有备胎、有用于修理的工具。孩子们认识了各种不同类型的车牌：警车车牌、大型汽车车牌、小型新能源汽车车牌。班本课程把孩子们带进了一个丰富而广阔的空间，为孩子的生命成长奠定了坚实的基础。

黄剑琴有着独特的专业视角，她懂得班本课程的深层价值，并善于引导教师充分挖掘资源，建立孩子喜欢的课程。无论是蚂蚁课程、还是《西游记》课程、车课程，又或是其他课程，它们都体现了一个幼儿园的创造，都体现了一个管理者的思想和专业视野。

和小鹿游青秀的陈秋玲

南宁市第一幼儿园副园长陈秋玲说:“一提到小鹿,我就特别熟悉,特别亲切。”瞬间,那健康、活泼、奔跑、欢乐的模样就浮现在眼前。具有百年历史的南宁市第一幼,因小鹿而彰显出它的厚重感。

陈秋玲讲着一幼,每一个画面,每一个故事,都流溢着清香。小鹿带你游青秀,成了孩子们的最爱。去民生广场放风筝吧,借着风的力量飞翔,这是孩子们展翅高飞的梦想。到邕江一桥写生,把美景搬到纸上,白云看着绿叶,鸟儿在色彩中鸣叫,艺术的思维栖息在画的中央。保护母亲河行动,让邕江一片洁净,让江水在天上荡漾。走进中山路小学,参观民乐小学,体验乐娃大课堂,孩子们想着幸福的未来。考察文具店,逛超市,参观图书馆、看书画展、进行自主阅读,将生活揽入怀中。体验地铁,观看家电城,访问消防中队,孩子们在一天一天长大。孩子们特别喜欢“舌尖上的中山路”,这是一幼最有品牌意义的课程。在教师指导下,孩子们调查中山路店铺、了解中山路的历史,和顾客交流舌尖上的幸福,夜幕下与美食合影,观摩各种美食是如何做出来的。孩子们把中山路搬到教室,建成了自己的美食街,孩子们成了摊主,他们根据老师、小伙伴的喜好,摆起了飞饼、老友粉、双皮奶、卷筒粉等小吃摊。每个小摊都有创意无限的广告。

陈秋玲津津乐道地讲着一幼课程,讲着小鹿的快乐。在一幼,她们始终坚持着“三个凡是”:凡是自己能想的,应当让他自己想;凡是自己能说的,应当让他自己说;凡是自己能做的,应当让他自己做。这一理念始终指导着她们的课程建设,自主、创造正在成为孩子们的内在品质。

一位来自仫佬族的园长

在第二十九届东湖微论坛，我第一次看见园长身着民族服装上台演讲。我的眼睛陡然闪闪发亮：银珍，广西壮族自治区罗城仫佬族自治县第一幼儿园的园长，散逸着仫佬族的特异风采，闪烁着她一个虔诚于幼儿园教育的园长的美曼。

近年，我到广西比较多，对于仫佬族也多多少少有些了解，然而当我看到银珍园长身着自己民族的服装登上论坛的舞台时，我的兴奋之情仍然有些按捺不住。她深深地爱着仫佬族，她那植根于内心的家国情怀透溢在她那丰富活力的表情中。正因为如此，她才有本土文化传承、焕发课程生命力的思考与实践。我静静地听着，听她讲仫佬族文化的课程故事。

银珍充满激情地说："广西罗城是我国唯一的仫佬族自治县。这里有千年仫佬、三尖罗城的美称。这里山头尖，万峰林立，山清水秀；筷头尖，物华天宝，热情好客；这里笔头尖，人杰地灵，文人辈出。这里崇尚自然，是放飞灵魂的理想之地；这里崇德尚文，是洗尽铅华的纯净乐土。"对本土文化发自肺腑的热爱，才有对幼儿园课程开发的强烈愿望，才会带着澎湃的情感与智慧去发现大量的课程资源。这是研发优质课程的前提。

在罗城仫佬族自治县第一幼儿园，有仫佬族民俗长廊，有非遗手工坊、仫佬小画廊、布里生花苑，有"与泥有约"主题园和竹梆声声厅，还有仫佬寨、蓝靛扎染区和仫佬编织区、仫佬美食阁。这是仫佬族的大世界，这是孩子们的快乐天地。基于幼儿视角的丰富的文化呈现，让孩子们自然地走进了仫佬族的文化场域，构成了可见、可体验的生活场景,这是幼儿园教育基本规律的体现,这是幼儿园仫佬族文化传承的物化基础。没有这些必要的场景,本土文化何以能成为走向幼儿心灵世界的课程?

银珍园长说,“仫佬娃365传承记”课程旨在通过日常的各种教育活动,让幼儿在快乐的氛围中学习和体验仫佬族文化,培养他们的文化自信与传承意识。课程涵盖仫佬族的历史、艺术、生活习俗等多个方面的内容,其课程形式丰富多样,诸如主题活动、故事讲述、实践操作等,让孩子充分感受仫佬族的文化魅力。仫佬族文化课程的开发与实施,是一个系统的集成。作为园长,应该具备足够的领导力,包括对仫佬族文化的独特理解、对教师课程眼界与灵感的拓展,对幼儿在中华民族的文化体系中以自己已有的经验切身有趣地感知仫佬族的文化内涵的引领。银珍园长完全沉浸在仫佬族文化的课程之中,这已成为她生命幸福的理由。

银珍是地道的仫佬族,是仫佬族优秀的女儿。在她的脑海里,仫佬族是一个历史悠久的民族。那丰富的民间故事、独特的艺术形式和多彩的生活习俗,构成了仫佬族别具风格的文化特色;那扎染、刺绣和编织等,承载了一个民族的智慧,它是炎黄子孙智慧的重要组成部分;那锦鸡,是仫佬族人的象征,锦鸡形象健美、威武雄壮、奋发向上、追求光明,这是仫佬族精神文化的重要体现。在银珍眼里,多么丰富的课程资源啊,这和孩子们五个领域的发展都有密切关联。

银珍的血脉中涌动着仫佬文化的光芒。在全球化的今天,传承和发扬仫佬族文化显得尤为重要,这不仅有助于维护文化的多样性,更是对祖先智慧的继承和尊重。她的声音里充满着特定的美感,她把与会者带进了仫佬族的童话之中。银珍继续着自己的讲述,仫佬族没有文字,在幼儿园教育中融入仫佬族文化,不仅能让幼儿从小了解并热爱自己的民族文化，还能增强他们对本土文化的认同感和归属感。

我惊奇于这仫佬族歌舞的美酷。我更惊奇于银珍所展现的罗城仫佬族自治县第一幼儿园对仫佬歌舞课程开发与实施的五彩缤纷，让人流连忘返，心旷神怡。载歌载舞的仫佬依、仫佬山歌咿呀喂、仫佬情景剧、板鞋乐、仫佬师公舞、仫佬线排舞、仫佬白马舞、竹梆声声、仫佬手势舞等，那是应有尽有，真的让人眼花缭乱，应接不暇。孩子们进入了一个极致的歌舞世界，进入了充满无限乐趣的艺术境界。孩子们在吸取仫佬文化的营养精华，在幸福地拔节生长。

一个扎染的奇景，铺展着仫佬族服饰文化的光辉。扎染，融汇着孩子们的智慧与创造。扎染作品色彩艳丽、图案变化无穷，对幼儿产生着强烈的吸引力。银珍神秘地笑着，甜甜蜜蜜地陶醉着。为了让孩子们感受到民间艺术的风采，感受到扎染的图案美、色彩美和林林总总的形式美，以激发幼儿对美的事物的关注和喜爱，扎染课程蓬蓬勃勃地开展着。教师们最先查阅、搜集关于扎染的资料，实践体验并开展扎染教研，探究扎染活动中遇到的问题。银珍说，没有教师深度地学习研究，哪能有优质的仫佬族文化课程？

精彩迭现：孩子们津津有味地玩土布，玩土布拓印，做仫佬民族布袋、仫佬围兜、仫佬花布鞋，玩中理解着一个民族的文化内涵，发展着他们生命成长的核心素养。孩子们专心致志地编着席，我看他们的眼神，他们熟练编织的小手，感觉到了他们的生长节奏。绣出来的各种图案，琳琅满目。孩子们做着仫佬族特有的美食：卤水黑山羊、养生火麻豆腐、仫佬族野菜包。这是依饭节的情趣与丰硕，这是三月三的壮观与震撼。

仫佬族的民间游戏成了孩子们的最爱。那草龙的劲舞，那节奏明快的竹梆游戏,那神奇的筷子操,丢沙包,一切都在幼儿园演绎着,都成了孩子们乐趣无穷的课程。仫佬族的文化就这样深深烙印在孩子们的心灵深处,就这样丰厚了五个领域的发展,就这样引领着孩子们深深地爱上了自己的家乡、自己的祖国。

罗城、仫佬族、银珍园长,几个关键词嵌入了我的人生中。我咀嚼着,回味着,仫佬族的文化基于民族传承的本土课程,在幼儿园教育的领域中反复旋转着,扎根于我翩翩起舞的联想中。仫佬族的文化,银珍的笑声,成就了我的生长,成为我永不消失的记忆。

以自然在自然的教育

我崇尚自然,我亲近大自然,对于潜心研究与实践自然教育的园长会生发特别的敬意。薛茹是内蒙古自治区鄂尔多斯市达拉特旗电厂幼儿园园长,听她在第三十届东湖微论坛上讲自然教育,我精神亢奋得不得了。内蒙古鄂尔多斯幼儿园做自然教育,得天独厚,具有丰富的自然资源,也易于走进儿童那草原般的心灵世界。

薛茹园长说,我们的幼儿园教育应该回归自然,回归本心,顺应儿童的天性,支持每个生命个体的自然成长。自然教育的意义和价值在于尊重幼儿的个性与发展规律,促进幼儿的自主探索和学习,培养创新意识与能力,让幼儿懂得学习的意义在于发现未知可能。薛园长说她们幼儿园自然教育理念与目标是坚守初心,办质朴生态幼儿园,尊崇天性,回归自然,旨在培养幼儿亲近自然、喜欢探究、热爱运动、养成良好的行为习惯。每个幼儿都健康活泼、崇真尚美、友善自信、关爱自然、敬畏生命。

幼儿园倡导老子道法自然的哲学思想,遵循自然而然的规律,坚持以自然为本，尊重儿童天性，培养真实、和谐与自主的个体，让每个生命自然成长。薛茹说她们探索研究出属于园本的自然课程。课程理念凸显尊崇天性，回归自然。何谓自然？就是亲近自然，向自然学习；就是遵循儿童的自然天性，也就是要遵循儿童身心发展的基本规律，遵循幼儿园教育的基本规律。在自然中发现自然，在自由、自主中，让每个幼儿成为他自己。

自然课程体系的建构包括自然环境构建，包括引导幼儿去主动发现自然，去进行田园探索和感知生命，去走进生活、生命、生长，而环境建构则强调自然、野趣、完整、交互，使之具有鲜明的课程性或教育性。山水湖，就是幼儿园的自然之地，充满自然的野性，透着自然的情趣。户外构建了九种不同地形区，如鹅卵石区、河沙区、绿色草坪区、泥土区等；投放的是不同的材质，让孩子们的体验尽量丰富多彩。

薛园长说，自然教育强调幼儿亲近自然、释放天性。幼儿保有与生俱来的好奇心和强烈的探索欲，自然环境为他们提供了丰富的感官刺激和学习素材。让幼儿亲近自然，走进森林、花园、田野等，能够释放他们的天性，使他们在自由的探索中发现自然的奥秘，激发对世界的认知兴趣。在多姿多彩的自然中，孩子们可以触摸泥土、观察动植物的生长变化、感受四季的更替，这些亲身体验有助于他们建立与自然的情感联系，培养他们对大自然的尊重和热爱之情。

自然教育首先要提高幼儿自然认知。如初步了解粗浅的生态环境知识，了解人类生存对环境的依赖性。幼儿在体验的过程中，开始不断地积累相关经验，最终形成对自然的基本认识。了解种植以及植物与人类生活之间的关系。其次要让幼儿具备自然生存与适应的能力。培养幼儿具有自然出行的准备能力、不同环境的适应能力、对于风险预估与防范的能力、自然资源的利用等能力。还要具备自然探究的能力,诸如自然观察、自然探究、自然表达等能力。自然观察包含感知、链接迁移、想象推理、细节比较、视角转换、工具应用等能力。自然探索包含发现问题、提出问题、研究并制定验证方案、动手操作、收集整理信息并分析、解释与反思等能力。自然表征包括语言表达、符号表征、动作表征、建构表征等相关能力。通过直接感知与实际操作以及亲身体验获取不同植物的种植方式技能,与同伴的任务协商、分工合作,任务管理等能力。再次是自然情感,它包含热爱与关爱两个方面,引导幼儿萌发热爱自然、珍惜生命、珍视生态环境的积极情感,形成爱护生活环境、保护生态环境的良好意愿和简单的生态道德。学会从关注生命、尊重生命、热爱生命到滋养生命。延续幼儿亲近自然的天性。逐步形成对自然的关爱之情,尊重生命和环境友好,并欣赏、发现自然的美与神奇,产生敬畏之情与探索欲望。

我在薛茹的自然教育园地里游走。她呼唤自然真实的儿童,呼唤自然和谐的教师,期待自然自主的管理。薛茹以她的深情描述着:儿童在自然体验中,了解人与自然、人与环境的关系,以此培养幼儿亲近自然、善于发现、积极探索的学习品质;从而激发幼儿关爱自然、尊重生命的情感。教师对自然的深刻理解以及觉察能力启迪孩子,帮助他们感知更为广阔的世界,提升情感交流的质量。

只有亲近过泥土的孩子才能友善大地,只有被自然感动过的孩子才能善待自然。我在反复琢磨薛茹关于自然教育的哲学表达,我在反复回味她所讲述的孩子们与羊、鸡、鸭的有趣故事。自然教育,强调顺应自然规律,促进身心健康。自然具有神奇的疗愈力量,让幼儿在自然中活动和游戏,能够促进他们的身心健康的发展。阳光、空气、水等自然元素对幼儿的身体发育和免疫系统具有重要的作用。幼儿在户外奔跑、玩耍、呼吸新鲜空气，可以增强他们的体质和抵抗力。与此同时，自然环境能够舒缓幼儿的情绪，减轻压力和焦虑，培养他们积极乐观的心态。此外，在与自然的接触中，还能够促进幼儿的社会交往能力，让他们在与同伴共同探索自然的过程之中，学会分享、合作和沟通。

游戏中的儿童很伟大

我的教育人生，最大且最坚定的感触就是儿童伟大。我无数次地阐述这一观点，我把这作为我最显著的教育成就。近两天大脑里一直在回放浙江省慈溪市宗汉街道星光幼教集团唐娇萍园长曾在第二十六届东湖微论坛上分享的关于游戏中儿童伟大的画面，以致让我在炎热之时平添了几许清凉。我要感恩儿童的伟大，要感恩唐娇萍园长对儿童至真至爱的情怀。

唐娇萍说，每个孩子都像一颗蕴含着无限能量的种子，只要给予合适的土壤、阳光和雨露，他们就能够茁壮成长，绽放出属于自己的伟大光芒。在“儿童发现世界，教师发现儿童的发现”中，我们转变了儿童观，改变了教学观，开展了一系列的课程改革，实现了游戏课程的重构。我们所坚守的游戏课程的理念：相信儿童是有能力的主动学习者，每个儿童都是独特的个体，值得我们尊重和学习。我们在坚信真游戏就是真学习的基础上，建立一日生活皆课程的大课程观。坚持儿童在前教师在后的教育理念，关注儿童实际操作、亲身体验的学习方式，实现师幼共同的成长。

唐娇萍总在描绘幼儿自主游戏的图景：自然生态、野趣开放、冒险挑战是我们幼儿园为孩子们打造的自主自由的游戏环境。这是让儿童成为儿童的环境,这是让儿童的游戏成为融入他们心灵世界的快乐载体。我们要求教师要最大限度地给予幼儿探索的空间,支持幼儿通过对特定环境下材料的操作、感知、体验,发现世界的秘密。我们始终强调游戏的自主性。强调幼儿在前、教师在后的理念,主张在自主游戏中,不是教师领着幼儿玩,而是幼儿领着教师玩。冒险性也是我们对于游戏课程的设计与实施的基本思路。我们认为:没有冒险就没有解决问题的能力,没有解决问题的过程就没有学习。给儿童最大的机会去探索和突破自己能力的极限,享受物理的、智力的、社会的冒险。游戏的合作性也很重要。只有面对共同的任务和目标,在行动中做到配合和默契,才能走向合作。

对于儿童而言,真的是给点阳光就灿烂,唐娇萍继续说。教师要做到最大程度的放手和最小程度的介入,观察与倾听幼儿的游戏。要让儿童通过画、写、说的方式,自主回顾、整理、反思自己的游戏过程,对游戏中获得的经验进行自我梳理、构建与表达,实现经验的自主发展,这是儿童的具有发展性的反思。在我们的幼儿园,有医院场景游戏,有山坡场景游戏,还有滑草、娃娃家游戏。

当谈到一对一的倾听问题时,唐娇萍按捺不住自己内心的激动,滔滔不绝地讲一对一倾听实施的价值、实施的内容、实施的时间与实施的策略。她说一对一的倾听,是指儿童用语言向教师表达自己画了什么,是如何游戏的,教师用文字把他们的原词原句记录下来。在和教师表述的时候,儿童会再次思考自己在游戏中有哪些发现和想法,这是再度反思。一对一的倾听,有利于建立民主平等、温馨和谐的师幼关系,有利于让幼儿养成愿意说、喜欢说的表达习惯,有利于培养幼儿善于反思、梳理游戏经验的良好习惯。

与此同时,一对一倾听可以帮助教师真实客观地了解幼儿的游戏;并能够促进教师与幼儿的同频共振,从而进一步了解儿童。一对一倾听要求教师真诚耐心地倾听,尊重接纳幼儿的表达,给予幼儿充足的时间,关注幼儿的关注点。

唐娇萍对一对一倾听有自己独特的见解。她详细地介绍道:第一步,教师要静下来,停下自己的一切行为,保持适当空间距离,眼睛注视孩子,要表现出极大的热情。语调要温柔、平静,如"别着急,慢慢说"。心理上要叮嘱自己:我正在认真倾听儿童的游戏故事,要听完整、听清楚后再做出判断。

第二步,等一等。教师向儿童微笑,表现出对倾听的期待,营造出共情的氛围。教师要及时说出对于倾听孩子的感受,例如"听起来真好玩";要说出自己的好奇,如"你们究竟是怎么玩的,能详细地说说吗"?教师需要时刻记住:孩子们现在最需要的是讲述他们各自的游戏故事,而不是听老师说话。

第三步,教师适宜回应。梳理儿童的思维,例如:原来可以这样玩,你是怎么想出来的呢?帮助儿童梳理问题,如:你觉得还有没有其他的办法?顺着儿童的思维走,如:你想得到什么样的帮助?教师在对之前幼儿的游戏活动观察了解的基础上,借助照片、视频、绘画等形式,帮助幼儿开展游戏分享交流活动。师幼共同回顾游戏过程、游戏内容、游戏主题,不限时间、地点,将主讲权交给幼儿,让幼儿能够尽情抒发自己所思所想,使幼儿在游戏中遇到的问题得以解决,情感得以抒发,经验得以增长,促进幼儿的全面发展。儿童在梳理和表达自己做法和想法的同时,也会思考别人的做法和想法,这是一个复杂的逻辑思维过程,也是一个深入反思的总结过程,是儿童的第三次反思。

她的声音中,饱含着对儿童的欣赏,渗透着对教师的期待。这是唐娇萍作为园长的声音,是作为学前教育研究者的声音,也是寄予了她对儿童深情之爱的声音。她说自主游戏要具有探究性,它需要通过持续性的探究来解决幼儿心中的好奇或疑惑。还要具有开放性。开放性的问题通常没有明确固定的标准答案,也就是答案不是唯一的,而是多元的。这就给幼儿更多的空间,解决问题的方式也有多种可能,幼儿可以通过多种方法进行探究。自主游戏的整合性是重要特征。它需要通过多种经验进行解决问题。比如在集体讨论中,幼儿各抒己见,各取所需,充分体现个体差异,以自己的方式和速度建构自己对世界的认知。

我在倾听,倾听唐娇萍的生动讲述:游戏中要认真帮助幼儿认识差异,理解差异,接纳差异,寻求合作;要引导幼儿养成耐心倾听、清楚表达的习惯,引导幼儿有礼有理有据地反驳或认同。引导幼儿形成独特的思维方式。幼儿思维的活跃度远远高于“你教我学”式的陈旧教育,儿童远比我们想象的伟大。在一日生活与游戏中观察幼儿,要善于发现儿童的发现。成功放手,把学习的机会留给幼儿,重建师幼关系;在游戏中大胆假设、验证、迁移、应用和创造,当我们由衷地赞美孩子、相信孩子的时候,我们才能真正发现了不起的儿童。

名师工作室的生活智慧

金仁萍是中山市大涌镇中心幼儿园的园长,也是中山市学前教育领域里唯一的广东省名师工作室主持人,早在第二届东湖微论坛上就带来了她和团队一直在实践探索的“仁·润教育”模式。她的名师工作室有五十多名网络学员,有四名入室学员,而且全是园长或副园长，遍布中山市各个镇。

我曾受邀参加了她们名师工作室的课题开题报告会。金园长所作的开题报告把我引向了一个极其广阔的思维空间。我想，她应该是在探索名师工作室学员学习生活的新样态。让学员直接参加主持人在省教育部门备案立项的课题研究，这既是促进学员成长的优质通道，也是促进工作室主持人向教育家型园长发展的一种重要方式。

金仁萍名园长工作室的研究课题是“基于区域文化的‘仁·润’教育的实践与研究”。在开题报告会上，金园长特意安排了一个“区域文化推介”的版块。五十多名学员，以镇为单位分小组展示当地文化。有展示旗袍文化的，有展示鼓文化的，有展示渔民生活文化的，有展示饮食文化的，真是五彩缤纷。我来中山虽然很少，但园长们的文化推介却似乎把我带到了中山市的各个地方。

学员们展示文化的形式也特别丰富多样。有唱歌的，有跳特色舞蹈的，有秀服饰的，有朗诵诗歌的，园长们真的很棒。金园长告诉我，这些节目是学员们仅仅花了几十分钟现场编排出来的。这是很独特的学习，这是对课题研究所涉及的区域文化的一种独具匠心地展示，这也能给学员们开发园本游戏课程带来深刻的启迪。

活动快结束时，我们开始有滋有味地品尝学员们带来的特色美食，进一步感受中山本土文化的独特魅力。最后我们和学员一起高声朗诵《我的祖国》，继而把整个活动推向了高潮。

其实，名师工作室首先应该是一个至真至情的生活型群体，然后才是一个共同学习研究的群体；名师工作室的学习也应该别有一番风情，不能过于老套、过于单一、过于乏味；园长的学习也可以生活化一点，形式丰富一点。

角角落落也精彩

每每走进幼儿园,我总习惯性地看一看幼儿园的角角落落。因为从幼儿园环境文化创设的角度看,每一个角落都不能忽略,每一个角落都是文化的重要空间。

幼儿园的孩子们对任何一处环境都会有强烈的兴趣,而且他们对环境的感知潜能很强。也许那些我们容易忽略的角落,恰恰是孩子们好奇的地方,是他们想探知究竟的地方。那么,如何最大限度利用角落空间,将此变成孩子们特殊的游戏活动场地,这应该成为我们园长一个重要的工作点。

深圳宝安兴华幼儿园有一个靠墙的狭小角落,焦艳园长将其做成了小小的长城,这里便成为孩子们非常喜欢的地方。无锡侨谊幼儿园的教学楼背后有一长条巷道,曾经是空着的废弃地段,后来经过改造,设计变成了走木桩、爬网笼、过独木桥、穿栈道等,成为孩子们最喜欢去的地方。重庆江北新村幼教集团总幼儿园进门的左边墙角是孩子们种植的菜地,右边是微型的、不断转动的水车。贵州黔东南凯里第四幼儿园将一个角落建成了孩子的木工坊。重庆渝中区实验幼儿园许多角落都变成了孩子们的乐园。湖北黄石政府机关幼儿园将靠院墙的狭长地方,开辟成了孩子们的种植体验园。

对角角落落的重视,也体现了一种关注细节、追求极致的管理理念。在幼儿园里,没有所谓角落,所有地方都是教育场所,所有地方都具有课程价值。对于面积本来就比较小的幼儿园,智慧地利用好角角落落,显得更为重要。我们应该有化腐朽为神奇的智慧,要善于将每一块地方变成孩子们的乐园。

园长中的艺术家

我记得在第七届东湖微论坛上见到她，就觉得她满身散逸着艺术之香。这次在芜湖，在安徽师范大学附属幼儿园集团见到她，我明明白白见到的是一位园长中的艺术家。她的眼睛里充满着艺术的光芒，她的微笑里全是油画的色彩，她的服饰中浸透着梵高与毕加索的想象和魅力。她就是原安徽师范大学幼教集团主任、附属幼儿园园长余捷。

余捷在大学学的是油画，这给她插上了彩虹般的艺术翅膀，这让她的思维飞驰着油画的光影。余捷主管着十一所幼儿园，她把她杰出的艺术才华，全部奉献给了幼儿园教育，她把她无限丰富的想象力、高雅独特的审美情趣全部渗透到了她对儿童的深爱之中。

余捷“坚定不移地打造着以儿童为本并完全属于儿童的美术品牌”。在余捷的带领下，我们走进了安师大附幼总园、碧桂园分园、金域蓝湾分园，我们仿佛走进了儿童的艺术王国。在碧桂园分园，有一幅巨大的美术作品强烈地吸引住了我，那是上百名孩子用针线、用稚嫩的小手、用纯洁的心灵创作的《游子吟》，孩子们还在画的两边写上了“慈母手中线，游子身上衣。临行密密缝，意恐迟迟归。谁言寸草心，报得三春晖”。我抚触着这幅巨画，我凝视着这密密麻麻的线条，我的眼前反复闪现着慈母的情真意切与孩子们的童真纯情。

在安师大附幼的每一所幼儿园，到处可见孩子们用毛线、布条等编结的画，到处都可见孩子们用各种纸撕贴的画，处处展现了儿童的视野与灵动，处处凸显了儿童的自主与快乐。我由衷地感慨：

美术对于幼儿园的孩子们而言，是何等重要啊！它既是对孩子们的一种创造的激发，也是给予孩子们的一种孕育艺术思维的载体，还是让孩子们润泽和呈现智慧的土壤。

余捷“特别注重每所幼儿园艺术特色的打造，试图形成集团艺术大品牌中的分园艺术小品牌”。在我们参观的幼儿园之中，碧桂园分园主要渗入了大量的日式艺术元素，金域蓝湾则主要凸显了欧式艺术元素，总园则主要体现中国传统文化的艺术元素。为了保证这一艺术品质，余捷还在集团专门配备了一位高水平的儿童艺术教育总监。余捷非常重视环境的艺术构建，在她的督促与指导下，每所幼儿园都具有了强烈的艺术感染力。

余捷“对于艺术的研究是极为深刻的，她力图在儿童的生命中嵌入充满无限想象力的艺术基因”。我欣赏她创造的玻璃视域艺术、森林探险的野性艺术、门前栅栏的绿藤艺术、树屋平台的结构艺术、空中平台的天人合一艺术、廊道的清静艺术、墙壁的色调艺术。在余捷的脑海里，始终是儿童天真烂漫的身影，始终是儿童灿烂明媚的微笑，始终是儿童永远幸福浪漫的未来。

余捷是一位园长艺术家，她崇尚艺术的教育，更崇尚教育的艺术。艺术美化了孩子们的生命，艺术也光鲜了余捷与她们教师团队的生命。

园长应有更宽阔的视野

园长若具有幼师或者学前专业背景，往往被视为科班的、最优质的基础。我也认同这一点，但同时我也认为，园长如果能够关注和了解一些中小学的教育教学状态，特别是教育教学的改革状态，也许会对幼儿园的工作有帮助，甚至有很大的帮助。反过来，若是园长把眼光、思维、视域永远只放在幼儿园领域，对于中小学教育教学一无所知，恐怕会影响园长对幼儿园教育的认识深度与广度。

要知道，中小学教育教学改革在不断深化，改革的内容、方式都在不断推新，而且改革的频率也比较高，这对于整个社会都带来了前所未有的高度关注，比如课程改革、中考高考招生改革、评价制度改革等，都深刻影响整个社会。而每一次改革，都在推动教育更加适应世界的融合，更加适应现代科学技术与社会的迅猛发展。作为园长，应该对这些改革的动态有一定的了解。只有这样，才可以让园长在一个更为广阔的视野中看待幼儿园教育的发展。

但从我了解的情况来看，许多园长还存有“两耳不闻窗外事，一心只在幼儿园”，这就可能造成园长教育认识的“孤岛”情形，以至于谈到幼小衔接都过于狭隘与机械。想一想我们就能完全明白，如果我们对小学教育的应然状态与实然状态都没有一定的了解，我们怎么去研究幼小衔接的问题？那样的衔接极有可能是肤浅的、表象的衔接。

其实，园长首先是一个教育工作者，是一个教育管理工作者，理所当然地要对中小学甚至职业教育、高等教育，有一些了解，或者要有较为深入的了解。只有这样，我们才更容易在教育的整体格局中，去准确把握幼儿园教育的本质方向，去科学推动幼儿园教育的优质发展。

因此，园长们也可以去参加一些中小学的教育研讨活动，也可以到一些中小学名校去看一看，也可以去看一些中小学教育改革与研究的书籍，也可以多跟一些优秀的中小学校长交朋友。园长要有大的教育视野，要有大的教育格局，要有大的教育胸怀。

这里走出了十五位园长

这所幼儿园,在并不太长的时间内竟走出了十五位园长,被当地誉为“园长的摇篮”。这所幼儿园就是广西南宁市第一幼儿园。

我相信许多园长会问:南宁一幼为什么能够培养这么多优秀的园长?我也会在心里琢磨这一问题,只是我并没有循着这一问题跟李莉萍园长交流此事,然而我仍然在做一些感性化的猜测。

李莉萍园长带着她的副园长、主任们陪我一起参观幼儿园,跟我介绍她们所做的探索与实践,跟我分享她们引以为豪的许多得意之作。我看出她们整个班子成员的眼睛里都闪射着特别积极向上的光芒,整个脸上始终保持着对幼儿园工作的兴奋,而且透视出高度的和谐与默契,透视出对彼此的信任与理解。

我清晰地记得一个细节,我在进行讲座之前,她们带我看了户外的整个环境,看了孩子们的活动,看了整个楼道、廊道文化,也看了楼顶的种植体验区,还看了十分丰富的功能室,因讲座时间到了,我便走进报告厅去做讲座。有趣的是我的讲座一结束,她们几乎异口同声地对我说:您还没看我们的班级活动哩,老师们还等着哩!我走进一个个班级,老师们的那种精神状态实在是让我感动。这里的每一个人都像一团火焰,都在自己的岗位上燃烧着。

南宁一幼流淌着一股独特的团队精神,彰显着一种奋发的力量,这便形成了浸润园长成长的土壤,这便凝结成了一种个个都是幼儿园主人翁的优质生态。这里充满民主,这里充满生机,这里充满正能量。这里的思维会开花,这里的梦想会绽放,这里的管理智慧会生长。

十五位园长从这里诞生，应该有它很多合理的因素。我不想从课题研究的角度去深度调查并解析这一很有价值的个案。但我觉得：如果一所幼儿园班子成员及所有教师奋发向上，具有了雁群的精神，那它就可以成为园长的摇篮。

柳叶儿焕发的幼教情怀

莫柳焕仿佛是那棵生长在净雅湖边的垂柳，永远在幼教的清风里摇曳。她的衣着与姿态，都散逸着一个优秀园长的特有气质。那是属于孩子们的天性所造就的特质，那是她整个生命激荡的一种永远真挚向上的能量。和她交流，她总能以她的真诚与激情感染你，她将自己的生活与生命柔和地交融在一起，你会感觉到她所有的工作都几乎与她人生追求紧密相连。“儿童”“教师”“家长”“幼儿园”等词汇，成为她讲述或表达的关键，也成为她幸福感受的源泉。

莫柳焕是河池市宜州区保育院院长、特级教师，曾荣获“宋庆龄幼儿教育提名奖”。准确地说，莫柳焕是五所公办园的集团园总园长。莫柳焕带我们走进了宜州保育院，园门口的石桌、石凳，给人以强烈的厚重感。那些透着广西味道的绿植，让保育院洋溢着夏季生态的情调。那棵巨硕的榕树，长满了宜州保育院经历的甜酸苦辣，见证了一批又一批孩子健康快乐地成长；大榕树已经成为保育院的文化象征，也成了孩子们丰富多彩的课程资源。走上小二层的游戏场所，我笑着对莫院长说：立体地开发，会让保育院大起来；莫院长思维里可以生长出孩子们的游戏空间来，这是智慧哟！再走到楼顶，那是一个更加具有童话色彩的世界，竹竿隔出来的各种游戏空间,令人眼花缭乱,孩子们创造着属于他们的无限乐趣,那里的建构、制作、表演等就如同一个热闹非凡的玩乐超市。转一个弯,是另一座教学楼的楼顶,那里居然有个野战区,那是孩子们撒野的地方,那是孩子们“野蛮其体魄”的地方。

河池宜州保育院是一个和谐奋进的群体,城南幼儿园、西屏幼儿园、山水宜人幼儿园、第三幼儿园都是宜州保育院的姊妹,每一所幼儿园都紧紧地跟随着总园的步伐,都追逐着为宜州创造更多优质幼儿教育的梦想;同时,每一所幼儿园都是一个独特的生命个体,都有自己呼吸的节奏、前行的韵律、动人的乐音。莫柳焕弹奏着学会生活、乐于探索、喜爱阅读、善于合作的主旋律,是那样的优雅、清新、别致。那里有孩子们攀爬的长城,蜿蜒着古老的文化之根;那里有泥人区,孩子们凭着自己的想象塑造着,塑造着幼儿伟大的艺术;那里有长长的玩水区,悠转迂回;穿过密集的罗汉竹,孩子们会获得一种别样的课程体验;那里的每一个走道、每一面墙壁,都是孩子们成长的足迹与博览。阅读在以各种方式呈现着,阅读激发着孩子们的无限想象,阅读成了孩子们最美好的生活。《我的祖国》《壮族铜鼓》《狐狸爸爸》《小迷人》《影子的探索》等,是故事的演绎,是文学的开端,是善良在对幼小的心灵呼唤。整个集团园都创造着多姿多彩的幼儿阅读课程。

我试图描绘莫柳焕作为宜州保育院院长的生命轨迹,我不停地问她这、问她那,她也很乐意回答我的所有问题。她的故事在我的面前不断延展,就如同那翩飞起舞的彩色蝴蝶。她说:“作为保育院院长,创造条件让更多孩子享受优质学前教育,是我的职责。”这是多么朴实的话语,这是多么强烈的社会责任感啊!于是,她决定创办宜州区保育院幼教集团,是她首先借钱给保育院,是她真诚动员亲戚、朋友和员工集资筹款。一幅幅动人的画面在徐徐铺展,一个个感人的场景在演绎，城南、西屏、山水宜人、第三幼加入了集团，宜州优质幼儿园的版图在迅速扩大，家长满意地笑了，孩子们快乐地笑了，下枧河、龙江河以其纯净的清泽和微波荡漾笑了。从此宜州保育院以一种当时的新型体制前行着，随着改革开放的进一步深化和国家对学前教育的空前重视，幼儿园公办化的进程加大，莫柳焕又加力对宜州保育院的借款清还与体制转制工作，这个过程带来了一些说不清的煎熬，让莫园长承受了巨大的压力，以至使她近乎抑郁。真乃“山重水复疑无路，柳暗花明又一村”，后来在市委市政府的支持下，一个个问题都迎刃而解，宜州保育院又成了响当当的公办集团园。

我有些激动了：莫院长，你以你特别坚定的意志力和充满智慧的决断力处理好了教育集团在发展过程中的重大决策与改革问题；莫院长，是你带领团队化解了债务，着力转制公办，构建了优质幼教集团；你以你专业的理解提出了四大育人目标，推动了宜州保育院幼教集团的深度发展；你以你静待花开的心灵格局与鲜明的用人法则实施严而有爱的管理：包容，严格，调整；你把国家的事情、集体的事情、他人的事情当你自己的事情办，你对事业的忠诚与敬畏，你对煎熬、危机冷静地看待，你毅然决然带领团队化解难题。谈到孩子们，你是那样的欣喜悦怡；讲到青年教师的成长，你的眼光里放射着光芒，你捧着心和他们交心谈心；提到宜州保育院的发展，你充满了无限的信念和期许。

“更儿童教育”于东营景苑绚丽绽放

“更儿童”“更儿童教育”，宛如山间潺潺流淌的清泉，欢快地淌入我的心海;又似丛林中灵动欢跃的精灵小鸟,在我美妙的记忆深处婉转啼鸣。在山东东营这片充满希望的土地上,景苑幼儿园以心灵为笔,豪迈地书写着"更儿童"几个熠熠生辉的大字,用生命的热忱凝聚着"更儿童教育"的璀璨光辉。园长苏艳红带领着她的团队,燃烧着如儿童般炽热的激情,以对"更儿童"的不懈追求和全身心的智慧,真诚而执着地践行着属于她们的"更儿童教育",犹如东营大地上一抹绚烂的云霞,绽放出令人心醉神迷的壮丽景致。

苏艳红园长总是面带温柔的笑意,她的眼神中饱含着对孩子们的浓浓关爱与殷切期许。她坚定地立足于儿童的立场,用心倾听孩子们内心的声音,用爱悉心呵护着他们的成长。在第二十八届东湖微论坛上,她说道:"'更儿童教育',乃是对儿童天性的尊崇。在这种教育下,孩子们能够尽情释放自己的好奇心,勇敢地去探寻未知的世界。他们能够在沙池中精心堆砌梦想的城堡,能够在花园里仔细观察花朵的盛开,能够在教室里畅所欲言地抒发自己的想法。老师们从不以成人的标准去束缚他们,而是慷慨地赋予他们充足的空间与时间,让他们在自由的氛围中茁壮成长。"

"更儿童教育",是对儿童情感的关爱与呵护。当孩子伤心哭泣时,老师会温柔地将其拥入怀中,给予温暖贴心的安慰;当孩子取得成功时,老师会热情地为其鼓掌喝彩,给予真挚的赞美。在这里,孩子们深切地体会到了爱与被爱,他们的情感世界变得愈发丰富和细腻。他们学会了关心他人,学会了分享快乐,学会了用一颗善良的心去拥抱这个世界。"更儿童教育",是对儿童未来的殷切期望。景苑幼儿园的老师们是真真正正的孩子们成长道路上的引路人。他们凭借着智慧与耐心,为孩子们开启了一扇扇通往知识殿堂的神圣大门。他们激励孩子们勇敢地追逐自己的梦想,培育孩子们的创造力与想象力。正因如此,孩子们的未来充满了无限的可能。

苏艳红怀着对“更儿童”的深切眷恋，一心打造着她的“更儿童”浪漫天地。东营景苑幼儿园是一个温馨的家园，一个如梦如幻的儿童乐园，一座弥漫着浓浓书香的神奇城堡。在这里，孩子们会踏上一段段真实而奇妙的旅程，推开一扇扇通向未知世界的神奇之窗。这一切，并非电影中的虚幻场景，而是东营区景苑幼儿园孩子们的日常生活写照。怀揣着“更儿童”的教育理想，景苑幼儿园的教师们将这所幼儿园打造成了家长们心目中的理想之所：坚定不移地践行“更儿童教育”，将儿童置于最为崇高的中心位置，一切教育活动以及教育的方方面面都充分体现着儿童的兴趣需求、潜能开发的需求以及社会化成长的需求。

坚持以儿童立场开展教育，是苏艳红幼教生涯中奉为准则的“教育金律”，是她始终坚守的教育信仰。“顺应儿童天性，让儿童生命在场”是她教育的执着追求与诗意表达。苏艳红说，教育就是要更好地满足儿童发展的个性需求，就是要更善于发现和培养儿童的闪光点，就是要更有效地促进儿童思维能力的提升和心智的健康和谐成长。于是，“办一所充满‘更儿童’教育活力的卓越幼儿园”便成为她鲜明而亮丽的办园主张和美好理想。在苏园长看来，“更儿童”着重强调的就是要让儿童稳稳地站在“C 位”；“更儿童”就是要高高扬起教育生活、教育场景、教育过程中儿童的地位旗帜，就是要坚定地高举儿童本位的旗帜，积极推进教育活动载体的创新和课程的改革。

苏园长满怀激情地表示：儿童应当尽早且长时间地投身于大自然的怀抱，儿童需要目睹太阳的升起与落下、月亮的阴晴圆缺。需要与大自然亲密无间地接触，充分体验自然的无穷乐趣、感受生命的多姿多彩。如此一来，孩子的心情将会变得更加平和宁静，更容易形成一种美妙的生命律动,让傲慢、偏见、膨胀、浮躁等不良情绪得到及时的过滤与净化。亲近自然,是对稚嫩心灵的温柔抚慰和精心陶冶。“在景苑,‘自然’就是最好的课堂。在这里,花草树木是鲜活的书籍,飞禽走兽、小虫、微生物也是生动的教材……”苏艳红说道,以自选主题活动为依托,高度注重五大领域的均衡发展,巧妙融入阅读特色活动、安全体验活动、生活习惯培养这三大方面的基础性课程,是“更儿童”教育课程的坚实基石,也是幼儿“学习品质”等核心素养茁壮成长的肥沃土壤。将自然“书写”进童年,将生活“融入”课程,精心打造“生活·活动”课程,唤醒幼儿发展“学习品质”的“原力觉醒”;真正站在儿童的立场开展真教育,从而让自育和育人更加“走心”。

孩子们玩着蚂蚁迷宫游戏,一起绘制蚂蚁的家,阅读与蚂蚁有关的绘本故事,讲述有关蚂蚁的有趣故事,商量捕捉蚂蚁的“奇妙点子”,甚至在“科学角”里喂养蚂蚁,在了解蚂蚁生活习性的同时制作绘本故事,记录口述日记……他们就像一只只忙碌而又快乐的小蚂蚁,将探索的触角延伸至科学的广阔天地。为了满足孩子们强烈的探究欲望,景苑的每个班级都设有一个小小的“植物角”,播下什么种子、养什么花全都由孩子们自主决定。有的孩子渴望当一回“种子魔术师”,于是开启了一段充满浪漫色彩的“种植之旅”。从此,景苑的幼儿们在角落里还会寻觅“自然密语”,将一个个“小美好”转化为积极探索的优良品质以及热爱自然、敬畏生命的强烈意识。

于是,景苑的“七色花”拓展型活动课程应运而生。在苏艳红的引领下,景苑的教师对“有趣的光”实验课程进行了精心开发与实施,基于“更儿童”的独特视野,成功构建起支撑课程的“情境场”和“发生场”。正如陶行知先生所说“生活即教育”,“更儿童”课程亦是如此，源于生活，又应用于生活。“在这个过程中，我们的教师是和课程、和孩子们一同成长的。”苏艳红说：“‘更儿童’课程设计的‘初心’，就是‘让孩子站在教育的最核心’；而教师的成长使我园的‘更儿童’课程实现了从‘理论’到‘实践’的完美落地、从‘理解’到‘行动’的顺利转化，真正让教师与儿童的成长在生命的律动中闪耀光芒。”

苏艳红在谈及“更懂儿童、更适合儿童”时，仿佛打开了一扇通往奇妙世界的大门。儿童，那是世间最为纯净的存在。他们的眼眸如清澈见底的清泉般澄澈，能够映照出世界最本真的模样。他们的笑容似春日里娇艳的花朵，灿烂而温暖，能瞬间驱散阴霾。更懂儿童，就是要走进他们那如梦如幻般的世界，去真切感受他们的喜怒哀乐。懂儿童的奇思妙想。儿童可以把云朵想象成棉花糖堆砌的城堡，可以把落叶看作秋天的信使。我们要学会欣赏这些独特奇妙的想象，给予他们自由发挥的广阔空间，让他们的创造力如星星之火般迅速燎原。懂儿童的纯真善良。他们会为一只受伤的小鸟而心疼不已，会毫不犹豫地分享自己最心爱的糖果。这种善良是与生俱来的，我们应当小心翼翼地呵护，让它在岁月的长河中熠熠生辉。更适合儿童，意味着为他们精心打造一个专属的成长乐园。环境充满童真童趣，色彩鲜艳的墙壁、可爱俏皮的装饰，让他们仿佛置身于美妙的童话之中。“儿童散学归来早，忙趁东风放纸鸢”，给孩子们一个自由、快乐的童年。

“更儿童”理念充分展现了景幼人以儿童为出发点，着眼发展、关注整体、重视差异。以儿童为出发点，就是要把那小小的身影深深地放在心尖上。孩子们初入这个世界，带着满满的好奇与懵懂，他们用纯真无邪的眼神好奇地打量着周围的一切。景幼人深知，每一个孩子都是独一无二的珍宝，他们用心倾听孩子们的声音，如同倾听花开的声音般美妙。孩子从蹒跚学步到欢快奔跑嬉戏,从牙牙学语到妙语连珠,每一个小小的进步都是生命的奇迹。景幼人精心设计课程,让孩子们在勇敢探索中学习,在亲身实践中成长。关注整体,是用心呵护孩子们的每一面。孩子们不仅仅是知识的学习者,更是情感的体验者、社交的参与者。景幼人注重培养孩子们的品德、情感和社交能力,让他们成为有爱心、有责任感、有团队精神的人。他们组织各种精彩纷呈的活动,让孩子们在合作中学会分享,在竞争中学会坚持。重视差异,是尊重每一个孩子的独特之处。每个孩子都有自己独特的兴趣爱好、天赋才能。

"更儿童教育"的园风是"更阳光、更和谐、更快乐、更幸福"。"更阳光",如清晨那第一缕温柔的曙光,轻轻地洒在幼儿园的每一个角落。孩子们的笑脸在阳光下闪烁,那是生命最纯粹、最耀眼的光芒。他们在操场上尽情奔跑嬉戏,活力四射,仿佛一个个小小的太阳,散发着无尽的热情与能量。"更和谐",似一首悠扬动人的交响曲。在这个温馨的大家庭里,每个人都相互尊重、相互关爱。孩子们学会分享、学会合作,一起搭建积木,一起阅读故事书。老师们耐心倾听孩子们的心声,与家长们密切沟通,共同为孩子们的成长努力付出。"更快乐",是孩子们银铃般清脆的笑声在空气中欢快地回荡。这里有丰富多彩、趣味盎然的游戏活动,有妙趣横生、引人入胜的主题活动。"更幸福",如冬日里那一杯热气腾腾的热可可,温暖着每个人的心灵。孩子们感受到老师的关爱、同伴的友谊,他们在这里收获了满满的幸福。幸福的气息弥漫在整个幼儿园。

当我们谈及"更爱幼、更务实、更专业、更奉献"的教风时,仿佛看到了一群教育的神圣使者,在孩子们的世界里播撒着希望的金色种子。"更爱幼",那是师者心中最为柔软的深情。他们如春日里轻柔的微风，轻轻地拂过孩子们的面庞，带来温暖与关怀。他们会为孩子的一点进步而满心欢喜，会为孩子的一次挫折而心疼不已。“更务实”，是脚踏实地的辛勤耕耘。教师们深知，教育不是虚无缥缈的空中楼阁，而是要一步一个脚印地踏实践行。“更专业”，是对教育的执着追求。教师们不断提升自己的专业素养，积极学习先进的教育理念和方法。“更奉献”，是无私无畏的倾心付出。教师们把自己的时间和精力毫无保留地奉献给了孩子们。奉献的教风如璀璨耀眼的星光，照亮了孩子们的未来之路。

在那充满希望的校园里，“更自由、更自主、更自理、更自信”的学风如同一阵清新宜人的风，轻柔地吹拂着孩子们的心灵，扬起他们梦想的风帆。“更自由”，是孩子们心灵的广阔天空。在这里，他们的思想可以像自由翱翔的鸟儿，不受任何束缚。他们可以大胆地提出问题，勇敢地表达自己的想法。“更自主”，是孩子们成长的强大动力。他们学会自己做主，自主选择喜欢的书籍阅读，自主参与各种活动。他们不再依赖他人，而是勇敢地面对挑战。“更自理”，是孩子们生活的坚实基石。在自理的过程中，孩子们懂得了劳动的宝贵价值，培养了良好的生活习惯。“更自信”，是孩子们前进的无畏勇气。他们在老师和家长的鼓励下，勇敢地展示自己的独特才能。唱歌、跳舞、画画、讲故事，每一个孩子都有自己的闪光点。自信的笑容绽放在孩子们的脸上，如同阳光般灿烂。他们相信自己可以做好任何事情，只要努力就一定会成功。

徜徉于苏艳红的“更儿童教育”的独特视界里，仿佛我也“更儿童”了，我的眼睛明亮起来，我的想象舒展开去，飘逸于苏艳红的“更儿童”的场域中，东营景苑幼儿园突然在我眼前腾起“更太阳”的光辉，景幼人的一切对于教育的追寻都似乎在“更”的轨道上行驰。

第二部分

文化之品

桂子山下的童本童真

江城武汉有一座名山，名曰桂子山。每到九月，那桂花金灿灿的，香喷喷的，让华中师范大学显得格外浪漫，让华中师范大学附属幼儿园显得格外显眼。刘玉平是这所幼儿园的园长，她同时也是华中师范大学教育学院外聘教师、华中师范大学教育学院本科及研究生校外导师、教育部高等教育师范类教育认证专家。“启童年本真，做最好自己”是华中师范大学附属幼儿园的办园理念。当她出现在第十六届东湖微论坛的时候，有着强烈的桂花香味，短发透着青春的活力，微笑带着学府的文气。她深情款款地说：“我们在孩子身上所做的任何事情都会影响孩子，并形成不可磨灭的人生印记。”

本真，桂子山的生态；孩子，桂子山的精灵；桂花树，刻着年轮的自然生命，原始的生机，弯曲在树纹的讲述里。桂子山就是华师幼儿园本真教育的自然生态。刘玉平说，“本”是根本，即尊重儿童的根本需求；“本”是基本，即保障儿童的基本活动。在她心灵深处，每一个儿童都是独特的生命个体，都是幼儿园教育的天与地；理解和尊重儿童是不可撼动的根本性原则，满足儿童的需求是幼儿园教育的铁律。刘玉平对“真”的理解极为深刻，“真”已经成为她对幼儿园教育认知的核心理念，甚至是她的一种信仰。真环境、真游戏、真运动、真探索、真生活，真，至高无上；真发展、真成长，真，教育的规律与本质，教育的哲学真谛。刘玉平的思维里有“真”构成的山峰，有“真”织成的森林。

华师幼儿园守持“童真”，力尽所能创设支持幼儿成长的环境。

桂子山的绿植,桂子山的文化,桂子山的想象,都是孩子们的真环境;基于五大领域教育的材料、功能室、主题性场地,让孩子们进入他们自己的王国。刘玉平为我们描述着打造童真环境、育人于无声处的美丽画面。室外环境美化、儿童化、安全化;室内温馨童趣的多区域活动空间,让孩子们在其中释放真性情,发展真兴趣。孩子们是环境创设的主人,亲自照顾环境,如照顾植物、小动物等,感受生命成长的奇妙;同时也体悟照顾环境、照顾自己、照顾他人的自豪感与成就感。坚持"认真",旨在促进每一个幼儿全面发展。幼儿与幼儿之间是有差异的,认真研究每一个幼儿的个性特点,细心指导每一个幼儿游戏和学习,让他们接受优质平等的教育,是华师幼儿园人的神圣职责。支持"率真",肯定和鼓励幼儿时时刻刻做最好的自己。保持"情真",悉心培养幼儿的良好品质。刘玉平自己当然也是满满的童真、认真、率真、情真。园长是一面旗帜,当园长的思想与行为浸泽在真教育、真人之中的时候,幼儿园才有可能"真"起来。

刘玉平认为本真教育必须要以课程为基石,没有课程,再好的理念都难以落地。在幼儿园教育中,一日活动皆课程。从某种意义上说,幼儿园的所有活动与教育都是同一个过程,活动无时不在,教育润于其中。她说,本真教育强调在活动中自然地进行教育,也就是始终要追求教育无痕的理想状态。华师幼儿园建立了体系化的本真课程,如"书香溢园,艺趣沁心"课程,让阅读成为幼儿的习惯,让艺术浸润幼儿的心灵,让美感成为幼儿的能力,永葆幼儿天真自然原始本性。你看那小桶里可爱的彩笔,正期待着孩子们的无限想象力的伸展;你看那透明的画板上,飘动着孩子们的欢声笑语。童真的画境,艺术的诗绪,在演绎,在舞动:草地上的小路弯弯曲曲,一只可爱的蜗牛正在"散步";阳光洒落在绿油油的草地上，蜘蛛在编织着梦想；花儿终于等来了蝴蝶。

建构本真课程，追随儿童发展，这是华师幼儿园的桂花世界，这是刘园长的诗意生活。她们聘请华中师范大学的专家为本真课程的开发与实施指引方向；她们与国际幼教专家携手，整合优质课程资源，共建国际化课程体系；她们定期召开专题研讨会，系统构建了本真课程主题资源包、区域自主学习及特色活动资源包、健康资源包；她们深度探讨生命教育、健康教育。幼儿园的足球赛场上孩子们奔跑如飞、个性张扬；陶艺室里孩子们巧手玩泥、兴奋欢畅；美术室里孩子们挥洒创意、绽放梦想。在华师附幼，童声与乐音和鸣，舞蹈与蝴蝶飞舞。刘玉平深有感触地说：我们一直遵循以儿童为本的理念，将生活与学习有机融合，让孩子们在真生活、真游戏、真体验中快乐成长。

本真教育闪烁着“童本、童真”的光辉。刘园长兴致勃勃地讲着她们的“七色花班级”文化。七色花班级是每个孩子成长的乐园。充满七色花香韵的班名、班级 Logo、班级口号、班级愿景等，彰显着文化的魅力，如班级口号：“色彩斑斓的七色花，健康活力顶呱呱”；班级愿景：“愿每一个人都是神奇的七色花，都能创造七彩的人生。”七色花：红色代表关爱，橙色代表尊重，黄色代表自由……一切都那么灿烂美好。

事实上有许多幼儿园在做本真教育，但华师幼儿园的本真教育有着自己的独到之处。刘园长十分重视团队建设，她认为教师的“本真”是本真教育的重要资源。于是她们实施人性化管理，以此凝聚团队力量；她们倡导快乐工作、幸福生活的理念；她们开展“心灵工坊”“瑜伽小组”“羽毛球俱乐部”“书香共读”等活动，以帮助老师舒缓压力、舒畅心情。她们坚持“四真”教师梯队打造，探寻本真教师的成长之路。“寻真”，是成熟教师梯队，让其引领率真教研、崇尚终身学习;“启真”,主要是新手教师梯队,鼓励其探索成长之路,感悟教育真谛;“悟真”,则是骨干教师梯队,引导她们在反思中发展,在回望中成长;“正真”,则指卓越教师梯队,支持她们成为专家型的教师,成为教师的楷模。“四真”教师,四轮齐驱,四季常青。

在桂花飘香的时节,华师幼儿园究竟有多美?我在想象,我在描绘,我在享受本真教育的花香与美妙。我跟刘园长有个约定,我一定会在桂花飘香的时节,去尽情地欣赏胜过桂花的童真、认真、率真、情真之景。期待是生命的美好。

溪泉中流淌的园本文化

李娟柔美的声音宛如流淌的溪泉。那声音从远古走来,从古西京的城墙上走来,循着那久远的历史小溪,蜿蜒于西安文化的流泉里,缭绕在东湖微论坛的山西太原站。李娟是空军军医大学西京医院幼儿园园长、正高级教师、全国模范教师、教育部新时代中小学名师名校长培养计划(2022—2025 年)培养对象、教育部幼儿园园长培训中心实践教学指导专家、陕西省特级教师、陕西省“高层次人才特支计划”教学名师。听李娟讲园本文化的创生,就如同站在山间的树林里、在小溪边听鸟的歌唱。

我到过空军军医大学西京医院幼儿园,那些特别活泼灵动的孩子们,总在我眼前闪现,我到全国各地讲课的时候都总会提到这些孩子们身体的强壮,因为我认为幼儿园教育摆在第一位的是健康。健康教育是西京医院幼儿园的特色,她们有健康教育方面的丰富的优质资源。李娟和她的团队,几乎把西京医院健康教育资源挖掘和利用到了极致。李娟是一位科研型园长,她的团队是一个科研型的团队，她们关于幼小衔接的研究一直坚持了十年，现在还在继续。她们的课题都是省级重点课题，都始终在和小学进行合作攻关，取得的成果很丰硕，这在幼儿园是比较少见的。

对于幼儿园文化的研究，李娟也是特别沉浸、特别执着。她说她必须要让园本文化从西京或西安的历史中长出来，必须从西京医院幼儿园的成功实践与价值追求中长出来。“育心铸根，星火相传”这一办园理念、这一文化核心，牢牢地扎根于她们最熟悉的土壤中。我算是一个重要的见证人吧。李娟的内心，涌动着文化的激情；李娟的思维，纵横着哲学的逻辑。她说，幼儿园的文化就是这所园长久积淀、衍生出来的最优质的基因。是啊，“长久积淀”，文化需要长久积淀，它的形成是一个四季轮回、滴水穿石的长期过程；“衍生出来的最优质的基因”，“衍生”，多好的表达啊，文化就是衍生出来的，它是实践探索的结晶，“基因”，文化具有极大的稳定性，它如同生命的基因编码。李娟说，幼儿园文化是一条思想、情感与行为的河流，不断地在幼儿园内部流动着，让幼儿园进入成长发育的自由循环期，赋予幼儿园独特的生命力，让其永续性地发展。李娟进一步强调说：总而言之，园本文化连接幼儿园的过去、现在和未来。园本文化建设是一个长期的过程，重在传承、积淀和创新，它一手牵着历史，一手牵着现实。

溪流潺潺，鸟语花香。听李娟讲文化，会生发旅游的心境；晨光，清新，一缕轻风拂来，顿觉五脏滋润。李娟说，园本文化的构建是形与神的统一，是人的独特个性融合于人的整体之中的衍生过程。园本文化建设的最终使命是实现“园所目标”“园所环境”“园所人”之间的相互感应与交互生成。这样的阐述，渗透着浓烈的学术元素，充满着“研”与“究”的味道。从李娟的话语体系中，我看出了当今园长的理论修养。西京医院幼儿园是一所部队幼儿园，坐落在文化底蕴深厚的古都西安。“育心铸根，星火相传”的办园思想植根于中华优秀传统文化的沃土，结合隶属军队的办园定位，形成了特色鲜明的陕派学前教育园本文化。

李娟是在深沉地追问中凝炼着幼儿园的文化：什么样的幼儿园能让我感到动心？我们内心到底希望培养出什么模样的幼儿？我们现在拥有什么样的文化基底？作为园长，我怎么表达才能得到大家的回应？我们的幼儿园是否有清晰的辨识度？传递我们教育主张的核心理念究竟是什么？李娟说，西京医院幼儿园园本文化的凝炼，是在对陈鹤琴、陶行知、苏霍姆林斯基、蒙台梭利等中外教育家的教育理论进行研究的基础上凝练而成的，也是对儿童立场、全面发展、深度学习、终身学习等关键概念进行系统梳理的基础上凝炼而成的。曾经，西京医院幼儿园办园思想或是“面向未来、全面发展”，或是“尚善尚美、敦行致远”，或是“向儿童学习，培养自然、自在的儿童”，或是“以德立园、依法治园、科研兴园、质量强园”，或是“尊重、合作、求实、创新”。幼儿园曾经提出打造小树文化，希望儿童像阳光下的小树一样成长。西京医院幼儿园的文化发展历程，真的如溪泉在不停地流淌。

“育心铸根，星火相传”，“开创属于儿童的乐游园”，这已成为新时期西京医院幼儿园的价值共识。李娟说，“育心铸根”意指浇树浇根、育人育心，十年树木、百年树人。“星火相传”，意为星星之火、可以燎原，亦指薪火相传，而“星”者也是部队幼儿园的标志，对军人精神的传承；闪闪的红星，军人的坚毅，是西京医院幼儿园的巨大能量。李娟愈说愈激动，“心中有根，眼里有光，拥抱四季，自在成长”，他们永远在憧憬，永远在努力。他们步履稳健，信心满满。“勇于创新，坚持学前教育前沿发展研究；言行合一，建构与实践高品质的园本课程；环境育人，开创属于儿童的生活游戏场；慧爱随行，营造文明向上的教师团队；学无止境，开拓没有‘围墙’的教育资源。这是我们踏出来的一条大道，我们将继续奋力前行。”李娟说。

2022年，李娟园长及其团队的成果《家园社协同推进幼儿园大健康保教模式的建构与实践》荣获基础教育国家级教学成果一等奖，听到这个喜讯我激动不已，这是对她们多年来在学前教育领域深耕笃行的肯定。这一成果的取得，是李娟园长和她的团队在教育实践中不断探索、勇于创新的结果，更是对她们在学前教育领域多年如一日的坚持和努力的最好证明。

中国有个“童乐小镇”

童乐小镇？中国有个童乐小镇！它坐落在福建省宁德市蕉城区机关幼儿园金溪分园里，它是培养“乐动、乐说、乐合、乐思、乐创幼儿”的摇篮。小镇的愿景：播撒人生的幸福种子，为幼儿一生可持续发展奠定基础；小镇的理念：童心飞扬，乐享成长；小镇的目标：启迪童真、童心、童趣，激发乐动、乐思、乐学。童乐小镇是幼儿的生活小镇、游戏小镇、运动小镇、课程小镇，是幼儿的学习小镇、快乐小镇。

在童乐小镇里，你可以欣赏到上金贝山形的独特围墙，你可以看到小红鱼儿嬉游在金溪里，你可以闻到满天星花儿绽放的馨香，你可以走进畲乡宫的民俗文化，你可以游览水帘洞的壮景，你可以像孩子一样目睹真树桩上生长的野蘑菇。那戴着凤凰头饰的吉祥娃童童，那踢着足球的吉祥娃乐乐，让我快乐不已。尤其是当我看到童乐小镇的教学楼中央那个天井的时候，真的让我忍不住赞叹：多么清澈的小溪啊，多么葱茏的绿植啊，多么富有想象力的小桥啊！天井里的二楼有钻洞式攀爬网，金溪旁有小池，墙壁上的喷水龙头创造了水帘洞的奇观，孩子们向园长妈妈讨要的孙悟空活灵活现地站立在水帘洞的中央，一切竟是如此这般的生态与神秘，多么奇幻的童乐小镇啊。

童乐小镇的镇长叫陈颖清，她是福建省宁德市蕉城区人民政府机关幼儿园园长、"十三五"省名园长培养人选，先后获得全国三八红旗手、省优秀教育工作者、省学科带头人、宋庆龄教育奖等数十项荣誉。《中国妇女》杂志在2020年11月对她有过专门的报道，《筑梦童年成长，助力童心飞扬》展现了陈颖清的靓丽风采，第十五届东湖微论坛上再次见到她。我静静地读着陈颖清，读着她"白手起家，挑战'不可能'""用爱发声，摸准孩子的'脉动'""创新课改，'玩'出来的成长"等生动文字，读着读着，我被她深深地感动着，她的许多故事萦绕在我的脑海里。陈颖清是一位特别称职的童乐小镇的美女镇长、妈妈镇长。

陈颖清爱孩子爱得特别有智慧、特别有力量、特别有深度，她给孩子们创造了具有宁德特色、福建特色、中国特色的童乐小镇。植趣园、生命屋，青青翠翠，跃动着孩子们快乐的身影，那里充满了共生共长的生命活力。走进童乐小镇，那CS野战营、美食坊、民间游戏场、骑行区、角色街活跃着孩子们的身影，那童玩拾趣、童乐时光、童乐主题呈现着童乐课程的五彩斑斓。孩子们在童乐小镇主动探索每一天、积极投入每一天、活泼乐观每一天、想象丰富每一天、自我成长每一天，这些已经成为他们无限的乐趣，这些也成为童乐小镇的无限风光。

走在童乐小镇的每一个地方，包括那些角角落落，都体现着以儿童为本的理念。时任宁德市教育局副局长的王承挺边看边发感慨：童乐小镇的每一个角落都是孩子们的乐园。真是这样，在这里没有被遗忘的角落，小镇里把所有的地方尽量用到极致，环创的意义在这儿体现得淋漓尽致。陈颖清走到小镇的任何地方都能讲出许多生动有趣的故事。在童乐小镇，有一处地方写着这样三句话：用爱的目光注视孩子，用爱的语言鼓励孩子，用爱的胸怀包容孩子。童乐小镇弥漫着爱，弥漫着园长和老师对孩子们的挚爱。

陈颖清认为童乐小镇是一个大社会，是一个生活场域，是一个充满好奇的世界，孩子们的游戏无处不在，孩子们的探索无处不在，孩子们在这儿其乐无穷。小雏菊与孩子们为伴，情境沙区演绎着童真，挑战沙区训练着孩子们的胆量，霍童线狮传承着非遗文化，废物利用承载着孩子们的环保之梦。童乐小镇的咔嚓时光、山哈美食、童乐集市、玩转西游，让童乐课程无时不在。陈颖清说："我们只要用心为孩子们创造条件，提供环境和材料，孩子们就会绽放熠熠光彩，请相信，孩子们是伟大的。"

童乐小镇十分重视孩子们运动的科学管理。陈颖清说她们从运动的风险预防、安全预警、风险管理方面着手，构建"三位一体"的运动风险防范体系；综合考虑儿童生理、心理、天气变化、膳食营养等因素，因地制宜构建科学的"1＋2"体育游戏活动；通过运动文化、构建有效的运动激励机制，促进儿童有效运动。当陈颖清在第十五届东湖微论坛上介绍这些经验的时候，赢得了全国精英园长的高度认可。这一管理案例充分证明了陈颖清思维的缜密性，她能够把每一件事情都力争做到极致。

在童乐小镇，我总在思考如何去寻找、发现学前教育的中国高度，因为我明白，中国的学前教育要高品质地发展，就需要有开拓精神的园长创造高度来加以引领。童乐小镇的建构是一种新的视野，它是在幼儿园的传统环境创设、课程建设等方面进行了突破性的重构，它是在力图构建一种真正属于幼儿生活、运动、游戏、学习的社会性环境,让孩子们的自由、自主、创造、愉悦有一片生长的土壤,让孩子们的健康、语言、社会、科学、艺术等五大领域能够在全新轻松的状态下有效发展。这绝对不仅仅是从幼儿园到童乐小镇的一个名称的变化而已,而是旨在探索以童为本、构建"乐动、乐说、乐合、乐思、乐创"的理念环境与课程实施形态。

陈颖清陶醉在童乐小镇之中,她的眼光中满含对幼儿的爱,她的微笑中拥有巨大的精神满足和幸福感。我欣赏她,我羡慕她,我甚至"嫉妒"她。我希望她的童乐小镇愈来愈兴盛,她的孩子们越来越快乐、越来越优秀。

润泽幼儿生命的教育

教育是一种润泽,幼儿园教育的至善追求就是要润物细无声,心灵在悄悄地感受,经验在静默地积累,生命在真正地拔节成长。幼儿园教育难就难在这里,难就难在高质量的教育追求要藏匿在不留痕迹的课程游戏化活动或过程之中。这是一种必须花费心血与智慧的教育艺术。周健园长"沿着鸽子的哨声"正竭力寻找着"润泽教育"的艺术真谛。

周健是湖南省长沙市天心区教育局白沙幼教集团总园长、湖南省教育学会学前教育健康专委会副主任、长沙市学前教育协会副会长、天心区民幼教育协会会长。在第十九届东湖微论坛上,周园长谈起润泽教育来,充满湘江的激情,满含绿荷的清香。她说:"水的品质和精神一旦渗透进教育中,将成为影响白沙人一生的信仰和图腾。""白沙幼儿从一口百年古井中感受到了教育的力量和博爱。"她的教育阐述中,念念不忘润泽,润泽成了她对幼儿园教育本质的最畅快淋漓地表达；她心里甜滋滋的，润泽着她对幼儿园教育的无限憧憬，润泽着她探索和实践幼儿园教育的全部理想与所有快乐。

园长成长是有阶段的，当一个园长反复进行原始追问的时候，如“我究竟要把我们的幼儿园办成一个什么样的园？”“我究竟要把幼儿培养成什么样的幼儿？”“我要构建什么样的文化并使之成为幼儿园的灵魂和灯塔？”“我究竟想要打造什么样的特色或品牌？”那她就走进了专家型园长的发展阶段。

周园长的思维中流溢着清清的湘江水，毛泽东主席的“才饮长沙水”成为她耳边水的音韵，成为她眼中水的豪情。润泽教育的整个理念体系在她的心灵中慢慢生长，长出了她基于润泽教育的办园理念：润幼崇真，博爱立行。她描绘着“润幼崇真，博爱立行”的教育意境：大道无痕循天性，润幼无声求本真；宁静致远唯博爱，心怡天下利于行。润泽，是“回归天性、心中有爱，幸福成长”，犹如朱自清笔下的“春雨”，像牛毛，像花针；像细丝，密密地斜织着，树叶儿绿得发亮，小草儿也青得逼你的眼。这是润泽的美曼感觉。润泽，是“洁净典雅，生态景致，童真童趣”的熏陶。润泽，宛若奔跑的梅花鹿、耀眼的阳光、飘舞的树叶、流动的碧水。润泽教育是“循天性，启心智，育情趣”的教育。润泽，润之于古井之水，润之于湘江之水，润之于人生之水。

周健创建着属于幼儿也属于自己的教育天空。她们建构着白沙乐园养成课程，力图优先发展幼儿的阅读能力和创新能力。她们探索并形成了“玩中学，学中玩”的沉浸式教学模式。所谓“沉浸式”教学，就是在尊重幼儿生长规律的前提下，注重儿童启蒙教育，即良好习惯的培养、兴趣的形成、能力的提高；提倡教育在生活环境中的浸润；她们坚持用课程、游戏、环境、活动来润泽“健康快乐，阳光自信，和谐发展”的幼儿。

润泽教育下的课程开发与实施是周园长的要务。她认为,没有课程支撑,润泽教育就只能是纸上谈兵,就只能是在平淡常态的工作上贴个新鲜的标签而已。园长若想让文化的灯塔照亮幼儿园,让文化的清流润泽幼儿的心灵,则必须带领教师花大力气构建自己的园本课程。周园长和她的教师们围绕节日与节气等开发了一系列的润泽教育课程。诸如"元宵习俗我知道""爱在重阳""荷花池里的小青蛙""天凉好个秋""端午荷花香""重阳齐登高""清明桃李笑""腊八年将近""春眠不觉晓"等,而课程的实施坚持以"沉浸式"教学展开,始终凸显润泽教育的内涵。周健说润泽是需要智慧的,需要寻找最适合幼儿的方式。于是,她们确立了园本课程开发与实施的"七巧"润泽之法,即生活活动巧渗透、专项活动巧引领、随机生成巧拓展、游戏活动巧安排、学习活动巧设计、户外活动巧创新、家园共育巧借力。主题活动课程"朗读者""大自然在说话""传承红色基因,共庆祖国华诞"等都充分体现了"七巧"润泽法,从她们所呈现的大量的课程故事看,她们的"七巧"真的能体现润泽教育的特征。

周健说白沙幼教集团第一所园,因白沙古井这一地理位置而取名为白沙幼儿园。园所傍水,受水文化的影响很深。随后发展的几所园几乎全部临水而建,因此水之于白沙人的意义尤为深刻。润,是过程,是方式;博爱是教育期待。润泽教育的根本就是能让每一个幼儿的发展变得更宽广、拥有更多可能。周园长说"循天性、启心智、育情趣"是润泽教育的"内在驱动性"。这正如"问渠那得清如许,为有源头活水来"。是啊,要问池塘的水为什么会这般明净清澈,原来有一股活水不断地从源头流过来。这告诉我们池塘有源头活水,就能保持清洁的水质。"润泽"的力量非需要这源源不断的"活水"不可。幼儿的好奇心、探索欲,其实就是内在驱动能，就是这源源不断的“活水”。

听园长讲文化、讲理念，打开了我心中的许多窗户；一股股清风徐来，思维的云儿散开，教育的光亮闪烁，我的生命被润泽，我也变成了幽净的小溪。耳边又响起那个熟悉的声音：“每一个童年故事都精彩，每一段成长都值得期待。”我时时会想起周健园长关于润泽教育的童话故事。

追寻教育“本味”的园长

她叫王莉，是武汉市江夏区中心幼儿园园长，和她交流，思想与情感的大门会彻底打开，缕缕阳光把心灵照得透亮透亮。她用她那独到的教育理念与哲学智慧，她用她执着的坚守与践行，编织着属于她的幼儿园的本味教育之花环。在与她和老师们讨论与提炼她们幼儿园的文化时，我的大脑铺排了无数个幼儿园教育的关键词，最终还是用了王莉反复而兴致表述的“江夏味道”中文化与教育的“本味”。

第一次到她幼儿园参观，看得我很激动，但遗憾地没有见到她，她到东北师范大学学习去了。于是总想见见这位让我特别期待的园长。终于，我再次来到了江夏区中心幼儿园，见到王莉，竟有些兴奋，仿佛有许多话要跟她交流，我要看看这位园长心灵深处那不寻常的追求。我确信我找到了答案，她要做的是地地道道的本味教育。

本味，多么具有力量感的教育认知啊！中国教育就是应该拥有中国的味道，中国的幼儿园教育就是应该拥有中国的味道，江夏区中心幼儿园就是应该拥有江夏区的味道。本味，孩子的味道，教师的味道,幼儿园的味道,这不就是在探寻和体现教育的本质吗?本味,环境的味道,课程的味道,管理的味道,这不就是在构建最适合幼儿园自身的发展模式或样态吗?本味,就原本应该拥有的味道,它应该成为教育的遵循与追随。

王莉创造了一个属于她的幼儿园本味教育的独特世界。她说,江夏区中心幼儿园生长在江夏的土地上,沐浴着江夏的阳光雨露,浸泡在江夏的历史文化中,课程资源来自江夏,它理应凸显江夏自然与人文原本味道,孩子们的爱应植根于江夏,孩子们的情应流淌在江夏。这是她做本味教育的源发点。

王莉在忠实地追寻着这个本味,这是她坚定不移的教育主张,这更是她日思夜念的教育梦想。她把江夏的文化资源中山舰,建在了水池之中,孩子们在中山舰的游戏中,感受着孙中山的伟大,感受着那段光辉灿烂的革命历史。那片古陶窑,是孩子游戏的小屋子,可它承载了江夏陶瓷发展璀璨的历史,孩子们的游戏有了自然想象的历史穿越,这种巧妙的复合体具有了丰富的课程内涵。京剧大师谭鑫培乃江夏的骄傲,是江夏的鼎鼎名人,江夏区中心幼儿园便将谭鑫培及京剧做成了课程。孩子们制作的行头,孩子表演的京剧,孩子们画的京剧脸谱,都打下了江夏的烙印。江夏历史悠久的五指画、闻名遐迩的纸坊,还有江夏的茶艺与美食,包括那郁郁葱葱的青龙山,都成了幼儿园的课程。这不就是本味教育吗?

王莉讲话,也散发出一种独特味道,她很认理儿,她的思维始终沿着这理儿行走,显出某种执拗劲,她不受外界观念的干扰,但若对她有启迪的想法,她会迅急应和,而且会及时调整认识。她津津有味地讲着:本味教育就是尊重儿童天性的教育。我们的教育,尤其是我们课程必须循着儿童的本味展开;儿童的本味是其身心发展的基本规律,是其内在的兴趣与爱好,是其悦纳的个性基础,是其已有经验所构成的最近发展态势。充分尊重儿童本位的教育是最适合儿童的教育。本味教育，对于教师而言，也要突显自身的本色味道。所谓本色味道，是要发现、尊崇自己的自然优势，顺性畅快地参与到孩子的游戏之中，将本我的优势资源合理地转化为课程资源，把教学也当作自己生命的生活享受，而不是无端地压抑，不是自作高尚地拔升，更不是失去本真的做作。

我沉浸在王园长的本味教育之中。我在回味那种本色之味、本真之味、本原之味背后的哲理。我想，何为以儿童为本？离开了儿童的本味，还算是以儿童为本吗？不去至诚地研究儿童本应有的味道，还能算以儿童为本吗？我似乎一下子闻到了，闻到了属于儿童教育的味道。我也似乎体悟到了那种味道，真正属于儿童与教师的本味。我是幸运的，王莉让我豁然开朗，真个是“山重水复疑无路，柳暗花明又一村”。

我真的不想看到那千园一样、万童一面的不堪场景。我们真的需要本味教育。每个幼儿园应该拥有其与众不同的味道，而只深深扎根于本土文化的幼儿园才会孕育出不一样的味道。王园长说：我们的幼儿园必须要有自己的味道，它首先必须是要拥有江夏的味道，是这里的山山水水，滋养着我们的幼儿园；是这里的花草树木，荫护陪伴着我们的幼儿园；是这里的家长与社会关爱着我们的幼儿园，我们必须长出这片泥土所期待的模样。我们还必须追求荆楚味道、中国味道，我们还要追求世界味道。

我又增智了，我收获了太多。和王园长的交流，仿佛在增强我的使命感，既然我闯进了本味教育的森林，就要走得更深，我要像她那样去探寻，去探寻幼儿园教育的真谛，去合奏本味教育的旋律。

一汪清泉滋润幼儿心行

贵州毕节的织金，藏于青山绿水的怀抱，洋溢着幸福的传说。春风孕育着夏的生机，柔暖的风阵阵拂过，那大片大片的稻穗，犹如金色的织锦，于是便有了美丽如画的织金。

在织金县，有一所清泉流逸、波光荡漾的幼儿园，即织金县城南幼儿园。园长李佳家用心灵的清泉编织着她幼教的梦想。李佳家有着高挑的身材，眼神中透着满满的温柔与善良；具有招牌意义的微笑，镶嵌于幼儿园教育的内涵之中。她给你带路的姿态，会让你充分感觉到文雅的魅力。听她讲织金城南幼儿园的教育故事，你会聚精会神到眼睛都不眨。

清清的泉水，在李佳家心中流淌，流入她对幼儿园教育的独特地理解，流入她对儿童本真的渴望与憧憬，流入她作为园长的美丽梦想与美好愿望。那次，我来到织金城南幼儿园，她把我带到百泉古镇、平远古镇看清泉。她说久远的织金，曾经有一百口井，是这清清的泉水滋养了织金人民。这些古井，具有了生命的意义；那是生命之泉，那是文化传播之泉，那是世世代代的精神传承之泉。她让我看织金城南幼儿园的那口古井，她说这是百口古井之一的古井，是她们幼儿园的镇园之宝，是她们幼儿园探寻“清泉文化”灵魂的重要依据。这口古井从历史中走来，从织金城南幼儿园教育的历史价值追求中走来。古井源源不断的清泉，已经成为幼儿园执着追求的育人目标的能量。清泉是孩子们洁净至纯的心灵，是老师们那颗至爱之心。清泉标志着幼儿园教育内容的纯真与净洁，清泉彰示着幼儿园教育方式对儿童天性的尊重与呵护。

在美丽的织金，随处可见清泉。和李佳家在一起交流，你听到的全是织金城南幼儿园的那清泉般的故事。她高高瘦瘦的身材，却总能蹲下来和孩子说话，和孩子一起玩，而且玩得挺沉浸、挺快乐。她把和孩子们在一起，作为人生最大的幸福。她的言语里流溢着清清的泉水，她的儿童教育世界始终荡漾着清泉。那天傍晚，在平远古镇，对着那一汪汪清泉，她直抒胸臆：我总想构建某种我们幼儿园教育的新生态，师幼关系、家园关系、园社关系都能如清泉般透亮，没有异化的扭曲，没有弄腔作调的做作，没有灰不溜秋的浑浊，更没有粗暴庸俗的忤逆。我希望织金城南幼儿园的孩子们都生活在清泉般的生态环境中。

那口古井，就在进园的不远处。每时每刻都泛着清泉之光。仿佛瞬间能让心灵纯净。李佳家满怀深情地带我参观这口教育的古井、课程的古井。清泉文化，从这口古井开始，然后有弯弯曲曲的戏水沟，清水中满含着游戏，充溢着孩子们童年的好奇与乐趣。织金城大大小小的清泉，尤其是平远古镇的清泉，都是织金城南幼儿园的多姿多彩的课程资源。美好的教育在这些清泉中发生。活美灵动、清净纯洁、滴水生石、润物无声等基于清泉文化的元素，渗透进幼儿园教育的各个环节。

李佳家堪称织金卓越的导游。她对织金的历史与现有环境，有着钟爱的了解，尤其是对于那些城内的河池，那些汩汩激情的清泉，更是溢着深爱。她带我沉浸于清池之中，她兴致盎然地讲着幼儿园的“活·润”课程：探索水之秘与奇妙的水、清泉滋润蔬菜、泉水叮咚，根与水宝的趣事、鱼儿离不开水、绘制平远古镇的清泉图、节水的科学漫画。李佳家的思维中流淌着清泉，从那口古井流进教育的河流，流进异想天开的游戏，流进孩子们好奇的眼神。清泉文化弥漫于幼儿园的角角落落,浇灌着孩子们幼小的心田。

美丽的织金洞闪现着李佳家清泉文化课程的斑斓色彩,她走进了织金洞的滴水生石、滴水生识、滴水生视、滴水生思、滴水生世,她想让织金洞的几十万年的滴水生石,变幻成孩子们增长知识、增长视界、增长思维、增长世宙的源泉。我去过织金洞,那是清泉文化的课程宝库,取之不尽、用之不竭,那是天之所赐。李园长说,开发清泉文化的课程,关键是要把无与伦比的织金洞的滴水生石演化成千姿百态、无以穷尽的园本课程资源。这需要脑洞大开的智慧与灵感,这需要匠心独具的眼光与敏锐。没有课程的强有力的支持,清泉文化只能是空中楼阁,只能是纸上谈兵,只能是摆摆样子的走过场。我把织金洞的清泉,永远看作得天独厚、小中见大的课程资源。我们试图构建属于织金城南幼儿园的无法简单复制或克隆的清泉文化的园本课程。

李佳家显然是那汩汩流入大海的清泉,她从一口看似小小的古井,到供人观赏的织金洞;从县城中星罗棋布的河池,到古城各式拱桥下的晶亮翠碧的波光;从古今水与人们生活的密密切切的关系,到清泉所展现于未来的一切可能,描绘并阐述着她的清泉文化观,她的规划蓝图。她的老师们,眼睛里满含清泉,尊重孩子的天性。那一长串规模宏大的课程列表,强烈地震撼着我:居然拥有如此磅礴而丰富、如此细致而生动的清泉文化课程细目,犹如天河的繁星闪烁。那长长的课程规划,彰示了李佳家对清泉文化课程的严谨细致地研究与实践布局,她真的想将清泉以扎扎实实的课程方式植入幼儿的生命里。我怎能不以最热烈的激情来加以赞美?

孩子们是文化的创造者

在凯里四幼，无论你走到哪个地方，你都可以欣喜地领略到孩子们的天真、聪慧与创造；你也会明晰地感受到，四幼的教师团队在那里凸显以儿童为本的理念，她们时时刻刻都把孩子放在心上、放在幼儿园的中央、放在爱的顶端。

孩子们的作品，可谓缤纷五彩、斑驳陆离，编织刺绣透着小手的灵巧，绘画蜡染散发着幼儿思维的浪漫，“银饰”作品满含孩子们独特的匠心。我没法再现孩子们作品的种类与奇妙，只知道整个幼儿园成了孩子们发展成就的博览馆，你会觉得这地地道道是属于孩子们创造的精彩世界。

凯里四幼坚持让孩子们成为文化的创造主体，她们十分懂得孩子们的心理需求，所有作品都详细地标注了孩子的姓名、年龄、班级、创作时间，凡是孩子们能自己签名的都让他们亲自签。这是尊重孩子、以孩子为本的体现。

到幼儿园，我不想看到所有具有文化元素的东西几乎全是成人的手笔、成人的思维、成人的意志。成人们总容易误判，以为自己所做的一切都是孩子们喜欢的，会对孩子们产生非常好的影响。其实，他们也许是最不懂孩子的人。

文化是孩子们嬉戏的荷塘，让孩子们去畅快地体验和感受吧！我们应该把属于孩子们的主场永远放心地交给孩子们。孩子们的文化世界应该由孩子们自己创造。

潘亮之于美雅教育

秋冬交接的时季,我来到了贵阳。付明芬老师用贵阳的旋律与热情到机场接我。一路跟我讲着她的人生哲学,她心中充满了太阳的敞亮。车行进在长长的大道上,两旁的银杏沿着路的方向无限延伸,柔黄的叶子轻盈飘下,亲亲地装扮着泥土,逸着甜甜的芳芬。

美的贵阳,美的夜晚,美的梦景,呼唤出一个群鸟歌唱的早晨。随着贵州的两百多位幼儿园园长,欣然来到了贵阳市观山湖区第三幼儿园,一眼就看到在第二届东湖微论坛上结识的潘亮园长,美雅的她向我伸出了热情的双手,我们紧握着熟悉的幼教心声。

从跨进观山湖三幼园门的那刻起,潘亮就带着我和园长们边看边讲故事,看得我好不心花怒放!听得我好不喜笑颜开!她指着那片绿肺之地告诉我,那是孩子们的野趣营地;操场中有个小房子,她稍带遗憾地说:“这是地下车库的透气窗,我们将它建成了孩子们的神秘小屋和攀爬墙。”我悄悄笑了:“哈哈,这不就是将计就计吗!”

走进教学楼的大厅,潘亮话如泉涌。她说她们幼儿园实施的是美雅教育,其宗旨是发现孩子成长路上的风景,其办园理念是各美齐美,美雅与共。这是将费孝通先生的“各美其美、美人之美、美美与共、天下大同”作了校本化的巧妙修饰。潘亮深情地说:“美雅,是我们幼儿园文化的灵魂,是我们幼儿园环创、游戏与课程的精神内核。我们之所以选择美雅,是我们多维度考虑的结果。我们的幼儿园所在小区叫美的林城时代,这个名字赋予了我们对于美的想象空间；贵阳是林城，到处充满了青山、绿林、碧水与花香的美気；我和我的老师特别崇尚孔子所倡导的仁善、儒雅之美；我们更希望观山湖三幼的孩子们具备语言文雅之美、合作悦雅之美、艺术雅创之美、科学雅探之美和健壮雅体之美。我们选择了美雅，我们要一步一步走向美雅。让美雅成为我们的品牌、成为我们的标识、成为我们教师与孩子的素养和生命姿态。”

跟着潘亮，欣赏着观山湖三幼无处不在、无时不在的美雅风景。大厅的正面墙上是全园教职工的美雅风采照，活力如春；楼梯间展示着三美和三雅课程成果：美文、美乐、美行，雅思、雅趣、雅韵，基本涵盖了五个领域的全部内容。廊道真是美雅的活教材，从主题活动角到墙面、地面及廊顶的色彩，都从内涵深处体现了美雅的感染浸润力量。你看，一楼那大海般的蓝色，廊顶那展翅翱翔的海鸥雄姿，象征着生命的起源；二楼那鲜亮碧翠的草原绿色，廊顶灯厢式的巨幅山水图，展现着贵州乃至中国的美雅壮景，它传递着生命的希望；三楼那深秋银杏黄叶般的色彩，是生命的喝彩，是收获的喜悦。

观山湖三幼有看不完的美雅精彩，潘园长有讲不完的美雅故事。廊道的角落处有一个微课程展示：我的老师结婚啦。结婚的礼服、馈赠的礼品、婚礼的装饰、婚俗的雅致、美好的祝愿，构成了美雅风光。各个教室里充满着美雅的教育氛围，如成长故事：我从哪里来？我很能干、我的自画像、将来的我。这是探索之美雅，这是生命成长之美雅。

听着潘园长音乐般地讲述，我的心里真的美美雅雅的。楼顶，大大的美丽的运动场，威威武武，四个绿架布局在极为合适的地方，葡萄藤、凌霄花藤、紫藤带着希望的嫩绿色静静地生长着。一切的美雅都生长在复杂的细节之中，每一个角落都油油地生长着美雅的花花草草。我想美雅的核心在于生命。我看到老师,我看到小孩们,他们真的美、真的雅。她说:“建一所美丽的园,做一个美雅的人;美于心,才能雅于行。”

贵州省两百多个园长、教师,集聚在观山湖三幼,接受着美雅的洗礼。当潘亮园长、侯磊督学最后激情地介绍完观山湖三幼的美雅教育的整体设计与实施过程及效果之后,我受邀做了即兴点评。直到今天,我还充满着浓郁的喜悦之情。我佩服潘园长与她的教师们,是她们把对儿童的理解与尊重落实到了教育理念、文化建设与课程构建之中,是她们把儿童的健康与快乐成长融入扎扎实实的美雅教育之中。我好想变成贵阳观山湖三幼园中的一棵银杏,我希望在春夏秋冬,透过日月星辰看到孩子们在美雅的土壤中勃勃生长出从外到内的美雅。

一首园歌令我泪光闪耀

一首园歌,一首润泽心魂的园歌,在东湖微论坛山西太原站会场上响起,飘入幽洁的白云,沁入光莹的热泪,潜入生命的星月。

那首园歌歌词,是重庆大渡口幼儿园赖天利园长用心灵创作的,那首园歌的歌名叫作《我爱和美家园》,因为她们幼儿园构建的是“和美”文化。和美,是园歌最柔荡的旋律;和美,是幼儿、教师与家长最隽妙的乐谱。

音乐悠漫地逸出,画面在山城悦然迭现。童声,泉水一样,小鸟一样,回映在稚嫩的叶间:“家,我儿时温暖的家”;教师:“我芳华永存的家”;幼儿与教师:“我们一起成长的家”。这是园歌的和美序曲,这是幼儿与教师和美的温柔,这是幼儿与教师和美成长的芬芳。我自然地把身体挺起来，我也成为歌唱的一员，成为沉浸于和美之中的豪歌。

我爱和美家园，“这里，有泥土的芬芳”“这里，有花开的绚烂”，孩子们那脸上绽放的春天，仿佛柔亮的青翠小草，从肥沃的泥土中欣欣然绽出的甜蜜。“这里，有绿草的清香”“这里，有温暖的阳光”，教师们带着生命的无限幸福，赏阅着孩子们嫩绿的叶芽，心底的灿烂在轻幽地旋转。

我的眼睛，闪着激动的泪花。重庆大渡口幼儿园真是一个和美的家园，赖园长真是一个把所有的生命情感都倾情投入孩子、教师与家长身上的至诚好园长。孩子们曼美地唱着：“我亲爱的老师，甜甜的笑永远挂在脸上；无论我任性还是受伤，拥抱我的是妈妈一样温柔的臂膀。”这分明是童真的至情，这分明是孩子们对幼儿园和美温馨之景的畅爽抒怀。园歌，应该这样歌唱心声；园歌，应该这样歌唱真情；园歌，应该这样歌唱幸福。“无论我任性还是受伤”，以一种十分可能的现实描述，既是在温雅中回忆教师的尚美雅行，也是在用心体悟滋养呵护的甜美。

孩子们在蓝天白云之下，在树林的鸟语中，在绿藤开满鲜花的季节里，感受着至爱的亢奋。教师们呼应着烂漫的童声“我心爱的宝贝，暖暖的爱时刻捧在我心上；无论你懵懂还是天真，静待花开我陪伴你成长。欢笑和泪水相伴，梦想与奋斗并肩；我愿用爱和智慧，点亮孩子未来的希望”，如妈妈用生命哼唱的摇篮曲，如妈妈掏心掏肺的心灵寄语，如妈妈抚摸小脸蛋时深情的梦呓。

大渡口幼儿园园歌无限张扬了幼儿与教师和美的生命形态，在彼此倾情挚爱的对唱中，把快乐与幸福渲染到极致。这才是园歌所要创造的文化力量，这才是情感所期待的文化沐浴。我深深懂得，赖天利作为园长，为什么要饱含真情来撰写歌词，她想用一种最具温情与感染力的方式,来强烈而持久地传播“和美”文化的精神乐章,来形成一种牢固的价值共识。

山城重庆有一首《我爱和美家园》的歌曲常常在太阳升起来的时候响起,有一群天真烂漫的孩子和他们妈妈一样的教师在这里歌唱:“大渡口幼儿园和美家园,我们的心永远把幸福灯塔点亮,我爱这和美润泽生命的晴空,我爱这和美滋养心灵的芬芳;我爱这和美幸福温暖的家园,我们一起沐浴这充满爱的阳光。”山绿江碧的山城重庆,一首园歌正在催生“静待花开”的梦想,正在用深情与智慧的火炬“把幸福灯塔点亮”,多么和美的生命愿景,多么和美的旖旎风光!

从古港文化到和合教育

冬,不属于泉州;阳光与大海,才是泉州的品格;刺桐、榕树、三角梅和茂密的芒果树摇动在街边的繁华中。放飞特别的心境,再次来到了福建泉州,从海上丝绸之路的古码头,敬视那开元寺的东西塔,反复咀嚼着白岩松那句被泉州人尊崇为金句的俏皮话:泉州,这是你一生至少要去一次的城市。我来两次了,十分满足了。

此次来泉州,我要赏的是另一种景致,是泉州的幼儿教育之景;我把眼睛的贪婪迅速转到泉州丰泽四幼的文化与课程上来。丰泽区第四幼儿园,我已经熟得不能再熟了,不管在全国的什么地方,只要讲幼儿园文化和课程,我必讲丰泽四幼,必讲古港文化与古港课程,必讲方莉梅园长。

在泉州,在丰泽四幼再次见到方园长,不知为何突然想到王安石的《梅花》:“墙角数枝梅,凌寒独自开。遥知不是雪,为有暗香来。"我下意识地停顿一下，稍作思忖，大概是因方莉梅之梅而引起的想象吧，但方莉梅之梅与王安石之梅又有很大的不同，我暂且不在这儿阐述，反正其美的特质还是很有些相似之处的。在她的带引下，我走在丰泽四幼的文化经脉里，那熟悉的古船与大海，那阿拉伯后裔的漂亮头饰，那繁华的海产品交易市场，那缤纷多彩的美食与民俗，让我清脆的记忆在东海边欣欣泛起。

方莉梅园长曾经在第四届东湖微论坛上生动地呈现她们幼儿园的古港文化，一幅幅画面叠现在眼前。方莉梅和她的伙伴们跟我介绍着古港文化下的南音、高甲戏、闽南话、火鼎公婆、南少林、提线木偶、妆糕人、旅游文化街等课程，孩子们的活动充满了快乐，充满了智慧。在这里，孩子们的游戏课程像无所不能的魔法师：陶艺坊、木工坊、古道茶韵、服饰坊、古港小镇、蚝壳小厝、刺桐美食坊、海丝童玩节等，演绎着古港文化的绚烂，再现着孩子们的成长轨迹。我还参观了幼儿园的古港课程基地浔埔渔村。走进渔村，就看到海鲜市场上的浔埔女在辛苦劳作着。在中国，浔埔女与湄洲女、惠安女并列为福建三大渔女。蚵壳厝是浔埔渔村的标志建筑，那牡蛎墙算是让我长了见识、开了眼界。对于幼儿园的孩子们而言，这样的民宅一定会带给他们无限的好奇与追问。

在丰泽四幼，我享受着东海的和风与阳光，穿越着海上丝绸之路给幼儿园课程装点的五彩隧道，随着方莉梅的声音，我又进入丰泽四幼"和合教育"的绿地，她有些激动地说："对古港文化的研究与实践，让我们积淀了一些成功的经验，我认为我们应该要在此基础上寻找更加上位、更加宏远的哲学支撑，所以我们打算在'十四五'期间全面研究和施行和合教育，这是我们升级版的发展形态，也是我们新时期发展的新动力。"她清晰地阐述道："和合教育是一种以幼儿为中心的教育；教育的全过程都应有利于幼儿的和谐与可持续发展。它也是一种促进幼儿全面发展的教育，包括五个领域、核心素养、个性都要得到深度发展。它是协调、统一的教育。它可以满足更多不同期望值的家长对于教育的需求。它注重协调教育过程中的对立因素和矛盾过程，将不同的教育目标和内容有机协调、统一在一个完整的教育过程中，绝不是非此即彼，而是统筹兼顾，使各种教育因素发挥最优的效能。总而言之，和合教育是指对幼儿实施有目的地影响，促使幼儿得到和谐发展的教育。”

方莉梅说，之所以提出和合教育，主要源于泉州是海上丝绸之路的起点，古港文化具有多元性，因而和合教育就是要培养幼儿融合、包容、和谐的心质；同时当今的“一带一路”的合作共建、构建人类命运共同体也为和合教育提供了有力的支撑；再者泉州名企云集，来自天南海北的人在这儿打拼，在这儿奉献，为和合教育提供了大量的课程资源。她说她们选择和合教育具有坚实的基础。

方莉梅跟我进一步诠释着和合教育的内涵，她说“和”主要意义是和美、和谐、和乐，“合”的主要意义则是合适、合作、合融。和合教育的核心是和合精神，和合精神是一种核心价值观。她继续说：“中华民族在融合、统一和发展的演进过程中，和合精神始终发挥着内聚力的驱动作用。当下中国正处于经济转轨、社会转型的重要时期，文化价值呈现出多元化取向，不同文化价值之间的冲突当然在所难免，而和合精神作为中华民族的核心价值观在其中一直起着主导作用。”是啊，和合精神是和合教育的灵魂。

方园长十分详尽地跟我讲她们和合教育的理念系统。园训：和乐情丰，合融心泽，其意为和和乐乐，让情感丰满；合合融融，让心灵亮泽。这是师幼共同的遵循。园风：合作共享，和而不同。既强调和合的合作共享，也强调个性特色，坚守和而不同。这是和合的哲学精髓，这是和合教育的理念核心。教风：合力同心，和谐共进，意为师幼、家园心往一处想、力往一处使，力求全心全意服务于孩子的教育，而且努力为孩子创造最优质的教育。学风：自主和美，多元发展。给孩子们自主的天地、和美的游戏学习环境，促进他们个性化的发展，始终握紧和合教育的方向盘。

据说，泉州丰泽四幼于2021年已更名为丰泽区东海实验幼儿园，丰泽区东海实验幼儿园是东海边的一道亮丽风景线。

让孩子们天天过年的园长

过年，充满着喜庆，给人们带来了一种集成的快乐与幸福。各种方式地玩，则是人们创造、感悟、享受快乐的载体；具有文化意义地玩，是一种节庆幸福心境的智慧营造。人们玩对联与门神，玩舞狮舞龙，玩烟花爆竹，玩猜灯谜，玩剪纸，玩旅游，玩高歌狂舞，玩民俗风情，玩走亲访友，人们在尽情寻找儿时的乐趣。

从人们过年所呈现的基本特征来看，用具有文化属性的氛围创设与花样迭出的玩是人们生命本能的需求与选择。因此，我认定，游戏活动是伴随着人们一生的快乐，从一定程度上说游戏始终都没有离开过想一直追求快乐的大人们。那么，幼儿园教育以游戏为基本活动就成为大人们非常容易得出的结论。

由此，我又想开去，园长是让孩子们天天都像在过年，是让孩子们天天都浸润在快乐之中，是让孩子们天天都在满足着这个年龄阶段所最渴望的快乐需求。园长才是孩子们快乐与幸福的真正创造者与维护者，是从儿童生命本原理解儿童、尊重儿童、深爱儿童的崇高工作者。

在教育的百花世界中,我之所以常常喜欢去赞美园长,是因为园长所做的教育在中国当今现实的教育状态中,是最能体现教育原点或者教育本质的教育。园长做的是属于生命的教育,做的是孩子们生命内在需要的教育。

感谢让孩子们天天过年的园长,感谢让孩子们天天绽放梦想之花的园长。一个园长关系到一所幼儿园孩子们当下与未来的幸福,一个园长决定了一所幼儿园教育的品质追求。我衷心祝愿所有的园长永远做最有生命性的教育,永远做孩子们心灵的妈妈,永远成为孩子们的快乐之神。

听宋蓉讲环境的"谐趣雅序"

缘分总是那么奇妙,我与重庆市渝中区实验幼儿园园长宋蓉在一月之内居然能两相见,这着实让我有些激动。在重庆名园长微论坛上,我津津有味地听她讲她幼儿园的"人和文化";同月二十日又在第六届东湖微论坛上,兴趣浓厚地听她讲她幼儿园的环境创设。幸福就这样静悄悄地在生命之间悠悠地演绎。

我突然有个很美的感觉,觉得宋蓉本身就是渝中实幼的一种重要环境。她跟孩子们一样天真烂漫,一样单纯可爱,一样阳光明媚。从某种意义上说,园长的精神情态决定了幼儿园文化场域的底色,我们永远不能指望一个灰冷的园长可以创造温馨舒展的人文环境。宋蓉的微笑、和善、乐观和率直,都生动地诠释着幼儿园"谐趣雅序"的文化环境。

渝中实幼的"谐趣雅序"文化环境即为"谐"环境、"趣"环境、"雅"环境、"序"环境。这是一个多维架构,是一个尊重儿童天性、满足儿童需求、凸显幼教本质的人文生态。“谐”在幼儿园体现得非常有张力。自然与人文的和谐，创造了一种天人合一的平衡。尽可能多的泥土，充满原始的生态气息；尽可能多的花草树木，呈现绿色活力；楼房的顶层有一块用于孩子们种植的菜地，有一种天上人间的美感；天桥构成的独特通道，也透逸着和谐的意韵；孩子们的户外活动，都融进了自然之中。

“趣”，在渝中实幼可以说无处不在。“趣”，在宋蓉看来，是幼儿园环境的核心元素，因为“趣”就是童趣，童趣是幼儿园自始至终都必须凸显的关键性原则。于是宋蓉为孩子们创造了欢乐谷，建立了野趣园，创建了三层立体式的运动空间，既充分满足了孩子们的兴趣需求，又让孩子们的身心健康得到了良好发展。

“雅”，即为文雅、舒雅、高雅。宋蓉在构建整个环境时，十分讲究墙面、楼道、楼廊、教室等的色彩之雅，十分讲究床、柜、户外区域布局等的造型之雅，十分讲究教师办公室宽敞、大气、舒适之雅，十分讲究主题文化墙的设计之雅。

“序”，是宋蓉创设环境的独特要求，也充分体现了她个人的理念风格。她大概是从蒙台梭利关于孩子秩序感的论述中得到了启示吧！在她的幼儿园，到处都充满了秩序感，诸如高低错落有序、玩教具摆放有序、活动区域结构有序、孩子们户外大循环组织有序，凡此等等，都在润物细无声地影响着孩子。这种环境具有了很高的课程意义。

在渝中实幼，环境已经成为一种重要的教育资源，或者已经成为一种重要的教育价值。我永远记住了渝中实幼“谐趣雅序”的人和风光。

丹心灼灼赋“共育”

吴丹是华东师范大学附属幼儿园园长，是家庭教育高级指导师、高级育婴师。在东湖微论坛山西太原站的演讲中，吴丹以她特有的专业深度，阐述了家园的“互信”与“共爱”，其理如长江之水，波涛滚滚；其情如天上之虹，光彩熠熠。

一个优秀的园长，应该凝心聚力地认真研究家庭教育的问题，这是家园共育的理论基础或前提，也是家园共育对于园长内在素养的必然期待。我看得出她心灵爱的涟漪，我看得出她为儿童生命成长所付出的深爱与智慧。

吴丹深刻地论述了家庭教育对幼儿生命成长的至关重要的意义，她分析了当下家庭教育所存在的问题，介绍了幼儿园如何促进家长提高育儿水平的策略。一个园长能够这样深入地研究家庭教育，能够这样全面阐释家庭教育，是十分难能可贵的。

在吴丹看来，“互信”是家园共育的情感纽带，是家园共育的前置条件。于是，她通过培训、沟通、主题研讨、开放活动、联谊会等形式，让家长与幼儿园，让教师与家长，形成深度的情感互信、价值共识、理念共融。而这种互信的核心点都聚合在促进幼儿健康快乐的成长上，她都做到方向一致、目标一致、着力一致、评价一致。

“共爱”则是吴丹对家园共育的另一个重要追求。她所主张的共爱，是建立在对幼儿生命内在需求的透彻理解、对幼儿身心成长规律与个体人格高度尊重的基础之上，共爱中体现了至真的情感，共爱中体现了科学的引导，共爱中体现了未来的期许。她强调，家园对孩子的共爱，应该始终具有正确的一致性，始终散发着示范的力量，始终具有润物细无声的艺术，始终被孩子深深地感受到。

吴丹在阐述家园共育道理时，常常会拿自家孩子做案例，那种娓娓道来的挚诚总能感染与会者，那种希望所有的幼儿园都能与幼儿、家长“互信、共爱”的至情，浓郁地渗透在她的亲言亲语和那魅力十足的微笑中。她是一个专家型的园长，她对家园共育的问题研究很深，她能以十分专业的视角，她能以“欲穷千里目，更上一层楼”的自我追求，来研究和求证问题的答案。我钦佩吴园长的这种生命姿态，我钦佩吴园长的这种科研精神。

多维的幼教之境

焦艳总给我一种梦想高远、匠心独运的感觉。走进深圳兴华幼儿园，反复萦绕在我脑海里的是“境”。这个境，既是自然之境，也是文化之境，还是课程之境。

自然之境。在深圳兴华幼儿园，除了天然所赐的极为宝贵的花果山之外，到处都是葱茏的树木，特别是那如诗如画的榕树，用它那露出地面的根展示了无以比拟的错综之美；随处可见那碧绿的小草，充溢着勃勃生机；那流溢芳馨的花，缤纷着园中的色彩；那泥土的清香，沐浴着孩子们微笑的灿烂。

自然，在启迪孩子们的生命；自然，在陶冶孩子们的生命；自然，在激活孩子们的生命。孩子们的生命离不开伟大的自然，把大自然搬进幼儿园是一种高尚的教育理念。深圳兴华幼儿园正在努力营造一种生命性的自然之境。

文化之境。“尊重生命，自然成长”是兴华的理念；“兴兴立德，灼灼其华”是兴华的文化。在兴华幼儿园，不论是我们看到的拥有花果山的总园兴华,还是我们参观的分园十二幼,文化都很浓郁,且很有境界。同时,我也惊叹其设计的精致,每一个角落都充满了生机与灵动。焦艳告诉我们,她把一楼没有发挥什么作用的护栏墙裙推倒,变成了孩子们坐歇的长凳。在焦艳的兴华幼儿园,到处都是孩子们活动的场所,到处都是孩子们快乐的宫殿,到处都能陶冶孩子们的情操。

课程之境。兴华幼儿园力图让课程无处不在,力图让课程成为孩子们的心灵需要,力图让课程成为孩子们生命成长的源泉。花果山课程,建立在自然资源之上,潜藏着兴华人的智慧,那山脚下的节奏敲打课程让人印象深刻。绘制幼儿园地图也是孩子们的重要课程,园内一百几十种树也成了课程,绵绵细雨也可以创造出丰富的课程。

焦艳讲究意境,寻求佳境,总想把兴华幼儿园带到一种最适合儿童快乐成长的美好境界,我也似乎清晰地看到了她想创造的那种曼妙的幼教境界。

富有诗意的生命之向

深圳兴华幼儿园把“尊重生命,自然成长”的办园理念,始终如一地贯穿于各个方面、各个环节、各个时空。走在幼儿园里,走在孩子们的活动中,你会强烈地感受到生命至上、自然天成的意境。这是一种至悦的生命之境,这是一种彰显孩子们生命灵性的壮美画境。

教育的本质应该是珍爱生命、呵护生命、成就生命。不尊重生命的教育是不道德的教育。在第三届东湖微论坛的演讲中,她指出绿色教育的实施，能有效缓解孩子的自然缺失症，让幼儿在游戏中感受自然的美与和谐。在兴华幼儿园，整个环境创设，都充分考虑着孩子们的感受，那炫酷的小亭子，那墙角树桩上长出的新叶，那长城似的过道，那随处可拿可读的小书架，那天井巧构的娱乐之场，那绕树兴建的小屋，那青翠的藤蔓花草，还有那童话般的花果山，无一不是孩子们生命的乐园。

尊重生命，不是仅用来解说教育理念、装点园所文化场景的。尊重生命，应成为幼儿园教育的行为轨迹。行，才是关键之关键。

焦艳深深懂得儿童的精神哲学，她把理解儿童、尊重儿童当作她自我的生命宗教。在她的幼儿园，每个班级有足够多的玩教具，有足够多的区角，有足够多的具有课程意义的游戏活动。当我看到孩子们在师傅、老师的指导下，叮叮当当做木工活的时候，当我看到孩子们在小雨中嬉戏的时候，当我看到孩子们在进行戏曲表演的时候，我仿佛走进了孩子们幸福的生命世界。

兴华幼儿园所有教育活动都在直接或间接地指向孩子们的生命快乐与成长，而每一个老师都在运用苏格拉底所称的“产婆术”去接生孩子们生命的创造与智慧。我看得出，兴华幼儿园的老师们把对孩子们的爱与尊重，幻化成了孩子们的自由与快乐。老师们心底绽放出的微笑，融进了孩子的生命里。这正是孩子生命的向往，这正是幼儿园教育的真谛。

“善水”文化润泽师幼生命

她身着乳白色的旗袍，胸前绣着荷花，真有“出淤泥而不染，濯清涟而不妖”的纯净。她的这身淑雅之装是专为参加第十七届东湖微论坛而准备的。她叫胥咏梅,她的自我介绍颇具特色。她说她姓胥,是历史名人伍子胥的胥,咏梅则来自毛泽东主席的著名词作《卜算子·咏梅》。胥咏梅一登场,便文气十足,雅致不凡,这与她要分享的善水文化构成了一幅动感柔美的画景;这与她的个人阐述融合成醇香的语韵:“园长自身的生命样本才是最大的管理资源,园长是什么样的人,有着怎样的精神海拔、生命状态和境界格局,就会带出什么样的幼儿园。”“幼儿园不会因为高大上的硬件、豪华装修就能成为优品质、优特色的幼儿园。流淌在幼儿园的教育情怀和教育文化才是一所幼儿园的内核。”我以为研究和实施幼儿园文化,就该有这种“精神海拔、生命状态和境界格局”。

胥咏梅是四川省射洪市第四、第十幼儿园园长,遂宁市名园长工作室领衔人,射洪市名师工作室领衔人。她对于幼儿园文化建设的追寻,首先源于她对当下幼儿园文化建设现状的反思。在她看来,有不少幼儿园的物质文化缺少园本专属标签、精神文化缺乏园本根基、行为文化内容单薄、制度文化与办园理念脱节,这促使她从幼儿园文化建设的本质上确立了她们幼儿园构建文化的方向、内涵与架构。即以水为魂,提炼上善若水的善水文化。“善水”来源于老子《道德经》“上善若水,水善利万物而不争”。“善水文化”内在含义包括“上善若水”“海纳百川”“润物无声”“水滴石穿”等。胥咏梅说善水文化是她们幼儿园的管理之根、铸园之魂。“让每一个孩子感受上善若水的教育,享受灵动快乐的成长”是她们的办园理念;“浸润善心,践行善行”是她们的教育信念。善水文化在“山水唐城,诗酒之乡”静静地流淌,浇灌着师幼的心灵,润泽着师幼的情操。

善水,清净柔善之水,纯亮的物质形态,滋润万物的精神琼浆,胥园长对“善水文化”情有独钟,“善水文化”深深地融入她的灵魂。

她让环境沉醉于善水文化之中，她说人的气韵源于人生存环境的濡化，她要让射洪四幼形成“自然童韵，凸显善水，致雅致精，彰显品质”的独特品质。幼儿园大门口、楼梯过道、操场两侧等处的善水文化墙，以浅蓝的海滩为背景，将幼儿园的核心理念呈现于此。充满水之韵味的会议室，给人留下深刻的印象；墙面上深蓝和浅蓝的陈列台波澜起伏，让人仿佛身处温柔的蓝色海洋；透明的玻璃瓶仿佛一朵朵晶莹剔透的浪花，里面呈放的是老师们、孩子们收集到的射洪各地的水：涪江水、梓江水……通过这样的方式让幼儿更深地了解水、感受水、欣赏水，爱护家乡的水资源。假山后古朴的石质水幕墙上体现出幼儿园善水文化理念的“上善若水”四个字，白得晶莹，蓝得深邃。假山上流动着至上而下、又至下而上循环的水，汩汩流水增加了幼儿园的灵气，也暗含幼儿园能为幼儿和教师的成长提供生命的“活水”。百草园是幼儿的“水上乐园”，绿草茵茵，上面呈放着各种玩水器械。小桥流水，潺潺戏水池，原生态的木质玩具，树木花草相映成趣，成了幼儿园直观而亲切的水课堂。而最能体现孩子们生活与学习的痕迹的，是教室外裙墙上以“生命之源”命名的主题墙，大大小小晶莹剔透的蓝色水滴上，记载着孩子们与水的亲密互动，也展示着水中生物的丰富多彩。教室内的后墙和侧墙，老师、家长和孩子共同完成的“我是生活小博士”“海底总动员”“小水滴变身记”等小主题，展示了节水小知识、可爱的海洋动物，还有孩子们的各种水粉、水彩画作品。胥咏梅说，善水环境文化致雅致精，彰显了水的“深远厚重，素而无华，纯而不染，不饰雕琢”的特质，昭示着教育的平实、灵动与柔软。

课程改革，浸润若水。在现有课程框架体系的基础上，幼儿园从水与科学、水与艺术、水与运动、水与生活等四个方面着手，构建了园本特色的“水课程”。全面融入与水有关的科学、人文等方面的元素;活动开展,多彩若水。“上善若水善天下”,让每一个四幼人拥有一颗善心,做一个善良的人,做一生的善事,为社会贡献从善如流的人才,是射洪四幼若水教育的使命。射洪四幼利用传统节日,开展诸如“小水滴为大水滴洗脚”“为敬老院老人献爱心”“‘六一’戏水节”等活动;开展“我爱母亲河”特色鲜明的社会实践活动,激发全园师幼热爱家乡,热爱涪江,保护母亲河,珍惜水资源的强烈愿望;开展“水宝贝”灵动系列,组织老师们制作了大批以“水宝贝”为主题的体智能器械,组织幼儿玩耍这些新颖有趣的体智能器械,使幼儿的身体动作和创新能力得到充分的发展。

胥咏梅认为,任何一种教育,孩子们越少感到教育者的意图,它就越能给孩子一种审美与浸润的文化表达。射洪四幼的水漾课堂,从赛制若水、教育若水、成长若水、评析若水四个方面,让教师在一种回归自然、返璞归真的状态下上课,让孩子在不知不觉中进入活动状态,在潜移默化中习得知识经验。胥咏梅对善水文化有着深厚的敬畏之心,她尽心尽意地经营着善水文化。在她的语言体系中,充满了水的灵动与活力。她提倡“集中学习,水到渠成;分组游学,海纳百川;个体发展,百舸争流”。她讲着幼儿园“扬五四精神氤氲若水正气”的节日活动,讲着“不负春光,不负涪江”“我爱母亲河”的爱家乡游学活动,讲着动物戏水嘉年华、世界村戏水嘉年华、各民族戏水嘉年华的系列游戏活动。

水,洁净的水,亮如明镜的水,善良之水,流溢在胥咏梅的思维深处。制定和实施制度清澈若水,力求公正透明;常规检查持之以恒,力求水滴石穿之效。每月开展一次“若水教师”评选活动,倡导“若水精神”,传递“上善若水”文化正能量。她描画幼儿园是绿水色调,游戏是幼儿生命的活水,游动的鱼儿、滚动的水球、水盆栽种的蔬菜、游泳池中的嬉戏、泼水节的狂欢、戏水槽与嬉水墙的乐趣、沙水湾里的水压力玩具丰富多样、消防灭火的战斗、污水处理厂的繁忙、洗小毛巾的熟练、水彩画的曼妙、沙水游玩的灵动，展现了水的活力、水的童话世界、水的魔法。

心净似水，温情如水，灵动若水，胥园长的眼光里熠动着晶莹剔透的水的神韵。她动情地说："面对生命，面对教育，我们以一丝云淡风轻的从容、一份上善若水的关怀、一种和而不同的智慧，回归教育本真，感受上善而幸福的教育生活。'不积细流，无以成江海。'让我们秉承水文化给予的智慧，继续向着润物无声、上善无痕的理想迈进！"

梧桐树下的生命灵动

大棵大棵的梧桐树，一棵挨着一棵，粗硕的树干，繁茂的枝叶，荫蔽了宽大的操场，这里完全是梧桐树的天下。连接梧桐树的是长城般的绳网，绳网绵延、起伏在荫蔽中，孩子们在长长的绳网中攀爬、追赶、欢笑。那梧桐树下的一个个幼小的灵动的身影，构成了绵阳市机关幼儿园的独特风景，看一眼就让人激动，就让人终生难忘。

已经是几个月前的事情了，但梧桐树与梧桐共乐的孩子们，总在我眼前，仿佛梧桐树是幼儿园的代称。绵阳市机关幼儿园里那些承载了孩子们生命成长与幸福的梧桐树，那闪烁绿色光芒的梧桐文化，有着高雅气质、满腔热情、精湛专业的园长冯萍，都成为我探索幼儿园教育的宝贵财富。那天，冯萍带着我参观她们的幼儿园，她不停地跟我讲梧桐文化的理念、课程、故事，我连连点头，并变换着词语表达我内心的赞赏。我赞赏她对梧桐的热爱，赞赏她在梧桐绿叶的经脉中所燃生的文化之火,赞赏她在儿童与梧桐的生命交融中找到了幼儿教育的生机与活力。

走进绵阳市机关幼儿园的大门,一番景象就闪亮着我的视线:右边一排高高的玉兰树,彰显着生长的阅历、透逸着幽然勃昂的生气,而玉兰掩映下的橱窗清晰地描刻着幼儿园的发展历程,显眼的年号下,标记着深刻影响幼儿园的重大事件。冯萍说:回溯来路,70 载风雨兼程,70 载峥嵘岁月,绵阳市机关幼儿园植根于绵阳悠久历史文化的土壤中,始终在锲而不舍地传递“绿色”教育理念,传递世间永恒的爱、智慧和希望,始终在为孩子们的幸福人生奠定基石。每一个发展阶段都是一个闪亮的台阶,都是一曲奋斗的战歌。我看到冯萍把幼儿园的发展历程似乎当作了自己的生命历程。她饱含深情的声音透过清雅高洁的玉兰树,渗入我的脑际,幻化成了我心中的梧桐文化、梧桐梦想。左边是木架房,如同开放的博物馆,那里有美好的文字表达:“孩子的生命在游戏中灵动生长”,“开放环境,畅快游戏”。那里有许多绿植静守的奖状、奖牌与故事,那里有书法、绘画构置的艺术魅力。教学楼背后是放飞孩子挑战欲望的区域,勇气与力量在这里生长,这里是一大片看不见的梧桐树。

跟随冯萍,在孩子们与环境所形成的独特场域中穿行。到处是树,到处是孩子们游戏、运动的欢笑,到处是文化的呈现:“砥砺十年,奠基未来”,“幼儿:自然本真,绿色健康”,“教师:乐教优雅,绿色人生”;“校园:生态活力,绿色和谐。”我的眼睛不够用,我的词汇不够用。有一片竹林,竹林在“山坡”上,满身都是故事的小鸡幽然于竹林中,和孩子在一起,冯萍对这只故事小鸡给予了深深的爱,小鸡已经与梧桐文化、梧桐课程不可分割,小鸡分明成了幼儿园的孩子。竹林不远处是三种沙池:河沙池、海沙池、人造沙池。

不同特点的沙，不同的玩具配置，不同的玩法指导与探索，孩子们玩得创意百出、热闹非凡、快乐无比。这沙池，居然可以这样拓展；这玩沙的方式，居然可以这样层出不穷。

冯萍带着我游览着幼儿园，我吮吸着梧桐、玉兰的清新，我的思维在孩子们的灵动中飞逸。她跟我介绍着一块木板上书写的文字："世界变化得太迅速；创新、独立思考、动手和解决问题这是我们的孩子适应未来最需要具备的四种能力。"一处围墙上展示着孩子们仿建越王楼的过程与方法：交叉、转向、穿过、组合、围拢、覆盖、架空、垒高、连接、桥式。我观看着，我兴奋着。满眼都是绿色，一个蜿蜒的角落，却怀抱着大自然，这里是孩子们的种植天地，泥土中渗透着孩子们劳动体验的快乐，蔬菜、花草闪动着孩子们的成就。围墙上，呈现着立体种植的成果，绿光闪闪。小温棚，那是孩子们的微型农科所，那是孩子们的绿色探索基地，创客的蝴蝶在这里飞舞。

走过润琢园，又来到朝晞园。穿过嘉肴坊，又来到青葵园。孩子们在做野餐，切菜的、烧烤的、磨豆浆的、摆菜盘的，一片忙碌。伴随忙碌的是专注与合作、是愉悦与成长。户外运动，更是新鲜丰富，骑小车的、攀岩的、跨栏的、跳绳的、玩球的，应有尽有，生机勃勃。行走中，有一个声音在梧桐树中旋转："至爱养正，育幼兴邦""绿的智慧，爱的芬芳""开放环境，畅快游戏"，我听到了一串办园的思想和理念。冯萍还告诉我，她们幼儿园聚焦幼儿"运动与健康"，依托课题研究，深究户外体育游戏活动的核心概念和多元价值，深探幼儿动作发展的教育策略，让丰富、开放的户外体育"畅玩游戏"活动追随幼儿的生命成长。我深深地感受到了畅玩游戏、运动与健康的行动节奏。

梧桐粗壮的树干凸显着力量，丰茂的枝条一股劲地往外伸展，宽大的叶子把绿色凝成护佑孩子的天地。基于梧桐文化的"自然创生,灵动生长"的生态游戏课程,紧紧追随幼儿"兴趣与生命发展需要"的哲学认知,积极实践"生活是最好的老师,大自然是奇妙的课堂"的教育理念,始终以儿童的视角创设适合儿童的生态成长环境,以创生的理念积极捕捉生活中的具有教育意义的"美丽意外",将环境、生活、游戏、课程融合形成生态教育课程,让幼儿灵气勃发地生长。基于"创意迸发、创行创享"的 STEM 玩创游戏课程着力提升幼儿"适应于未来的能力",培养健康聪慧、勇于创新、直面未来的和谐而灵动的生命个体。全新的 STM 教育理念,让孩子着迷的项目式"玩创"游戏不仅关照了幼儿当下的学习与成长,还让他们感受到坚持的意义和快乐,潜移默化地影响着他们的思考和生活,并为其具备"创新、独立思考、动手和解决问题"这四种适应于未来的能力奠定基础。

"自然蕴雅趣,璞质尚天真",梧桐文化的自然天性,荡漾在整个幼儿园。冯萍饶有兴致地讲她们幼儿园吉祥物"梧桐娃"。她说梧桐娃的诞生是集孩子、家长、教师之灵、之情、之智的结晶。她说"凤凰鸣矣,于彼高岗。梧桐生矣,于彼朝阳"。梧桐具有高洁美好的品格,而梧桐娃"希希"和"望望"寓意扎根学前教育这片希望的土壤,永远焕发新的生机。梧桐娃椭圆大脑袋上的天线、科幻的眼镜、耳朵上的接收器,体现的是科技与智慧,追求的是培养聪慧、自信、勇于创新的幼儿。树叶型的发冠和刘海、梧桐叶型的衣裙,表达的是鲜活灵动的"绿"文化。身姿活泼、奔跑跳动,凸显的是"让孩子的生命在鲜活的游戏中灵动生长"的课程理念,呈现的是幼儿和谐、快乐的生长样态。飞翔的心寓意幼儿在老师爱的呵护和陪伴下飞向幸福远方。

当我将要走出幼儿园的时候,冯园长指着大门过道中那两张园歌图片告诉我：一张是普通的汉字、曲谱呈现的园歌，一张则是幼儿用图画、符号和汉字书写的园歌。以儿童为本、一切从儿童的生命立场思考问题，关键在于落实：做、行走，最为重要。梧桐、绵阳市机关幼儿园、冯萍，交织成一张美丽图片，一直嵌挂在我心中。

绿林之中的“同乐教育”

我喜欢去内蒙古，不仅仅是因为那里有“风吹草低见牛羊”的茫茫大草原，不仅仅是因为那里的人热情豪爽，也不仅仅是因为那里的景色优美、空气清新，还因为那里有许多我特别欣赏的幼儿园，有许多特别有思想的园长。那天到包头市铁路第一幼儿园，令我眼睛一亮，云杉、快柏、塔松、杨树、垂柳、海棠、苹果、山楂树、梨树、桃树、李子、杏树等，构成了一个公园式的生态。王霞园长、廖蕾副园长等带着我，穿行在绿林之中，穿行在快乐的孩子之中，穿行在同乐教育的意境之中。

如果在幼儿园看不到属于孩子们的花草树木，我会陡生郁闷，因为我固执地认为儿童的生命首先应该在自然中浸润，缺少了花草树木、泥土沙水等自然生态，会影响孩子的生命成长。这就是我们通常所说的儿童的天性吧，幼儿园必须顺应儿童的天性来创造属于他们的环境。那天去内蒙古包头市铁路第一幼儿园的时候，春光明媚，白云飞逸，园长王霞和她的团队带着灿烂的笑容站在门口，我备受感动。进到幼儿园，树特别高大，果树特别多，仿佛进到了植物园，进到了果树园，进到了生机勃勃的大自然。尤其是树下游戏的孩子所呈现的画面，十分感染人，心痒痒的，恨不得跑过去和孩子们一起玩起来。我对王霞园长说：这些树真好，是幼儿园的宝贵财富，是孩子们的天堂。有一棵历史悠久绿荫如盖的垂柳,让我着实震撼。什么叫润物细无声啊？什么叫潜移默化呀？这就是!

绿林之下,同乐教育在衍生,在丰实。孩子们在游戏中同乐,在运动中同乐,在建构探索中同乐,在家园共育中同乐。孩子们乐出了生命的灿烂,乐出了生命的成长。同乐教育深化了包铁一幼的教育追求,同乐教育揭示了幼儿园教育的本质,同乐教育最大限度满足了幼儿的内在需求,让他们能够享受儿童时期本该有的快乐生活,让他们能够在与大自然同乐中、与伙伴游戏的同乐中、与教师和家长的同乐中、与社会互动的同乐中,感受生命的乐趣,促进五个领域或核心素养的形成。同乐教育达成的不仅仅是快乐的目标,更有与谁乐、如何乐的深层教育内涵。同乐教育具有更为广阔的教育视野,具有更为高尚的教育境界。

巨大的垂柳,在风中舞动,王霞不断跟我讲着她们幼儿园同乐教育的故事。垂柳,是怡人的风景,更是同乐教育的课程资源,这大片的绿林都是资源,是幼儿与之同长同乐的教育资源。这里的绿林与幼儿的生命性有了超越常态的关联,这种教育是一种走进幼儿生命世界的教育。我对垂柳婀娜、对果树芬芳、对蓬勃的绿色,充满了教育联想。我以为幼儿园教育就是要充满联想,要让联想联得更广博、想得更广阔。

包铁一幼实际上是一所集团幼儿园,共有五园。那天王园长带着她的班子成员与我讨论的时候,我看出了大家奋发向上的能量。总园与分园同乐、班子成员之间同乐、领导与教师同乐,这样的氛围感染了我。我们谈得很开心,甚至很兴奋,廖副园长第二天还专门就同乐的“同”写了一篇很有激情的小文发我,给我留下十分深刻的印象。同乐教育是需要基础的,这就是领导团队的同乐氛围,这就是教师团队的同乐氛围。否则,同乐教育是做不好的。

绿林之下的同乐教育是有智慧的教育。包铁一幼为了在孩子入园之初帮其营造温馨舒适的心理环境，她们采用"体验入园，家长逐步抽离"的方式进行，利用一周的时间让宝宝们在家长的陪同下分阶段体验幼儿园的早、午、晚餐，洗漱，如厕，集中教育活动，户外游戏活动以及午休等。孩子们在家长老师的陪伴下少了哭闹声，多了新鲜感。家长通过体验入园活动全面了解了幼儿园的环境和幼儿活动情况，为家园共育奠定了基础。这就是基于同乐教育的智慧做法。王霞说她们同乐教育的办园理念是"让每个孩子享受快乐的教育，感受成长的幸福"，课程理念是"游戏点亮生命，艺术陶冶心灵，生活乐享人生"。她们倡导孩子们要乐闻、乐思、乐问、乐行。她们把"知锻炼，健体为乐；会交往，合作为乐；能服务，助人为乐；愿参与，实践为乐"作为幼儿园的育人目标。她们既关注幼儿与当下同乐，也关注幼儿与未来同乐。

在包铁一幼，孩子们快乐得如花绽放，我走近孩子，就仿佛获得了一种能量，一种足够产生巨大快乐的能量。孩子们的快乐体现在他们自己的大画册上。孩子们通过自己的画册生动讲述着游戏的过程、故事与感受。大画册是孩子们对于同乐教育的珍贵记忆。"同乐梦想"课程，设置的模拟电影院、银行、茶吧、美食厨房、自助餐厅等体验区，将幼儿的习惯养成、道德培养、礼仪教育融入游戏中，真正实现把游戏自主权还给孩子的理想状态。

家园共育同乐，在包铁一幼体现得很充分。幼儿园有家长助教月，开设了家长班课，让家长参加玩具制作，举办家长科学育儿学园。这些活动是同乐教育的重要组成部分，也是同乐教育的重要基石，王园长带领她的教师团队在家园共育方面做了大量卓有成效的研究与实践工作。

我的手机上保存了包铁一幼的许多照片，写这篇微语的时候，我反复看着那些高大的树木,那些飘香的果树,那些彰显生命活力的绿色。我的眼前一直闪现着包铁一幼领导团队、教师群体、孩子们在绿林之中同乐的场景,我很享受。

河池幼儿园的仫佬族“傩”文化

来到广西河池,迎接我的是大雨。那雨似乎与其他地方的雨不同,声音不同,淋到身上的感觉不同,它是特别令人喜乐的雨,特别亲切温柔的雨。河池是一个开门见山的城市。走在城市中,到处都可以见到山。青青的,养眼,水气蒸腾,弥漫开来,着实有几分神秘。此次是到河池市直属机关幼儿园参加“仫佬族‘傩文化’在幼儿园教育中的传承探究”研讨会,雨与山的隽美成为我心境的底色,我满怀期待,甚至有些亢奋。

早晨,雨仍在飘飘洒洒。走进河池市直属机关幼儿园,园长韦红以一种专业气质透出的热情带着我们穿行在幼儿园的精彩之中。仫佬族体验馆让我眼睛一亮,扎染、编织等成为孩子们快乐的课程,仫佬族的文化如涓涓细流浸润着孩子们的心灵。毛南族的花竹帽,丰富了孩子们的视野,让孩子们踏入一个民族的世界。白裤瑶体验馆内,孩子们在舞蹈、在歌唱,生动感受着一个民族的文化魅力。韦红带我们参观的时候,跟我们讲了许多关于传承民族文化的故事。

中午饭是在幼儿园吃的,幼儿园厨房居然能够做出极富民族特色的簸箕菜,韦红饶有兴致地介绍着他们的民族菜、民族美食文化,这顿幼儿园里的午餐让我大开眼界。看来河池市直属机关幼儿园做民族特色的教育是真正下了一番功夫的。来到演绎厅,静静地欣赏孩子们演出的歌剧《刘三姐》，太棒了，河池市直属机关幼儿园的孩子们太棒了，那眼神儿，那具有艺术天赋的表情，那充满爱憎分明情感的演绎，让我在内心深处不停地叫好：太棒了，孩子们！演出时还出现了一个特别有趣的插曲，当音响出了点问题的时候，孩子们特别镇定，他们一点也不慌乱，我恨不得跑到舞台上抱着那些可爱的宝贝们亲一亲。《刘三姐》，我在电视上不知看过多少遍，但在河池市直属机关幼儿园看孩子们演出的《刘三姐》，令我最震撼。我也特别佩服幼儿园老师们的排练指导，可以说老师们高度相信孩子们的潜能，其指导孩子们的能力也是特别强的。韦红说，《刘三姐》是她们幼儿园的保留节目，每年都要排练，每年都要演出。这是她们幼儿园的品牌。

教师们的壮族扁担舞表演深深地吸引了我，真有专业剧团的模样。我不禁赞叹：河池市直属机关幼儿园的老师们真的了不起。她们把壮族的优秀文化展现得淋漓尽致。我也再次感慨：优秀的孩子背后一定有一群优秀的教师。老师们不仅仅展示的是民族舞蹈，而且是一种敬畏幼教事业的精神，她们的身上洋溢着一个优秀群体的特质与情怀。此时我想岔开去表达我内心的真实想法，我参观考察的幼儿园特别多，看到感动的故事我总会写点小文章，但好多小文章都是在相隔几个月、甚至一年后才写，这大概是陈年的酒更香吧，沉淀下来的记忆也许是最有价值的东西。

“仫佬族‘傩文化’在幼儿教育中的传承探究”研讨会把我带到了又一个崭新的领域。仫佬族对于我是陌生的，仫佬族的傩文化拽拉着我的思维，我急不可耐地想走进这个全新的文化空间。傩舞是古代祭仪式中的一种舞蹈，傩戏是在傩舞的基础之上发展形成的。傩祭则源于原始社会的图腾崇拜，到商代形成了一种固定的用以驱鬼逐疫的祭祀仪式，周代叫作傩。傩舞的发展对中国的地方戏曲有影响,某些地区的傩舞已发展成傩戏,傩戏表演的主要特点是角色都戴木制假面,傩舞和傩戏生动具体地反映了中国表演艺术由歌舞向戏剧形式发展进程中各个阶段的不同面貌。傩又分为民间傩、宫廷傩、军傩和寺院傩四种。

研讨会上,我充分肯定了课题研究对于幼儿园发展具有重要意义:它能提升办园品位、提升教师专业水平,能够促进发展过程中各种难题的解决。老实说,幼儿园的课题研究还非常薄弱,与中小学相比具有比较大的差距。河池市直属机关幼儿园选择了一个具有地域文化特点的课题展开研究,而且是具有挑战性的省级课题,这是十分难能可贵的。课题组确立了三大重点研究方向:一是仫佬族傩文化在幼儿园传承的可能性与必要性;二是基于幼儿教育规律和特点的仫佬族傩文化的游戏化课程开发原则与策略;三是仫佬族傩文化传承与五个领域教育的有机结合的路径与方法。幼儿园在仫佬族傩文化环境建构、仫佬族傩文化游戏课程研究与开发、仫佬族傩文化游戏课程的实施与评价上已经奠定了良好的基础。会上,我建议她们:要有详细的实施方案,并严格按照计划行事;要全员参与、家园共育;要做好资料积累,如照片、视频、文字资料等;要多维呈现研究成果,如论文、经典案例集、课程教材、结题报告、百变傩面集等。河池市直属机关幼儿园的课题研讨会是特具专业性的。

研讨会还给了我一个大大的惊喜:课题组重要成员、河池市职业教育中心教师、被国家体育总局授予“仫佬族使者”称号的姚亮老师用我的名字演唱了一首仫佬族的民歌。这让我异常兴奋,人生第一次享受如此特殊的礼遇,心潮激荡。邀请姚老师进入课题组,这是本课题负责人、河池市直属机关幼儿园副园长刘潇的很有创意、很有实效的策略。写此文时,姚老师的歌声反复萦绕于脑际，河池之行让我收获多多。

“点津教育”在长阳

长阳是美丽如画的清江浸泡润泽出来的明珠县城。每到长阳都会让我的文思陡然涌动腾跃起来，我想站在江边大声地吟诵我心中的诗章。

钟爱学校、幼儿园文化研究的我，在长阳津洋口幼儿园，兴致盎然地讨论着文化。园长姜玲先是带我们参观现代气息浓厚的崭新的津洋口幼儿园，后是娓娓道出她内心深处的文化思考，她的脸上满是美好的憧憬，孩子们灿烂的笑容全呈现在她的兴奋里，清江水对幼儿园的沐浴渗透在她激动的言语里。

津洋口幼儿园那里曾经是一个渡口，清澈的河水定能唤起人们许多关于幼儿园教育的联想。于是，我们聚焦到了“点津教育”。点津就是指点迷津，就是指点孩子渡过学习之河的教育，就是基于问题导向解除孩子心中疑惑的教育。津洋口幼儿园是孩子达到知识彼岸的渡船，老师是孩子们学习的摆渡人。

点津教育深深嵌入了姜玲的思维里，作为园长的教育哲学赫然矗立在河边：我们幼儿园要绽放孩子们的天性与好奇心，让孩子们的问题化作千姿百态的蝴蝶翩跹起舞，让孩子们在教师的指点下，渡过那一条又一条的知识之河。

儿童的成长具有不可替代性。成长首先是孩子们自己的事情，幼儿园的教育，只是为孩子的学习成长搭建的渡口而已。老师的价值是在孩子们碰到问题时来指点迷津。

姜玲园长有着高挑的身材，秀丽的面庞，敏捷的思维，她沉悦于点津教育之中。幼儿园的气质与色彩,表明了政府对幼儿的高度关注,姜玲的心里明镜似的,她明白要以巨大的热情投入到园长工作之中。点津教育成为她梦想启航的重要标志。

清清河水,荡漾着津洋口幼儿园教育的款款诗情。点津,我突然联想到画龙点睛、点石成金,这不就是某种延伸吗?点津教育涵盖了多少深意啊!

大道至简的"一文化"

一首动听的歌曲,常在耳际响起:我在贵州等你来。于是乎,在近两年,到贵州去得特别多。到贵阳市第一幼儿园是去年。贵阳一幼是一所集团幼儿园,作为总园长的李莉,她超常地热爱贵阳一幼,就如同热爱她的生命。我喜欢听她跟我讲她幼儿园的故事,因为她幼儿园的每个角角落落,哪怕是一草一木,都饱含着孩子与老师的生命精彩。我尤其喜欢和她讨论"一文化",对于"一",那绝不仅仅是一个数字,那是她永远在熊熊燃烧的一腔激情,是她一生一世要追求的教育目标,是她一心一意、一丝不苟的工作信念,是她一步一个脚印的精神塑造。

贵阳市第一幼儿园是一所有着 87 年历史底蕴的园所,地处贵阳城市中心最繁华的地段。可以想见贵阳一幼在贵阳发展的历史轨迹中该有多么特别。贵阳一幼可以说是贵阳集体记忆的标志性符号。李莉说,曾经这个"一"吸引了无数教师与家长,如今也正是这个"一"让他们倍感重任在肩,不敢懈怠。也正是这个"一",不断激励他们在"一生二,二生三,三生万物"的古老哲学中,慢慢体会一幼前辈们留下的教育印迹。一幼"一文化"的产生与形成,一切都是顺其自然，没有刻意，只有顺意，一切都恰似刚刚好。李莉畅游在“一文化”的江河之中，她的思绪在波浪中翻滚，她的想象在沿着“一”的轨迹无限地延伸。她说“一”是起始与专注。

“一切从一开始”代表着一种归零的心态和全新的出发。无论是对新入园的幼儿，还是对每一个新的教育阶段，都以高度的重视和专注开启，如同在白纸上精心绘制第一笔，为幼儿的成长奠定坚实基础。强调从最细微处着手，关注每一个细节，以认真负责的态度对待幼儿教育的起点。“扣好人生第一粒扣子”体现了对幼儿品德培养的高度重视。在幼儿成长的初期，就注重引导他们树立正确的价值观和道德观，如同为幼儿穿上一件整洁的衣服，首先扣好第一粒扣子，确保他们在人生的道路上走得端正。

“一”是坚定与忠诚。“一以贯之地执行国家方针政策”展现出幼儿园的坚定立场和忠诚态度，始终以国家的教育方针政策为指引，不打折扣地将其贯彻到日常教育教学活动中。这体现了幼儿园的责任感和使命感，确保为幼儿提供符合国家要求和社会发展需要的优质教育。

“一”是踏实与稳健。“一步一个脚印，扎扎实实”凸显了幼儿园务实的工作作风。在幼儿教育过程中，不追求表面的浮华和快速的成果，而是脚踏实地，通过精心设计的课程、耐心的教导和细致的关怀，让幼儿在稳定的成长环境中逐步发展。注重每一个阶段的积累和进步，为幼儿的长远发展打下坚实基础。

“一”是和谐与共生。“天人合一，人与自然和谐”体现了幼儿园对自然环境的尊重和对幼儿生态意识的培养。将自然元素融入幼儿园环境和教育活动中，让幼儿亲近自然、感受自然之美，培养他们对大自然的热爱和保护意识。倡导人与自然和谐相处，为幼儿树立可持续发展的理念。

“一”是进取与超越。“一直向前,追求发展”反映了幼儿园积极进取的精神风貌。不断探索创新教育方法和教学模式,提升教师的专业素养,改善教育教学环境。始终保持对教育事业的热情和追求,努力为幼儿提供更好的教育服务,推动幼儿园不断向前发展,实现自我超越。

李莉很像那种“一生只为一事来”的痴情于幼教的园长,在她教育的生命灵魂中,始终光耀着“一”的理念。“一”正在成为她一叶知秋的教育智慧,正在成为她一望无际的教育风景,正在成为她一针见血地对问题透析的敏锐,正在成为她一视同仁的管理哲学,正在成为她一言九鼎的为人风格。

贵阳一幼基于“一文化”的办园宗旨是“一心为了孩子的无限可能”。走进贵阳一幼,仿佛踏入了一个童话世界。充满童趣的环境,具有充分的选择性的园本课程,处处都散发着温暖与活力。孩子们的笑声如同银铃般在空气中回荡,那是最纯真、最动人的乐章。“一心为了孩子”,这是一种承诺,更是一种责任。老师们用温柔的目光关注着每一个孩子,用温暖的双手呵护着他们的成长。他们耐心地教导孩子们认识世界,用爱去激发孩子们的潜能。

在这里,孩子们不是被束缚的花朵,而是自由飞翔的小鸟,拥有着广阔的天空和无限的可能。孩子们的无限可能,如同璀璨的星辰,闪耀在未来的天空。他们可能是未来的艺术家,用画笔描绘出绚丽多彩的世界;他们可能是科学家,用好奇的眼睛探索未知的领域;他们可能是文学家,用文字书写出动人的故事。贵阳一幼就是一片孕育无限可能的存在。

在这里,每一个孩子都是独一无二的。他们有着自己的兴趣爱好,有着自己的梦想和追求。老师们尊重每一个孩子的个性,鼓励他们勇敢地去尝试、去探索。在游戏中,孩子们学会了合作与分享;在学习中,孩子们培养了好奇心和创造力。"一心为了孩子的无限可能",这不仅仅是一句口号,更是一种信念。贵阳一幼用爱和责任为孩子们搭建起一座通往未来的桥梁。让孩子们在这片充满希望的土地上,绽放出属于自己的光彩。

"顺生长,一无限",这简明扼要的六个字是贵阳一幼教育的核心理念。"顺生长",是一种对生命的敬畏。孩子们有着自己的天性和节奏,他们或活泼好动,或安静内敛。贵阳一幼的老师们懂得顺应孩子们的个性,不强行改变,而是引导他们在自己的轨道上前行。当孩子们对某一事物产生好奇时,老师会给予他们探索的空间和时间,让他们在亲身实践中去发现、去感悟。就如同那破土而出的幼苗,在春雨的滋润下,自然而然地生长。

而"一无限",则是对未来的无限憧憬。每个孩子都是一颗独特的种子,蕴含着无限的可能。在贵阳一幼,这里没有固定的模板,没有标准答案。孩子们可以用画笔描绘出自己心中的世界,可以用歌声表达自己的情感,可以用积木搭建出自己的梦想城堡。他们的创造力和想象力如同浩瀚的星空,无边无际。

"顺生长,一无限",是一种对生命的尊重和对未来的期许。"顺"意味着顺应时代的需求。在快速发展的新时代中,敏锐地捕捉时代的脉搏,紧跟社会发展、教育发展的步伐,不断学习和创新,形成独特的自己。"顺"代表着和谐。在多元文化的交融中,尊重和理解不同的观点和文化背景,努力在差异中寻找共同点,实现和谐共处,促进共同发展。"顺"也象征着无限可能。它激励贵阳一幼打破常规,挑战传统观念,勇敢尝试,创造出无限可能。

李莉以她的鲜亮,展现着贵阳一幼的办园愿景:一花开,百语汇。想象在翩翩舞动,那一朵花,在贵阳一幼的沃土里悄然绽放。它是那么娇嫩,却又充满着生命的力量。这朵花,或许是一个孩子纯真的笑脸,或许是一次勇敢的尝试,或许是一段温暖的友谊。它是独一无二的存在,象征着每一个孩子的独特价值。

“一花开”,是对每一个生命个体的珍爱与期冀。在这里,老师们用心去浇灌每一朵小花,给予他们阳光般的关爱和雨露般的滋润。他们相信,每一个孩子都有自己的花期,只要耐心等待,终会绽放出属于他们自己的绚烂。孩子们在这个充满爱的环境里,自由地探索、成长。孩子们用好奇的眼睛观察世界,用稚嫩的双手触摸生活,用纯净的心灵感受美好。

“百语汇”,是一场美妙的交响乐。这里,孩子们的声音是最动人的旋律。他们用自己的语言表达着对世界的理解和感受,用独特的视角诠释着生活的璀璨。每一个孩子都是一个故事的讲述者,他们的话语汇聚在一起,形成了五彩缤纷的语言海洋。有的孩子用绘画表达内心的世界,色彩斑斓的画面如同诗意的语言;有的孩子用歌声传递情感,清脆悦耳的歌声如同一串串灵动的音符;还有的孩子用舞蹈展现活力,优美的舞姿仿佛在诉说着一个个动人的故事。在贵阳一幼,“一花开,百语汇”不仅仅是一个愿景,更是一种生活的态度。在这里,孩子们学会倾听他人的声音,尊重不同的观点,在交流与合作中共同成长。他们如同那一朵朵盛开的花朵,散发着独特的魅力,又汇聚成一片绚丽的花海。

“从一出发,我行故我行”,展现着“一文化”的园训魅力。当我们凝视“从一出发”这几个字,仿佛看到了一个个小小的身影,怀揣着梦想与勇气,站在起点,准备迈向广阔的世界。这里的“一”,是初心,是起点,是孩子们纯净心灵的象征。在贵阳一幼,孩子们如同初绽的花蕾,带着对世界的好奇与憧憬,从这个“一”开始,迈出探索的第一步。老师们用耐心与爱心,为孩子们搭建起坚实的起点。他们引导孩子们认识自我,发现自己的兴趣爱好,培养良好的品德和习惯。从学会分享一块糖果，到勇敢地表达自己的想法；从认真画下第一笔线条，到欢快地唱出第一首儿歌，每一个小小的进步，都是从“一”出发的坚实脚步。“我行故我行”，是一种自信与坚定的力量。孩子们在成长的道路上，会遇到各种挑战和困难，但他们不畏惧，不退缩。因为他们知道，只要勇敢前行，就一定能收获成长的喜悦。就像那小小的溪流，不畏山间的巨石和崎岖的道路，一路奔腾，最终汇入大海。在贵阳一幼，孩子们在游戏中学会合作，在挫折中学会坚强，在探索中学会创新。他们用自己的行动诠释着“我行故我行”的园训。他们在操场上尽情奔跑，挥洒着汗水，那是活力的绽放；他们在教室里认真思考，积极发言，那是智慧的闪耀；他们在舞台上自信表演，绽放笑容，那是勇气的展现。

“顺势而为，一同生长”，逸动着贵阳一幼的园风。走进贵阳一幼，仿佛踏入了一个充满生机与活力的自然世界。这里，孩子们如同茁壮成长的幼苗，在阳光雨露的滋养下，尽情地舒展着自己的枝叶。“顺势而为”，便是那温柔的风，轻轻地推动着孩子们，让他们在最适宜的方向上生长。顺势并非随波逐流，而是尊重生命的本真，顺应孩子们的天性与发展规律。老师们以敏锐的目光观察着每一个孩子，捕捉他们的兴趣点和闪光点，如同园丁呵护着每一朵娇嫩的花朵。当孩子对绘画表现出浓厚的兴趣时，老师便提供丰富的色彩和画纸，让他们在艺术的世界里自由驰骋；当孩子对大自然充满好奇时，老师便带领他们走进花园、草地，去观察昆虫的足迹，感受四季的变化。“一同生长”，则是一种温暖的陪伴与共同进步。在这里，老师与孩子们一同成长，相互学习。孩子们用他们的纯真和无邪，教会老师如何保持一颗童心，如何用好奇的眼睛去发现生活中的美好；老师们则用自己的智慧和经验，引导孩子们探索未知的世界，培养他们的品德与才能。在这个充满爱的园子里，孩子们之间也相互陪伴,一同生长。他们一起玩耍、一起学习、一起分享快乐与悲伤。当一个孩子遇到困难时,其他孩子会伸出援手,给予鼓励和支持。他们如同一片茂密的森林,每一棵树都相互依存,共同抵御风雨的侵袭。“顺势而为,一同生长”,那就是尊重生命、顺应自然、共同成长。

李莉心中的教育梦想、教育追求、教育智慧都是用“一”写成。她兴奋于自己用“一”所构成的文化世界里。她说贵阳一幼的“一文化”源于“一生二,二生三,三生万物”的发展哲学,期待幼儿园的无限发展。它也源于“万丈高楼平地起”“千里之行,始于足下”的起点论,抓好幼儿的起步,一切从“一”开始,重视发展过程中的每一个“一”。“扣好人生的第一粒扣子”,“迈好人生的第一步”。还源于“一顺百顺”的美好希望。“顺”是“一文化”教育的哲学特征。还源于“行”与“做”的教育理念。“一”文化,十分重视“行为”“行动”“操作”“实践”“体验”。“路虽远行则至,事虽难做必成”。它更源于一任又一任园长、一批又一批教师对“一”的深刻理解与感悟以及开拓创新的扎实实践。

李莉告诉我,贵阳一幼的课程理念是“顺应孩子的自然生长”。这应和了“一文化”的“一生二,二生三,三生万物”的哲学。她们的课程包含生活生长:日益密切的生活游戏课程;生命生长:万物之生命中的探究课程;品行生长:道德品格中的养成教育课程。她说:生长就是向着一个后来的结果,逐渐向前发展的运动。教育就是促进这种本能的生长。生长是极其复杂的生命现象,像一株植物,不断向上延伸,因为想触摸蔚蓝的天空;用劲向下扎根,因为想倚仗深褐的大地。幼儿园的课程,如同生命,需要不断生长、繁衍,以达生生不息、生机盎然。生长,让孩子顺其禀赋;生长,让教师顺物自然;生长,让空间顺需而变;生长,让课程顺势而为。李莉在生长，在“一文化”的浸润中蓬勃生长。九月我再次到贵州，此次是陪李莉园长及她的一帮骨干老师去黔东南从江县农村幼儿园对口扶贫指寻，她们的那种带有强烈责任感的指导，她们那种几乎虔诚的教育情怀，她们那种特别扎实的工作作风，深深地感染着我，我更加透彻地理解了她们的“一花开，百语汇”。

东府润芳之于“五创”

我总想用一种别出心裁的方式来表达。东府润芳，就是我的别出心裁。东府是四川省直属机关东府幼儿园，我要在心灵的石碑上，嵌上这珠光般的东府。润芳，是清清溪水流润的芬芳。润芳，乃四川省直属机关东府幼儿园的园长黄润芳。五创，便是这东府润芳的精彩而馨溢的篇章。

东府幼儿园属于四川省机关事务局管辖，已走过七十年的岁月。五创文化是浸润东府幼儿芬芳的清泉。培养创新精神是五创文化的核心追求。五创文化：创美环境、创意课程、创优团队、创悦家园、创新管理。五创文化的五个维度如金木水火土般的运行架构，是东府幼儿园的文化大厦。五创文化，力图润育“四优儿童”，即优思、优言、优创、优行。黄润芳深深懂得：文化之核心、之关键就是要坚定不移地为党和国家培养优质的幼儿。没有幼儿优异的生命成长，文化的价值何以体现？黄润芳的心里永远装着每个生命独特的幼儿。

黄润芳总在默语：幼儿园无论打造什么样的文化，至关重要的是顺应天性、还原本真。这雕刻在她思想深处，流淌在她的血液里，成为她巍然耸立的精神之大厦。无论是在第十八届东湖微论坛,还是在第三十届东湖微论坛,每次听到黄润芳的演讲,她都要鲜明地阐述顺应天性、还原本真的哲学思考,她的语调与表情中嵌入了对于幼儿的无比尊重与淋漓尽致的欣赏。她是完全属于每个幼儿的真诚灼灼的园长妈妈。

构建和实施创意课程是东府幼儿园竭尽全力的大事,是黄润芳驰骋教育智慧的最大、最生动的场域。创意游戏活动、创意学习活动、项目式创意活动、东府创想节,如彩蝶翩腾起舞翻飞,如小鸟尽意尽情地歌唱。于是,她们创意地构建着幼儿园生态式的教育环境,如精心设计、思考、统筹幼儿园每一个角落的场地资源,把公共环境与班级区域环境进行整合、共享,使其充分呈现出开放、多元、情境、融合的创意空间。

太有创意了,整个幼儿园是孩子们思维大爆炸的空间,到处都能燃烧智慧的火焰,到处都能飞翔五光十色的绝妙梦想。玩色馆把斑驳陆离的色彩嗨嗨地玩起来。玩色,就是放飞好奇心的玩色。童画廊活跃着孩子们身影。纸艺站把孩子们带入千姿百态的纸的王国,纸让孩子们创意无限。漂流屋里林林总总、乐趣无穷的漂流,漂出了幼儿的灵动,流出了儿童的伟大。陶艺吧、创想林与木作坊,思维在这儿纵横捭阖,在这儿异想天开,忙碌着,创造着。还有那布艺室与环保亭,还有那神秘莫测的七色毯。

东府幼儿园的创意俨然在这里成为脱缰的野马,又如江河湖海里自由跳跃的鱼儿,又如牛羊自在地奔跑于茫茫大草原,幼儿的天性在这里尽情地绽放。哦,那是创美廊;哈哈,那里是艺趣廊;哟,艺术长廊悠悠然然,泥土中流逸着创造的气息。涂鸦房、粉笔墙、艺术通道构成了琳琅满目的勃昂的创意世界。从室内到户外,都是问号与惊叹号的天下,幼儿大脑的魔幻之剧天天在这儿隆重上演。

在黄润芳园长的认知世界里,创意是能够涵养幼儿的精神,激发幼儿的灵感，保持幼儿的活力的全人之教育。东府幼儿园要着力打造的是创意教育的体系，而不是心血来潮、急功近利的点缀。

创想节是东府幼儿园盛大的节日，是可以自由驰骋与放飞的快乐节日，是以创意的玩为核心理念的由幼儿、教师与家长共同参与的狂欢节。首先是趣味无穷的创意设计，其次是创意体验。无论是个人还是小团队，其创意设计和创意体验都让人咋舌惊叹，让人由衷地崇拜孩子。小模大样，幻变舞台，绘声绘色，童心童画，应有尽有，可谓想象有多远，创意就有多大。

黄润芳永远是个自带光芒的人。她的微笑就带有无限的创意，仿佛她永远是个孩子，她的思维总是在无限地伸展。她说，现今是一个飞速变化、时刻都面临挑战的时代，是一个创意的时代，只要有创意，就可以塑造一切。她说我们必须十分注重培养幼儿的创意力，创意力是实验的能力、敢为人先的能力、想象未来方案的能力。她说，东府幼儿园的创意课程，要基于“五个有利”：有利于提高幼儿的艺术素养，有利于提高幼儿的审美情趣，有利于促进幼儿的精细动作发展，有利于提高幼儿的学习品质和有利于促进幼儿的社会发展。她反复强调，东府幼儿园的创意课程基于四大基本原则：体验优于表现，互动优于接受，过程优于结果，审美重于技能。今天，她的声音总像那美妙动听的音乐时常萦绕在我的脑海，我十分享受这个过程。

恩济幼儿园的“礼物文化”

礼物，礼物文化，北京市海淀区恩济幼儿园的礼物文化，丰富着我对幼儿园文化的理解和认知。礼物文化给了我全新的感觉，我顿生渴望,我要好好了解北京恩济幼儿园的礼物文化。成勇是北京海淀区恩济幼儿园园长、北京市海淀区童心家园幼儿园园长、正高级教师。她兴致盎然地讲述着她们幼儿园的礼物文化,我静静地听,听得津津有味。

在第三十届东湖微论坛上,成勇讲述着“童心家园”里的“礼物文化”,我以一个幼儿园文化专门研究者的视角,审视着她的阐述,也欣赏着她独特而深刻的观点。在成勇看来,礼物既有儿童视角的礼物,也有教师视角的礼物,还有基于家长视角的礼物。从礼物的有形与无形看,礼物既有物质形态的,也有属于精神形态的。这就超出了我们常态讨论的礼物范畴,它是一个具有哲学意义的礼物,是大范畴的礼物,是幼儿园教育中拥有教育属性的文化性礼物。

从事幼教工作三十年的成勇,她独特地感受到幼教是给予她生命流动的礼物。北京那凤凰山岭下的幼儿园教育的美好与感动早已嵌入到了她的心扉。孩子,那些拥有生命独特意义的孩子,那些孩子所绽放的微笑,那些天真无邪的言语,那些生命的诗情画意,已经成为她人生最好的礼物。这比任何别的礼物都重要。那家长们的友善的目光与热情的建议,那对幼儿园的深层理解与无私地支持是给予幼儿园最完美的礼物。

我的思维中,迭映着成勇所描述的一切可能的礼物。而这些无限意义的教育之礼物,翩舞于我的脑海,甚至我满是诗意的心灵。成勇说她们的礼物文化包含三个维度:语言表达上的礼物文化,环境呈现上的礼物文化,行动传递上的礼物文化。这三个维度是一个美丽的三角形,构成了幼儿园礼物文化的稳定形态。

我很投入地听成园长对礼物文化的解读。她有她自己的内涵定义,她有她自己的逻辑体系。她说在她的幼儿园里,有属于童年的礼物,给予童年的礼物是健康的体魄、良好的习惯、优雅的品质。

这才是真正属于童年的礼物，这才是童年最有价值的礼物。恩济幼儿园的一切，都是在为幼儿创造这些礼物。

这里引发了我深层的思考：在礼物文化的背景下，幼儿园应该将什么样的礼物赠送给孩子们？这是十分庄重而严肃的问题。成勇园长想得很远、很深。健康的体魄、良好的习惯、优雅的品质，是成勇和她的老师们给予幼儿一生的礼物，是基于生命成长与幸福的礼物，是作为人能够依此实现自己梦想的礼物，是在幸福的心态中构建幸福人生的礼物。

恩济幼儿园的礼物文化拉伸着我的思维延展，直向那遥远的天空。又在北京，在天安门广场，在宽阔的长安街上驰骋，幽然地驰骋。成勇给我们展现着属于教师职业的礼物：健康体魄、专业成长、职业幸福。三大维度，三大支柱，构成了给予教师的礼物。每个教师首先是生命形态的教师，是作为人的本质属性的教师。幼儿园既要让教师获得作为普通人的幸福感受，又要获得作为教师职业的幸福感受。两方面都是不可或缺的必需。

成勇激动地讲着：在幼儿园，孩子们那天真可爱的目光，一闪一闪地投向你；那对于你的淳朴的情感，清晰地写在小脸上；那花儿般正在徐徐绽开的心智，对着你而化为稚嫩的语音语调。你如何能按捺得住，你难道不感到这是孩子们给予你的最宝贵礼物吗？而当孩子们冲过来，紧紧拥抱你的时候，难道你不觉得这是最最幸福的事情吗？你要知道，儿童的拥抱是不敷衍的，是极其认真的，是最具有拥抱的本质意义的，是真善美的极致。

我用心体会着成勇的话语：园长，教师，全心地付出，包括自己的精力、情感、智慧，毫无保留地付出，以真心实意的感恩而付出，以用心与潜心地创造而付出，这既是给予幼儿的礼物，也是回赠于自己的礼物。幼儿教师工作特殊性，决定了教师应具备母亲般的挚爱。全心全意地,不带任何杂质的,像清泉那样清澈的。这才是最好的双向性礼物。

作为家长的养育的礼物,成勇园长是这样阐述的:家长要善于自我完善,要真爱习得,要学会科学养育。这是家长给予孩子的礼物,也是给予自己的礼物。这特别关键,因为自己孩子的生命成长,是天大的事情,是丝毫也不能忽略的事情。家长如何凝结智慧,将其作为献给孩子生命成长的重要礼物,这是父母角色的要义所在。幼儿园最需要家长的礼物是真诚尊重,是珍视信任,是鼎力支持。

在恩济幼儿园,那里有礼物密语,礼物的神秘世界,礼物的传奇故事,礼物的盎然情趣和礼物的缤纷五彩。那里有感恩的礼物,那里有关于礼物教育的种种演绎。在恩济幼儿园,处处有透亮的镜子。希望教师与幼儿,天天都能看见自己,看见自己的外貌,看见自己的情绪和看见自己的内心。镜子里面藏着礼物,是特别深刻的礼物。成勇说在恩济幼儿园,那里有放大镜,希望师幼都能看到他人的优点,因为这是送给他人美好的礼物;那里有显微镜,希望每个人审视自己的缺点,这是送给自己成长的最好的礼物。

成勇描绘着礼物文化的画景。礼物如阳光般灿烂耀眼,礼物如鲜花般多姿多彩、清香飘飘逸逸,礼物如泉水般洗涤着心扉。

客家文化乃"汀江生活圈"课程之光

记忆在反复地跳动旋转。福建上杭、客家文化、汀江生活圈、幼儿园课程,一串关键词迭出流淌,形成壮美的乐章。记忆在我心灵飞扬，客家文化始终是我脑海中的向往。张春萍，一个园长，她把我引入上杭，引入客家文化荡逸的汀江。张春萍是福建省上杭县第二实验幼儿园园长。我永远不会忘记她的幼儿园里的客家文化，在汀江闪闪发光。

我到福建的次数有很多，但并未特别关注客家文化，是张春萍园长让我走进了客家文化的内涵。在第二十九届东湖微论坛上，张春萍分享了《传承客家文化，构建“汀江生活圈”地域课程》，她说，客家民系在长期的迁徙和发展中，形成了丰富多样且特色鲜明的文化。客家建筑如土楼、围屋等，是客家文化的重要象征。它们坚固实用且布局合理，既体现了客家先辈的智慧，又承载着家族团聚、相互守护的精神。客家美食也是一大亮点。盐焗鸡与梅菜扣肉等菜肴，口味独特，饱含着客家人对生活的热爱和对家乡味道的传承。客家语言保留了古汉语的韵味，是客家文化传承的重要载体。客家山歌，旋律优美，歌词质朴，唱出了客家人的喜怒哀乐和对美好生活的向往。客家人作为中国五大主要民系之一，拥有悠久的历史和独特的文化。总之，客家文化是指客家人共同创造的物质文化与精神文化的总和。它包括语言、戏剧、音乐等，还包括舞蹈、工艺、民俗、建筑、饮食等方面。客家文化概括地说，是以汉民族传统文化为主体，融合了畲族与瑶族等土著文化而形成的一种多元文化。上杭则是著名的客家祖地。客家文化中的传统习俗和礼仪，注重家族团结、尊老爱幼，彰显了客家人的淳朴民风和优良品德。客家文化是中华民族文化宝库中的一颗璀璨明珠，它的传承和发展，对于弘扬中华优秀传统文化，对于促进民族融合和社会的进步，都具有很重要的意义。

汀江成了张春萍讲述幼儿园传承客家文化的独特表达，她们幼儿园“汀江生活圈”课程就是客家文化传递的特有路径。张春萍说,上杭县的县城被汀江水环绕,我们第二实验幼儿园就居于县城中央。我们以幼儿园为圆心,以步行十五分钟路程为半径,正好涵盖有风景名胜、名人轶事、特色饮食、民风民俗等地域文化资源。立足上杭客家本土,植根于客家文化资源,以"处处都是资源"为精神内涵,与我们所处的自然生态、社区、城市等更为广阔天地连接。便开发了"汀江生活圈"课程。旨在努力践行"大自然、大社会是本活教材"的教育理念。

客家文化是一个大的体系,汀江生活圈对于客家文化的链接,也是一个复杂的系统。充分挖掘价值,梳理客家文化类别,就成为课程建设的重要内容。张春萍充满深情地侃侃讲述:"客家文化精神:开放的、包容的。价值取向:经世致用、开拓创新。社会心理:开放通融、择善而从。思维方式:经验直观、发散整合。审美理想:清新活泼、崇尚自然。"上述梳理非常重要,它让复杂的客家文化能够较好地走进或融入孩子们的心灵世界。

"汀江生活圈"课程站在儿童视角,以儿童的方式呈现着客家文化,让他们体验着客家文化。上杭二幼的孩子们有着"美食一条街",在做粄粄,在吃大块头萝卜。他们仿佛是美食达人,在演绎豆豆记,在老家美食大比拼中享受快乐。舌尖上的上杭、客家寻味与家乡特产大搜罗成为他们的游戏活动。那客家童谣表演,孩子们买食嘞,唱客家山歌,做家乡代言人。孩子们徜徉于客家文化之中,有趣的活动一个又一个地展开:我家在上杭、汀江美、你好上杭、客家觅景、老街寻趣、花草世界、游汀江,孩子们玩得不亦乐乎。

我跟随张春萍的脚步游历着她幼儿园孩子们的汀江生活,触摸着客家文化。逛公园,遇见石头,走汀江绿道,逛花漾湾,参观石头博物馆,游梅花山虎园,说桥的前世今生,看水幕电影,打卡大上杭，这才是孩子们喜欢的汀江生活，这才是孩子可感知的客家文化。我佩服张春萍的老师们，他们脑洞大开，都放得开手来，让孩子们去玩，去体验客家人的生活，去创造属于他们自己的精彩。这就叫自由、自主、创造、愉悦。

我激动了：我们应该为孩子们构建一种什么样的生态？多看看孩子们的游戏吧。印象瓦子街、老街探秘、客家寻根、遇见五枚拳、田野稻香、红色铁上杭、说傀儡、老房子、紫金矿业、家乡的恐龙园、奥运冠军林丹哥哥，林林总总，那是孩子们的王国，是孩子们的圈。但客家文化的课程资源并不是直接的拿来，而是需要对收集到的多样的资源进行过滤筛选，寻找有价值的东西。本着"以幼儿发展为本"教育理念。要考虑其生活性。选择贴近幼儿生活的，使幼儿能够看得见、摸得着，能够感受和体验，要考虑适宜性。客家文化的内容深度和广度必须符合幼儿的认知特点，是幼儿可以理解和接受的。从幼儿角度衡量资源是否是幼儿当下所需要并喜欢的，并非所有的上杭资源都符合幼儿的认知范围。要强调价值性，发展幼儿多方面的核心素养，获得有益的关键经验，客家文化精神，追随幼儿真兴趣，提升幼儿真经验，符合幼儿审美情趣，满足幼儿真实需求。在户外活动中融入各种有趣、好玩的民间游戏，有助于培养幼儿的身体平衡能力、小肌肉运动能力及应变能力等。还要关注其典型性：凸显地域显著的特征，如上杭木偶戏等享誉中外，是国家级非物质文化遗产，将其融入课程，能凸显地域文化的传承性。

幼儿通过参与客家文化体验活动，在无形之中形成了对礼仪、社会规范与文化价值等的认知，并整合与内化到自己的经验之中，长此以往便能产生精神上的归属感与对客家本土文化的认同。增进对客家历史了解，幼儿在参与客家文化的体验活动中，进一步了解了家乡的发展历史、风土人情、生产劳作、风俗习惯等文化内涵。链接生活,体验探究,多元发展,爱泽杭城。关注儿童的自主参与、自由探寻、体验生活、发现美食、品味客家文化特有的韵味。通过满足儿童全面发展需要,从而达到生活即教育的目标,使客家文化得以传承和弘扬。

张春萍真的是痴情于客家文化。她说她们始终注重激发幼儿对客家文化的兴趣,强化幼儿对客家文化的认知和认同感,培养幼儿的民族气质与胸怀。她说要让幼儿能够自发地在活动中对上杭客家文化知识产生探索的欲望,要使幼儿产生浓烈的上杭本土文化学习积极性,要让幼儿能够达到科学合理地认识上杭的客家文化,并能够最终实现对幼儿创造能力的激发和培养。她将客家建筑、客家饮食等文化凸显在幼儿园的每个角落,让幼儿在与环境的对话中感受、体验、学习上杭特有的客家文化,并运用地域文化资源丰富户外环境,诸如客家文创体验馆、有食咯小吃店、客家艺术体验中心等。她还巧用地域文化资源创设走廊环境,积极打造班级环境特色,以形成一班一主题、一班一特色的班级环境。

探秘我的姓名,也成了客家文化课程的经典所在:姓名大调查、我的名字有故事、百家姓辩论赛、我给小宝宝取名字、姓可以改吗、装饰名字、我的名片、我的名字住哪里、姓名拼贴画。还有学坪老街,玩老街、演说客家人的老街、欣赏老街的建筑风格、品尝老街的美食小吃客家酿豆腐。

“汀江生活圈”课程浸润着孩子们的心灵,也呈现着上杭二幼张春萍园长和教师团队的对客家文化的精神追求。我吟诵着上杭,歌唱着上杭二幼的汀江之歌,我也烙上了客家文化的印记。

在凤阳花鼓与凤画中生长

金洁是安徽省凤阳县示范幼儿园园长。在第二十九届东湖微论坛上，她所讲述的凤阳花鼓与凤画的非遗课程故事，至今仍在我脑海中盘旋。那清脆悦耳的凤阳鼓声与轻盈灵动的舞蹈，那别具一格、典雅斑斓的凤画，早已成为我记忆的石雕。

金洁讲起凤阳花鼓与凤画，满脸都腾逸着激情，仿佛凤阳花鼓与凤画是她幼儿园教育的珍贵，是她们幼儿成长的摇篮。我在倾听：凤阳花鼓旋律欢快而活泼，节奏明快，仿佛跳跃的音符精灵，能瞬间点燃人们的热情。那清脆的鼓声，如同敲击在人们的心坎上，会给人带来一种振奋人心的力量。表演时，舞者们手持花鼓，其身姿轻盈而灵动，其动作优美而协调。她们的舞步或旋转或跳跃，每一个动作都饱含着对生活的热爱和对艺术的执着。那灵动的舞姿，如同一幅幅流动的画卷，展现出独特的韵味。凤阳花鼓的服装也是一大特色，色彩鲜艳，款式别致，与欢快的舞蹈相得益彰，增添了一份浓郁的民俗风情。凤阳花鼓所传达出的情感，既有欢乐与喜悦，也有对家乡的深深眷恋和对美好生活的向往。这种情感通过鼓声和舞姿传递给每一个观者，让人沉醉其中，感受到民间艺术的强大感染力。凤阳花鼓以其独特的艺术魅力，在岁月的长河中闪耀着璀璨的光芒，成为安徽民间艺术的一张亮丽名片。

金洁绘声绘色地描述着凤画：凤画的色彩绚丽而浓郁，大胆运用红、黄、绿、蓝等鲜艳的颜色，相互映衬，营造出一种热烈而欢快的氛围。那斑斓的色彩仿佛在讲述着一个个动人的故事。凤画中的凤凰形象，姿态万千、高贵典雅，或昂首挺胸，或翩翩起舞，每一个线条都精心勾勒,展现出凤凰的神韵和威严。凤画的画面构图精巧,疏密有致,注重整体的和谐与平衡。背景的描绘也细致入微,与凤凰相得益彰,共同构成一幅美轮美奂的画卷,其线条流畅而细腻,或刚劲有力,或婉转柔和,将凤凰的羽毛、神态等表现得淋漓尽致。凤阳凤画还融入了当地的文化元素和民间艺术风格,具有浓郁的地方特色和深厚的文化底蕴。它不仅是一种艺术形式,更是凤阳人民智慧和情感的结晶,承载着他们对美好生活的向往和对传统文化的传承与弘扬。看那一幅幅凤阳凤画,如同看到一颗颗璀璨的艺术明珠,散发着独特的魅力。

金洁园长送给我一个凤阳花鼓,我过段时间都会拿出来看一看,让心灵滋润滋润。直至今天我并未看到作为非遗的杰作凤画,但我已经产生无数的想象。我看到了那纸上翩舞灵动的凤凰。金洁告诉我,凤阳花鼓那欢快的节奏和灵动的舞姿,深深地吸引着孩子们。孩子们打着鼓,跳着舞,在鼓声与舞动中释放着天真与活力。通过学习凤阳花鼓,孩子们不仅锻炼了身体协调能力,更感受到了民间艺术的神奇与魅力,培养了对传统文化的兴趣和热爱,而凤画那绚丽多彩的画面与精美绝伦的凤凰形象,让孩子们的眼睛为之一亮。他们好奇地观察着画中的每个细节,被那神奇的色彩和独特的线条所深深吸引。老师引导孩子们欣赏民间凤画,或自绘凤画,鼓励他们发挥想象力去描绘属于自己的凤凰,在这个过程中,孩子们的审美能力和创造力得到极大的激发。

幼儿具有无限的想象力和创造力。金洁感触地说:"凤阳花鼓与凤画融入幼儿园教育,为孩子们打开了一扇通往传统文化艺术的大门,让他们在欢乐与探索中成长,使幼儿园教育变得更加丰富多彩、充满生机与活力。它们就像神奇的魔法,为孩子们的童年增添了一抹绚丽的色彩,让幼儿园成为一个充满魅力和欢乐的艺术天地。”

凤阳幼儿园通过生动有趣的方式让幼儿了解凤阳花鼓的起源、特点和表演形式，让他们观看相关的视频或者图片。让幼儿打花鼓，感受其节奏和韵律，激发他们对民族文化的兴趣和热爱。在身体协调与运动能力上，幼儿学习击打凤阳花鼓的动作和节奏，有助于锻炼手部精细动作和身体的协调性，能提高他们的运动感知能力。参与凤阳花鼓的集体表演，培养了幼儿的团队合作意识和交流能力，让他们学会与小伙伴协作，共同完成表演，增强了自信心和集体荣誉感。孩子们还大胆制作凤阳花鼓，其作品活灵活现。凤阳花鼓课程还激发了幼儿的创造力和想象力。幼儿在传统的基础上，加入自己的创意和想法，对表演形式或节奏等进行创新，培养了他们的创新思维。

我仿佛走进了凤阳县示范幼儿园：在操场上，孩子们在欢快地跳跃、旋转，那清脆的鼓声伴随着他们灿烂的笑容，交织汇聚成一片欢乐的海洋。他们的动作虽稍显稚嫩，却充满着热情与活力，将凤阳花鼓的独特韵味，展现得淋漓尽致。教室里，凤画课程在如火如荼地进行。孩子们专注地看着老师的示范，然后拿起画笔来小心翼翼地在纸上勾勒出凤凰的轮廓。孩子们那一笔一划中，蕴含着他们对凤画艺术的好奇与喜爱。不一会儿，那一幅幅充满童趣的凤画作品便诞生了，五彩斑斓的色彩仿佛在诉说着孩子们心中的美好想象。整个幼儿园都沉浸在凤阳花鼓与凤画的艺术氛围之中，孩子们不仅学到了技能，更感受到了传统文化的博大精深。这独特的课程，犹如一把钥匙，开启了孩子们的艺术之门，让他们在成长的道路上增添了对家乡文化的自豪与热爱。

团队文化是触及灵魂的事情

听园长们讲团队文化多了，便越来越聚焦到一个点上，那就是团队文化应该触及灵魂，浸润思想，交融心声，构建价值共识，形成无须提醒的自觉。

其一，要让所有教职员工拥有触及灵魂的职业幸福感悟。这是一个特别关键的问题。团队文化的建设要以人为本，首先要关注人之所以作为人的本原需求，比如对物质条件和待遇的需求，这是一个人的本能状态。我们不能以崇高或者奉献为名，忽视或者指责这种合理的需求。然而更重要的职业幸福，是获得尊重需要的满足，是对于职业与个人生命价值的哲学认知。团队文化应该确立职业价值认同感，这就是灵魂的触及。

其二，要让每一个教职员工从骨子里浸润出对儿童的生命之爱。团队文化的建设，有一个核心点，那就是要唤醒或者修炼对儿童的真爱。人们常说，“爱自己的孩子是人，爱别人的孩子是神”，这告诉我们要真正深深地爱每一个孩子，是非常不简单的事情。一个团队文化的共识或者共同价值观，应该融汇于对儿童的真爱之中。北京的胡华园长，她认为是孩子们拯救了她的生命，她每天都以感恩孩子们的心念去做事情。如果我们的老师们都认为是孩子们的童真给她们带来了幸福，这不就会产生一种巨大的生命能量吗？这不就是团队文化所期待的价值取向吗？

其三，要在每一个教职员工的心灵中放上一个太阳。团队文化真的是要把灿烂的太阳放到教职员工的心灵深处。修炼心态是团队文化建设的重要工程，也是最为艰难的工程。园长如果能够让教职员工都有一个阳光的心态，这就可以形成一种鲜花烂漫的团队文化，整个团队一切是正向的，一切是积极的，一切是充满愉悦的。

我们建设团队文化，要有打硬仗的准备，要能够持续地发力，要去触碰灵魂，要去构建一种生态。只有这样，我们才有可能建立自己的团队文化，才有可能办成高品质的幼儿园。

光灿于湘西州幼的“悦心教育”

仿佛就是昨日，我在湘西土家族苗族自治州，在那块独特而充满魅力的沃土之上，带着满满的诗情画意，漫行于湘西州幼儿园的馨香与活力中，激情感受着幼儿园的“悦心教育”，领悟着园长樊竹筠的幼教深情。樊竹筠是湖南省特级教师、全国优秀教师，她是首届东湖微论坛的分享嘉宾，以举止言行诠释着自己那种静水流深的低调人设。悦心于幼教、深爱儿童、沉稳做事、本分做人，大概是她给予我的印象了。

樊竹筠告诉我，“悦心教育”是一种以关注幼儿心灵感受为核心的教育理念，旨在让幼儿在幼儿园的学习和生活中，能够时刻体验到内心的愉悦和满足。这种愉悦感源于对周围环境的喜爱，例如幼儿园充满湘西民族特色的建筑、装饰，能让幼儿在视觉上感到快乐。园内和谐的师生关系、友爱的同伴氛围，使幼儿在人际交往中收获温暖和喜悦。湘西有着丰富的本土文化资源，“悦心教育”充分利用这些资源，如土家族、苗族的传统歌舞、民间故事等，通过游戏、艺术活动等形式，让幼儿在接触和参与过程中，产生对本土文化的浓厚兴趣，进而在探索和学习中获得快乐和成就感。在湘西自治州幼儿园的“悦心教育”中,教师会引导幼儿感受湘西的山川之美、人文之善,培养幼儿对家乡的热爱之情。同时,在日常教育活动中,关注幼儿的情绪变化,帮助幼儿学会表达自己的情感,促进其情感的健康发展,让幼儿以一种积极、乐观的心态面对生活。

樊竹筠描绘着“悦心悦行,共生共长”的美丽画面,这是她们幼儿园核心思想的灵动音符,总浮现在我的脑海。悦心,是一场心灵的盛宴。孩子们那纯真无邪的眼眸,如同清澈的湖水,映照着世界的美好。在这里,老师们用温暖的关爱和耐心的引导,滋润着孩子们的心灵。每一个微笑、每一句鼓励,都如同春日的微风,轻拂着孩子们的心田,让他们感受到无尽的喜悦。悦行则是一段充满活力的旅程。孩子们在幼儿园的天地里尽情探索、勇敢尝试。他们奔跑在操场上,追逐着阳光的脚步;他们沉浸在游戏中,发挥着无限的创造力。在这个过程中,他们学会了勇敢、坚持和合作,一步一个脚印地成长着。共生是一幅和谐的景致。老师与孩子们相互陪伴、共同成长。老师们以尊重和理解为基石,用心倾听孩子们的声音,与他们建立起深厚的情感纽带。孩子们也在老师的关爱下,绽放出最灿烂的笑容。这里没有高高在上的权威,只有平等的交流与互动,大家共同营造出一个充满爱的大家庭。共长,是一首希望的赞歌。在“悦心教育”的引领下,孩子们不断挖掘自己的潜力,绽放出旖旎的炫彩。他们在乐学的海洋中遨游,在创造的世界里畅想,在磨砺的成长中升华。而老师们也在这个过程中不断提升自己的教育水平,与孩子们一起迈向更美好的未来。

“润泽悦心童年,奠定幸福基石”,一幅多么美漫的愿景,熠熠光烁,亮丽璀璨。润泽悦心童年,是一场温柔的洗礼。童年本应是五彩斑斓的画卷,充满着无尽的欢乐与惊喜。在这所幼儿园里,老师们如同辛勤的园丁，用爱与关怀浇灌着每一朵稚嫩的花朵。他们以丰富的活动和精彩的课程，为孩子们营造出一个充满趣味和挑战的世界。在这里，孩子们可以尽情地探索自然的奥秘，感受艺术的魅力，体验合作的乐趣。每一个瞬间，都如同晶莹的露珠，滋润着孩子们的视界，让他们的童年绽放出绚丽的光彩。奠定幸福基石，是一份深沉的承诺。幸福是人生永恒的追求，而在孩子们成长的起点，为他们奠定坚实的幸福基石，是这所幼儿园的神圣使命。老师们不仅注重孩子们知识的积累和技能的培养，更关注他们品德的塑造和人格的健全。通过言传身教，孩子们学会关爱他人，尊重生命，勇敢面对困难。让孩子们在温暖的氛围中，培养出积极乐观的心态和坚忍不拔的意志，为他们未来的人生道路打下坚实的基础。

润育有光、有思、有礼的悦心儿童，宛如一盏耀辉的明灯，光亮铺洒在湘西州幼儿园的每一个角落。有光，那是心的灯塔。孩子们的眼睛里闪烁着好奇与憧憬，如同一束束明亮的光，照亮他们探索世界的道路。在这里，老师们用爱与耐心点燃孩子们内心的火焰，让他们充满自信地去追寻梦想。这光，是善良之光，让孩子们学会关爱他人，用温暖的小手去传递爱与希望；这光，是勇敢之光，鼓励孩子们在面对困难时毫不畏惧，坚定地迈出每一步；这光，是创造之光，激发孩子们的想象力和创造力，让他们在艺术的天地里自由翱翔。孩子们心中的光，将汇聚成一片璀璨的光芒，照亮他们的未来。有思，那是智慧的源泉。在这所幼儿园里，孩子们被鼓励去思考、去质疑、去探索。他们围坐在一起，热烈地讨论着问题，小脑袋里装满了奇思妙想。老师们引导他们观察周围的世界，提出问题，寻找答案。通过阅读、游戏和实践活动，孩子们的思维逐渐活跃起来，他们学会了分析问题、解决问题，培养了独立思考的能力。有思,让孩子们的心灵更加丰盈,让他们在学习的海洋中遨游,不断汲取智慧的养分。有思的孩子,将拥有更加广阔的未来。有礼,那是文明的花朵。礼仪之邦,自古有之。在“悦心教育”的熏陶下,孩子们懂得了尊重他人、遵守规则、礼貌待人。他们会主动向老师和同伴问好,会耐心地倾听别人的意见,会在公共场合保持安静。有礼的孩子,如同春日里盛开的花朵,散发着迷人的芬芳。他们用自己的言行举止,传递着文明与和谐,让这个世界变得更加美好。有礼的孩子,将赢得他人的尊重和喜爱,收获幸福的人生。

“和谐、包容、卓越”,是湘西州幼儿园师幼的共同训诫。在这所幼儿园里,和谐的氛围如同春日的微风,轻柔地拂过每个人的心田。老师与孩子们之间,充满着关爱与尊重。老师们用温柔的目光关注着每一个孩子的成长,用耐心的话语引导他们探索世界。孩子们之间,也相互友爱、团结互助。他们一起游戏、一起学习,共同分享快乐与成长的喜悦。和谐的幼儿园,是孩子们快乐成长的摇篮。包容,是一片广阔的海洋。这里包容着孩子们的不同个性和特点。每个孩子都是独一无二的,有的活泼开朗,有的文静内敛,有的善于表达,有的擅长思考。老师们以包容的心态接纳每一个孩子,鼓励他们发挥自己的优势,勇敢地展现自己。在这里,孩子们不用担心犯错,因为他们知道,老师和同伴们会给予他们理解和支持。包容的力量,让孩子们学会了尊重他人的差异,懂得了宽容与大度。包容的幼儿园,是孩子们心灵的避风港。卓越是一座高耸的山峰。“悦心教育”追求卓越,激励着老师们不断提升自己的教育水平,以更高的标准要求自己。他们精心设计课程,用心组织活动,努力为孩子们提供最优质的教育。同时,也激励着孩子们勇敢地挑战自我,超越自我。在追求卓越的道路上,孩子们不断努力,勇敢地面对困难,坚持不懈地追求自己的梦想。卓越的精神,如同熊熊燃烧的火焰，照亮了孩子们前进的道路。追求卓越的幼儿园，是孩子们迈向成功的阶梯。

“善真、友爱、向阳”，是湘西州幼儿园的特有园风。善真是心灵的清泉。在这所幼儿园里，善良与真诚如春风拂面，温暖着每一个人的心。老师们用善良的言行，为孩子们树立榜样，教导他们关爱他人、乐于助人。孩子们在老师的引导下，学会了分享、学会了关心，用自己小小的行动传递着爱与温暖。真诚则是连接彼此心灵的桥梁，孩子们在这里坦诚相待，没有虚伪与欺骗，只有纯真的笑容和真挚的情感。善真的园风，让孩子们的心灵如同清澈的泉水，纯净而美好。友爱是盛开的花朵。在这个充满友爱的大家庭里，孩子们如同花朵般绽放着自己的光彩。他们一起玩耍、一起学习，互相帮助、互相鼓励。当有小伙伴遇到困难时，大家会毫不犹豫地伸出援手，共渡难关。在这里，友谊的种子在孩子们的心中生根发芽，开出绚丽的花朵。友爱的园风，让孩子们学会了珍惜友情，懂得了团结的力量。向阳是希望的曙光。幼儿园里的孩子们，如同初升的太阳，充满着生机与活力。他们积极向上、乐观开朗，勇敢地面对生活中的挑战。老师们用鼓励的话语和温暖的笑容，激发着孩子们的潜能，让他们勇敢地追逐自己的梦想。向阳而生，让孩子们的未来充满无限可能。向阳的园风，给予孩子们前进的动力和勇气，让他们在成长的道路上绽放出更加绚烂的光芒。

“悦读、独思、慎行”，是湘西州幼儿园教风的凝练。悦读是知识的源泉。在这所幼儿园里，老师们热爱阅读，把阅读当作一种享受。他们手捧书籍，沉浸在知识的海洋中，汲取着智慧的养分。悦读让老师们的心灵更加丰盈，视野更加开阔。他们将这份对阅读的热爱传递给孩子们，引导孩子们走进书的世界，感受阅读的乐趣。在温馨的阅读角，孩子们依偎在老师身边，听着那一个个动人的故事,仿佛进入一个奇妙的童话世界。悦读的教风,为孩子们打开了一扇通往知识殿堂的大门。独思是智慧的火花。老师们善于独立思考,不随波逐流。他们在教学中不断反思自己的方法和策略,探索更适合孩子们的教育方式。独思让老师们的教学更加富有创意和个性,能够激发孩子们的思维活力。在课堂上,老师们提出一个个富有启发性的问题,引导孩子们独立思考,勇敢地表达自己的观点。孩子们的小脑袋里充满了奇思妙想,智慧的火花在这里碰撞。独思的教风,培养了孩子们的批判性思维和创新能力。慎行是品德的基石。老师们以身作则,言行谨慎。他们用自己的行动诠释着责任与担当,为孩子们树立良好的榜样。慎行让老师们在教育教学中更加严谨认真,注重细节,关注每一个孩子的成长。在与孩子们的相处中,老师们尊重他们的个性和需求,用耐心和爱心呵护着他们的心灵。慎行的教风,教会了孩子们诚实守信、言行一致。

"玩乐、乐学、生趣"是湘西州幼儿园质朴的学风。玩乐是童年的旋律。在这所幼儿园里,玩乐是孩子们探索世界的方式。他们在游戏中欢笑,在玩耍中成长。操场上,孩子们奔跑嬉戏,如同欢快的小鹿,尽情释放着自己的活力。教室里,各种有趣的玩具和游戏材料,激发着孩子们的创造力和想象力。玩乐让孩子们的童年充满了色彩和欢乐,如同一个个跳动的音符,奏响了童年的美妙旋律。玩乐的学风,让孩子们在快乐中度过美好的童年时光。乐学是成长的动力。孩子们对知识充满着渴望,对学习充满着热情。老师们用生动有趣的教学方法,让学习变得轻松愉快。在这里,孩子们不再觉得学习是一种负担,而是一种乐趣。他们积极参与课堂活动,主动提问,勇于探索。乐学让孩子们在知识的海洋中畅游,不断汲取着成长的养分。乐学的学风,激发了孩子们的学习兴趣，为他们的未来奠定了坚实的基础。生趣是生命的活力。在这个充满生趣的幼儿园里，孩子们的生活丰富多彩。他们参与各种有趣的活动，体验不同的生活乐趣。种植园里，孩子们亲手种下一颗颗种子，期待着它们发芽、长大。艺术课上，孩子们用画笔描绘出自己心中的世界，展现出无限的创意。生趣让孩子们的生命充满了活力，让他们对生活充满了热爱。生趣的学风，让孩子们在充满趣味的环境中茁壮成长。

樊竹筠园长兴奋地跟我讲述着，“悦心教育”的“悦行课程”形成了比较完整的逻辑体系，有悦健运动课程、悦玩游戏课程、悦善学习课程、悦享生活课程、悦爱生命课程。幼儿园开展“四季悦行课程”，鼓励孩子在探索大自然中大胆表达自己的观察与发现。如：春生，组织幼儿踏青、耕种、植物拓印、大树测量、谷雨吃春、观察昆虫等；夏长，立夏斗蛋、摘枇杷；秋收，制作桂花香水、香包，品桂花糕，喝桂花茶，赏菜花，收割油菜、菜籽榨油等；冬藏，小雪腌菜、大雪腌肉、围炉煮茶等。开展民族文化悦行课程，将苗绣、苗画、扎染、蜡染等非物质文化引进自主游戏活动中，通过孩子们生动有趣的体验，感受本民族地区非物质文化的独特价值。通过参与民族服饰展示、民族美食制作、民族歌舞表演等活动，让幼儿了解自己所属民族的传统文化和习俗，增强对自身民族文化的自豪感。

第三部分
课程之魂

“致敬儿童”的远安幼教

远安，乃堂堂全国文明城市宜昌的远安，它尽情地眺望着三峡大坝的壮观巍峨；远安，是浸润着荆楚文化的湖北远安，那是鸣凤飞翔与歌唱的地方，山上那一棵棵朴实的山楂树，是纯洁爱情的诗意象征；远安，我泱泱中华的远安，一个洁净、宁和的神秘之地，这里的绿水青山藏着快舟火箭的传奇故事。

远安，在学前教育领域开创和实施着“致童”课程。“致童”课程，是这块肥沃的土壤中正在茁壮生长的甜甜蜜蜜的幼教山楂树。时任远安县教育局局长、甘愿一辈子做“教育农夫”的宋仕军，他要以“致童”课程为抓手，来加速推动全县学前教育的高质量发展。他和时任教育局副局长胡玉梅、教研员胡晓霞兴奋地讨论着山楂一样美丽的“致童”课程理念：致童，是致敬儿童，是对儿童的高度尊重，是致力用最适合儿童的教育来向儿童致以诚挚的敬礼；致童，是献给儿童的一个童话般的快乐教育，是献给儿童的一个遵从儿童天性、孕育真善美的教育；致童，是让孩子们成为最真实的儿童，是给孩子们一个最好、最美、最快乐的绿色童年。“致童”课程是站在儿童的立场上，从儿童身心发展的规律出发，充分挖掘远安本土资源，精心打造具有远安学前教育区域追求的优质课程。

远安幼教选择从课程建设与实施入手，以整体促进全县学前教育事业的快速发展，是一个基于专业的行政行为，是一个既有理念支持又有实际举措的双向推进策略，是一个让园长和教师都能积极参与的智慧做法。我想，对于县级教育行政部门而言，在不同的阶段，选择合适的方式，推动区域学前教育发展是需要有独特的行政管理智慧的。远安通过研究和实施“致童”课程，以促进读懂儿童、理解儿童、尊重儿童的教育观的形成，全面推进县域幼儿园课程优质化工程，打造远安幼儿教育品牌，促进全县幼儿园充分利用和深度挖掘资源，构建有灵魂、有文化、有特色的园本课程，切实促进儿童在健康、社会、语言、科学和艺术等领域的综合发展；建立一支通过真游戏、真生活促进幼儿深度学习的专业化教师队伍。

在远安园长论坛上，胡玉梅副局长讲着远安的“致童”课程，她说“致童”课程的研究与实施，是远安幼教强力克服“小学化”倾向、扎实贯彻游戏精神的新型做法；远安将分阶段分步骤全力打造“致童”品牌，为远安幼儿的快乐成长提供有力的支撑。胡副局长自豪地称颂着他们的园长、老师，她说他们园长、老师总是激情澎湃、热情似火，总是思维活跃、智慧闪烁，总是脚踏实地、步履坚定。远安的园长、老师们竭尽全力、精心培养着远安的“致童”。

论坛上，远安北门幼儿园副园长张萍介绍着本园充满生机的童梦课程；远安商业幼儿园的副园长冯从葵讲着她们朝气蓬勃的绿藤课程。我到远安航天幼儿园听杨琴园长介绍他们基于航天文化的乐探课程，我有滋有味地听着。三所幼儿园对“致童”课程的内涵有着十分深刻的理解，童梦、绿藤、乐探课程都是“致童”课程理念所结出来的甜蜜的果实。

远安以“致童”课程的研究与实施作为杠杆，来撬动区域幼儿教育事业的高位发展，是真抓、实抓、智抓的突出体现。与其在那里大力批判“小学化”，反复强调游戏是幼儿园的基本活动，不断阐明教师队伍专业化发展的重要意义，逢会必讲提高学前教育的质量，还不如依据学前教育的基本规律，依据本地实际，研究和实施某项或几项真正有效的独到举措为好。远安的“致童”课程是全县园长、老师们共同研究出来的成果，他们心灵的高度认同，焕发出了空前的实践热情。最后，我还想说一句话：行政行为，关键是要管用。

对话宇宙黑洞的孩子们

多么了不起的孩子们啊，他们居然在谈宇宙、黑洞、银河系、太阳系、地球！他们谈得十分热烈，有时还争论得特别激烈。我仿佛看到了一群小小的科学家在研究、在探讨。这是一种让人惊讶的场景，这是一幅让人震撼的画面。少儿强则国强，民族复兴应该有这种幼儿科探精神的培养，中国梦的实现应该有这种异想天开的思维翱翔。

对话宇宙黑洞的孩子们，来自西北工业大学幼儿园，我睁大眼睛看着他们，我欣喜无比地倾听着他们的对话研讨，我在心中伸出了一个巨型的大拇指：孩子们真的太了不起了！呈现孩子们对话视频与故事的是西北工业大学幼儿园园长王莉，她是正高级教师、中国学前教育研究会幼儿园课程与教学专委会委员、教育部园长培训基地实践指导专家。王莉向我介绍她名字的时候，笑着说：我这个名字同名者太多了，以至乘飞机时总会碰到复杂的审核。在第十七届东湖微论坛上听了她的演讲，我抑制不住内心的激情，在点评中说道：王莉，一个极其普通的名字，但她做出了极其不普通的事情，把孩子们带到了无边无际的宇宙，带到了深不可测的黑洞世界。这是尖端科学的启蒙，这是创造性思维的启迪，这是拥抱未来的勇敢。

西北工业大学坐落于陕西省西安市，是一所以发展航空、航天、航海等领域人才培养和科学研究为特色的多科性、研究型、开放式大学,是国家"一流大学"建设高校,这里有许多知名的院士。王莉紧紧抓住这一独特的优势,引导教师开发和实施具有科学探索特色的"对话课程",让孩子们对话浩瀚无垠的宇宙,对话神秘莫测的大自然,对话万事万物的奥秘所在,以形成天马行空的创新思维。

王莉的脑海里,不停地转动着三个关键词,这就是"对话、天性、自然"。这三个关键词,构成了她办园思想的三条滚滚涛涌的"江河",形成了幼儿园基于儿童立场的课程开发与实践的理念内核:对话,是幼儿与天地万物的对话,是幼儿脑洞大开的想象对话,是教师蹲下身子,走进幼儿心灵世界的智慧对话;天性,是幼儿园环境创设、课程开发、游戏组织的遵从原则,是让儿童成为儿童、让儿童拥有快乐童年的依从法则;自然,大社会、大自然就是幼儿园教育的"活教材",道法自然是幼儿园教育毋庸置疑的信条。

"与孩子对话,与天性相拥,与自然共生",对老师的专业素养和专业能力要求很高,它要求老师必须充分尊重孩子的年龄特点和心理特点,必须以平等的姿态和孩子对话。"太阳和黑洞谁在宇宙中心?""黑洞到底是什么颜色?"孩子们像科学家一样研究、思考、解决问题,孩子们在争论中认同、接纳、合作。但关于宇宙黑洞,老师也了解很少,那么如何来支持孩子们的探索研究呢?老师既要尊重和支持孩子的选择,也要寻求家长的支持,还要提供关于宇宙的书籍、图片和模型,组织参观大学的国家级重点实验室,如参观风洞实验室,以推动孩子们的研究。

与孩子的"理想"对话,是孩子天性的绽放,呈现出孩子们的科学向往。有孩子想成为卫星专家,有孩子想成为宇航员、物理学家、航天学家。王莉说,对话是一种教育的载体,是西北工业大学幼儿园的特色课程,它要求教师在平等、尊重、接纳的关系基础上,积极倾听儿童、观察儿童、发现儿童，坚定地相信儿童是积极的、主动的、有能力的学习者，凡是孩子能做的就让孩子自己去做，凡是孩子能想的就让孩子自己去想。孩子们喜欢玩水、玩泥、爬高，要创设符合天性的环境，要满足孩子的真实需求，要最大限度地支持和满足幼儿通过直接感知、实际操作和亲身体验获取经验。动手操作的过程也在帮助孩子们建立“行动的信心”，当他们将来面对未知的领域时，能够更加有勇气迎接新的挑战。

基于“天性”的课程理念，带来的是与孩子身心发展相一致的教育活动。基于天性的教育就是在释放内在潜能的基础上，通过提供有准备的环境，珍视游戏和生活的独特价值，为幼儿的后续学习和终身发展奠定良好的基础。大自然是最好的课堂，真实的大自然让教育自然而然发生，让幼儿自然而然地成长。

当幼儿与一草一木、一沙一石亲近时，心灵会得到平复和滋养。从小与自然亲近的孩子，会有一种归属感，会进入一种宁静的状态。王莉说培养“乐探究、会观察、敢冒险、敬自然”的意识与能力是西北工业大学幼儿园教育的重要目标。倾听、感知、体验、唤醒是幼儿园的课程理念。王莉说她们一直在努力，她们一直在努力让儿童能够享受童年的快乐，能够体验到童年本来的样子；一直在努力为幼儿提供最大限度发挥潜能的机会；一直在努力让每个孩子既拥有充满阳光和希望的人生开端，也为他们自己、为国家开创更好的未来。她还说，“强健体魄、快乐自信，倾听表达、喜欢悦读，合作分享、有序守纪，好奇乐思、探究发现”是她们坚守的课程目标。

对话、天性、自然在转换中融合，黑洞、银河系、宇宙在儿童的想象中伸展，研究、发现、争论在互动中深化。王莉就在这种融合、伸展、深化的斑斓中享受着一个园长的特别的幸福。

世界美食之都的食养人生

提到世界美食之都,人们当然会想到四川成都。每每有人提起成都,我脑子里会挤满众多川菜的画面,舌尖上也会泛起阵阵美味。在第十九届东湖微论坛上,来自成都的贺晓丽园长讲食育,讲食养人生,又引发我对特殊的食育课程产生漫无边际的思考。食育,我认为是幼儿园不得不开的课程;食育,最契合幼儿本原的生命兴趣,它无需给予太多的铺垫,它是幼儿身心成长的自然阳光。贺晓丽微笑着讲她们幼儿园关于食养人生的故事。养身、养性、养心,在食育课程中静悄悄地发生,幼儿如禾苗在阳光雨露中生长。

贺晓丽是四川省成都市高新区南华幼儿园园长、高级教师、四川省名园长、四川省优秀教师、成都市"十五"先进个人。她对食育有一种特别的感情,论坛报到那一天的欢迎晚宴上,我们正好坐在一桌。一谈到食育,她就显得格外兴奋,仿佛有说不完的话。在她看来,食是最能将教育浸润于幼儿心灵深处的能量载体;食是幼儿呱呱坠地便最先接触的东西,幼儿在吃奶的过程中,就感受到了生命的初始需要,感受到了满足需要的快乐;幼儿对于食的经验积累是幼儿早期的成长。贺晓丽构建着自己关于食育的广袤无垠的教育研究视域,她正以高昂的兴致投入到这一研究领域,真诚地希望幼儿在食中养身、在食中养性、在食中养心。

食养人生,这是一个有高度的教育理念,这是一个园长基于幼儿生命成长的教育思考。贺园长把食养人生的教育思想渗透在办园宗旨上,既让孩子得到发展,也让家长感到放心;既让员工获得成长,也让社会各界满意。食养人生虽然只是一个教育角度,但它涵盖的内容很多，能够促进幼儿在五个领域的发展。贺园长说，食养人生是在努力为幼儿“抒写童年故事，镌刻成长印迹”，是在培养“好身体、好习惯、好品行、好思维”的“四好儿童”。她认为，食养人生或食育，是她们幼儿园的品牌，她们的教师勤于学、善于思、乐生活、喜创造，这是食养人生教育品牌打造的重要基础；没有教师对食养人生的透彻理解，没有教师齐心协力地创造性的努力，品牌打造是无法进行的。

贺园长有自己的课程观，她阐述道：瑞典儿童教育研究者索默尔认为“儿童的视角”代表着儿童对世界的感知和体验，其内涵指的是儿童作为自己世界里的主体，能构建其所在世界的意义，并表达自己的感知和体验。因此，她们的食育课程的目标是使每一段成长故事都精彩，使每一个成长印迹都深刻。课程围绕游戏、生活、运动、学习四个版块展开，始终遵循幼儿身心发展特点和教育规律，始终围绕促进幼儿全面发展的目标，不断探索、创新，将食育的特色课程融于幼儿园课程之中。

食育是中国幼儿园教育的一大创举，食育课程的构建使食育走向了成熟。成都市高新区南华幼儿园开发实施的食育课程具有其独特性。她们有“感食、知食、践食、慧食”四大版块。这是一个系统，一个关于食育的整体架构，一个食养人生的具化的教育过程，是一个逻辑的闭环。所谓感食，就是引导幼儿从形状、颜色、味道、口感、触感等维度来感知食物；知食则是引导幼儿形成对食物本身基于生命科学概念的认知，认识食物和饮食与生活的联系，了解中华美食的知识，习得正确的进餐规则，学会健康饮食的方式；践食是指引导幼儿通过实践探究食物种植、厨房烹饪等生活技能，培养幼儿对饮食和食物的浓厚兴趣，了解食物从生长到成为美味的过程，建立餐桌礼仪，能够食出感恩之心，养成珍惜食物的良好习惯;慧食是引导幼儿获得学习的优良品质,获得积极主动的健康生活态度,形成受益终生的文明生活方式,在与食的互动中,生发生活中的创意与和谐,积淀勤劳、节俭、感恩、坚守的良好品格。

食育课程成为南华幼儿园孩子们蓬勃生长的肥沃土壤。孩子们可以食出人与自然的哲学来,可以食出勤劳的品质来,可以食出身心的健康来,可以食出二十四节气的深邃来,可以食出科技的迅猛发展来,可以食出人生的快乐来。食物、食材、饮食、烹饪等,包含了许多学问。贺晓丽带领着她的教师团队,带领着她的孩子们,前行在食养人生的大道上。

桂花树竟然成了南华幼儿园独具特色的食育课程。南华幼儿园里有亭亭玉立、碧翠香浓的桂花树,孩子们包桂花饺子,搓桂花汤圆,那兴致勃勃的状态,那小脸蛋儿的笑,若旭日一样灿烂。孩子们聚精会神地测量桂花树,那是桂花饺子、桂花汤圆美味的延伸,那是对一种食物的深层认知,孩子们的大脑里一定涌现着许许多多的美好。养蚕宝宝,把食育课程带到一个更加新奇的世界,蚕食桑叶、蚕变颜色、蚕长大、蚕吐丝做茧,孩子们细心地观察,孩子们给蚕喂食,眼里在发现,生命在体验,心儿在成长,这是最生动的教育。幼儿园课程建设与实施要具有广阔的想象力,拓展是一种必要的路径。我们千万不要以狭隘之见去看待课程的建设与实施过程,因为基于逻辑的联想与延伸是课程资源发掘的重要思想与智慧。

在贺晓丽的认识世界里,食育是她们幼儿园基于品牌打造、基于幼儿园的资源优势、基于长期的经验积累而创生的课程;食育课程升华了她们文化视野下的园本课程的整体高度,凸显了她们对于课程建构与实施生活化、本土化原则探索。她说,所谓生活化,是指课程内容既要源于幼儿生活,又要高于幼儿生活;既要源于原有经验，又要宽于原有经验；既要有孩子生活中经历的，也要有孩子们通过各种渠道获取的。所谓本土化，就是强调要抓住当地的积极向上的民风民情作为课程资源来进行整合创构，使之成为具有地域特色的园本课程，以此浸润幼儿的生命成长。美丽的南华幼儿园，那里有“银鹰娃乐园”、军事基地、木工坊、幸福小院、小吃街、茶馆、芙蓉国小院、租车行、科探宫、思维馆等，这让食育课程的实施与拓展有了坚强的支持。

文化灯塔点亮生活课程

王红宇胸中真的藏着一个小宇宙，你看她那如贯长虹的激情，你听她那如江河滔滔的演讲，在第十七届东湖微论坛的讲台上，她借某知名专家的话说：“文化是未来的灯塔，它发出光芒，对未来的行动路线和方向给予必要的引导。文化对整个人类社会和人类活动具有引领价值，它给人以警示和信息，同时给人以生机和激励。”她高声诵读着虞永平教授的论述：“文化是幼儿园课程前进和发展的灯塔。幼儿园课程建设是一个文化过程，以文化为灯塔是确保幼儿园课程不断发展的关键所在。但文化这个灯塔不是一劳永逸、静止不变的，灯塔是在发展、变化和修正过程之中的，也就是说，课程文化是不断发展的。”她兴奋地说：“是文化灯塔点亮了我们幼儿园的生活教育课程。”

王红宇是成都市蒲江县北街幼儿园园长、成都市特级教师、教育部幼儿园园长培训中心实践教学指导专家。王红宇对幼儿园文化与课程的关系有着自己独立的思考与研究，她建立了自己的思维逻辑，有着自己的哲学认知。她认为文化是课程的灵魂，文化决定了课程的方向、理念、品位与品质;课程是文化实施的载体,是实现办园理念的途径或保证,没有课程,文化难以落地。

追随陶行知的教育理念,践行“生活教育”是成都市蒲江县北街幼儿园的价值取向和文化灯塔,是王红宇作为园长的心灵探索与理想寻觅。灯塔之光明亮闪烁:“为孩子一生发展奠基”“根植生活教育,润泽幸福童年”“培养自理自信、自律守则、乐于探究、喜欢运动、热爱生活的现代儿童”。生活教育的主旋律贯穿在办园宗旨、理念与目标之中,形成了幼儿园鲜明的文化主线。旋律始终在悠扬,主线一直在延伸:“做有温度的教育”“传递北幼温暖,铸造温暖北幼”“每一个孩子都应该被看到,每一个孩子都应该被听到”“诚信做人,踏实做事”“机会一定留给一直在努力的人”“越学习越年轻,越专业越自信”。在文化灯塔的照耀下,王红宇显得格外灿烂,那精神、那情怀、那气场都彰显出文化的魅力与能量。

实施生活教育,必须依赖于生活课程的建设与实施。王红宇深深懂得这一点,而且更懂得基于生活教育理念的生活课程建设与实施对教师是有挑战的,她把生活课程的建设与实施纳入课题研究的范畴,这是智慧之举。她们的幼儿园是成都市一级幼儿园、四川省示范性幼儿园、教育部园长培训中心实践教学基地,做科研课题有坚实的基础。长达十二年的课题研究,由县级到市级,再到省级,层层上台阶,步步向上攀,锻造了有品质的生活课程。“幼儿自理能力培养的实践研究”“生活教育园本课程的开发与实施的实践研究”“捕捉生成性资源,构建生活教育园本课程的实践研究”,每一个课题都聚焦于生活教育,都落实在课程建设上。王红宇和她的团队以科研为先导,扎实推进着生活课程的建设。

文化的灯塔照亮了构建生活课程的老师们。王红宇坚守着一个信念:要让教师成为真正的课程主人。于是她将“自下而上”与

“自上而下”的两条开发课程的路径进行融合，从班本课程中搭建园本课程框架，从园本程资源整合到提升班本课程品质，始终坚持发挥教师的主体作用。为了能让教师成为真正的课程主人，她说她们幼儿园力求做好“三个保障”。一是做好心理保障。营造民主开放的课程管理氛围，给教师自主决定权，让教师能静下来、慢下来，进而让儿童在尊重、平等、开放的互动状态下展现真实的自己，表达真实的想法与愿望。这样的课程才是真实的、贴近儿童、为儿童所需要的。二是做好时间保障。用“框架时间表”为教师松绑，鼓励教师根据儿童需要大胆调整计划，根据主题实践的具体需求自主安排活动的内容及时间。三是做好专业保障。引导教师增强课程资源意识，善于在生活中去发掘资源。“生活处处有教育”，只要善于从生活中去发掘资源，课程资源就会越来越丰富，就连一些不起眼的生活环节也会生发出有价值的课程活动。引导教师关注生成性资源，因为在幼儿园的生活中，会发生许多突发事件，它们往往一闪而过，稍纵即逝，这些动态的、有价值的新问题、新情况便是最好的生成性资源。教师如能及时捕捉、科学利用这些资源，往往能更好地引导儿童主动发现、深度学习的行为。

灯塔之下的生活课程琳琅满目。“神奇的水管”课程，千姿百态。孩子们打磨水管，巧劲十足；用水管构建模型，花样百出；拆卸水管的方法，真是八仙过海、各显神通。“剥洋葱”课程，童真飞扬。孩子既会剥，又创造性地解决了辣眼睛的问题，孩子们制作的防眼罩创意无限。“探秘小蜗牛”课程，别有匠心。寻找蜗牛，观察蜗牛，给蜗牛洗澡，探讨蜗牛吃什么、怎么走路，孩子们乐趣无穷。“给奶奶写信”课程，孩子们情真意切。“我设计的幼儿园”课程，让孩子们都成为小小设计师。孩子们设计书屋、跑道、旗台、多功能室、迷宫、射击场、小医院、沙池、建构区、滑滑梯、农场、小溪等，展示了孩子们的智慧与创造。王红宇说课程不是写出来的,是用行动和实践构建出来的;课程是做的过程、思考的过程。“草莓故事”“土豆的美味之旅”“兔子来了”“疯狂的沙池”“圆圆的汤圆”“沙池寻宝之旅”“土豆的故事”“我的剧,我做主”等展现出教师们课程故事的生动性、精彩性。她还说文化是课程建设的灯塔,只要构筑起务实有效的课程文化,每个教师就有动力、就有可能成为优秀的课程设计者、实施者和评价者,就能开发出带给幼儿幸福的课程。

追本溯源的课程视域

夏风,把阳光抚摸得特别温柔。早晨,远视东湖的绿道,突然想起赵小华,她在第十九届东湖微论坛演讲的声音仿佛如小鸟在湖边的树枝上跳来跳去。我铺开我的记忆,再次走进她追本溯源的课程视域,算是我对夏的旋律的追寻。赵小华是辽宁省沈阳市艺术幼儿师范学校幼儿园园长兼党支部书记、高级教师、辽宁省幼儿园园长培训授课专家、学前教育主题宣传月咨询专家、幼儿教师资格证考区评委。赵小华心心念念想着从儿童视角出发、尊崇儿童天性、回归教育本真,尽力挖掘本土资源,开发促进儿童生命成长的园本课程。杜威的“做中学”,陶行知的“生活即教育”,陈鹤琴的“活教育”,成了赵小华“追本溯源”的理论根基。她向课程进发的思维导图在不断辐射拓展,形成了她海阔天空的视域。

课程、生活,一旦有了天然的融合,那就是一个无比宽阔的视界。赵小华逐步清晰着自己追本溯源的课程理念,“弘扬民族文化”“培养核心素养”“增强环保意识”等,在她的思维里旋转,她要构建属于她自己的“追本溯源”的课程逻辑。她说她要通过课程的实施将社会主义核心价值观植根于孩子们的生命之中。她希望她们的教师阳光、自然、绿色、人文，只有这样，“追本溯源”的课程理念才能得以实现。她说，“阳光”就是指要做有温度的教育与服务，每个教师都要有透明的职业心态和可持续的正能量；“自然”就是指要尊重幼儿身心成长规律，保护幼儿绽放的天性，呈现本真的教态；“绿色”则是指要创造安全、滋养的环境，环保、生态的物质文化，节俭、循环的工作机制；“人文”是强调要以幼儿为本的理念，追寻快乐、幸福、愉悦的价值和全面发展的目标取向。赵小华说，我们坚持倡导教师蹲下来讲话、抱起来交流、牵着手教育的思想；我们提出了“追本溯源”的教态标准：嘴角有笑，眼中有光，心中有爱。

在我的眼里，“追本溯源”仿若一朵刚刚绽放的鲜花；渐渐地，我发现了它的美丽，闻到了它的清香。追本溯源，“追”是追求，“本”就是儿童本真、本位；追本，旨在追寻教育规律；溯源，即指挖掘教育资源。按照追本溯源的文化理念、课程理念，赵小华带着她的教师团队，依照小、中、大班年龄段的需求，确定不同内涵和倾向的月主题、周主题，并研究环境的创设、材料的提供、活动内容与形式的确立。各个主题之下，有集体教学、游戏活动、生活活动、家园共育活动等，琳琅满目，孩子们的天性得到了最大的释放，感受到了活动的快乐，促进了各方面的成长，诸如文明、爱劳动、自主等习惯的养成，和谐、诚实、积极、爱国、友善等品德的培养，适应、合作、创新等能力的提升。

赵小华认为，如果真正理解了陶行知的“生活即教育”和陈鹤琴的“活教育”，就一定能够构建孩子们喜欢的课程。追本，追的是孩子们的天性，孩子们的喜好，孩子们已有的生活经验；溯源，溯的是生活、社会与自然之源。她们的十大课程主题，贯穿于春夏秋冬，可谓珠联璧合，交相呼应：“积极”主题，优秀的我、主动的我、热心的我;"友善"主题,会交往、会相处、会合作;"和谐"主题,我与生活用品;"劳动"主题,参与劳动,我能帮你做,劳动真快乐;"自主"主题,独立、自立、自信、尊重;"诚实"主题,真心、言行一致,承担后果、责任;"适应"主题,适应班级、适应幼儿园、适应社会;"爱国"主题,爱自己、爱他人、爱班级、爱家乡、爱祖国;"创新"主题,探索、发现、创造;"文明"主题,我要讲文明、身边的文明、我国的文明。社会适应是社会领域的子领域之一,是儿童社会领域学习与发展的核心内容之一,喜欢并适应群体生活、遵守基本行为规范、具有初步的归属感是社会适应的基本内涵。其内容包括生活适应、环境适应、文化适应、人际适应和学习适应。具体包括初步形成对环境的适应能力,对同伴交往的适应能力,对陌生人的适应能力,独立克服困难、解决问题等能力。入园初期,重点引导幼儿减轻分离焦虑、尽快适应环境;在中班和大班逐步引导幼儿遵守生活规律,适应规则,如对幼儿进行交通规则等的教育,提升自我管理和控制的能力,养成规则意识;引导幼儿建立人和事物的关系,提高适应能力;引导幼儿感受自己的成长,愿意分享自己的情绪,能在不高兴时尝试自我调节,愿意主动做自己力所能及的事情。

追本溯源,紧扣"本"的需求,即幼儿的成长需要;发掘"源"的空间,即打开课程资源大门,形成广博的资源场,让孩子的课程生活五彩缤纷:身体自我了解课程:我长大了、我进步了;习惯养成课程:我的情绪和情感、我是小主人。基于健康的课程:肚子里的火车站;基于语言学习的课程:交通规则我知道;基于社会性发展课程:在汽车上;还有基于艺术、科学教育的课程。游戏样类丰富多彩:班级区域游戏、全园混龄区域游戏、社团游戏、规则游戏,如"插花""找啊找",体育游戏"小白兔快回家",自主游戏"交通体验区"。

园本课程有完备的流程,课程构建、课程实施、课程反思、调整修改等环环相扣，有强大的课程资源库。文化资源丰厚了课程的底蕴，自然资源丰富课程素材的发源地，社会资源是课程构建的能量包，教材资源是课程构建的指南针。中华传统文化与本土风俗民情的融合，传统节日、纪念日、主题日，给孩子满满的生活仪式感。妇女节、清明节、地球日、劳动节、母亲节、父亲节、儿童节、端午节、党的生日、教师节、中秋节、元旦节、春节等都是课程资源。春季的草长莺飞，带给孩子们无限能量；夏季与大自然疯狂互动，带给孩子们无穷的喜悦。

赵小华和她的团队，一直在追着她们的“本”，一直在溯着她们“源”，因为追本溯源是她们“基于儿童视角，追随儿童脚步，实现立德树人”的基本态度与根本任务；因为追本溯源也是她们“关注品格教育体系，珍视游戏和生活的价值，促进儿童长效发展”重要目标。她们一直在用她们坚定的信念“追本”，她们一直在用她们的经验与智慧“溯源”。

神奇：幼儿完美演绎《清明上河图》

在广东省中山市，有个厚兴村黎桂添幼儿园。这个幼儿园神奇之至，孩子们居然能够出神入化地演绎《清明上河图》。我真的惊叹，我甚至嘲笑我无法描述孩子们对于《清明上河图》的经典演绎。开眼界了！孩子们的创造潜能竟能如此强大，强大到可以驾驭这鸿篇巨制、震撼历史的《清明上河图》。我无比钦佩中山厚兴黎桂添幼儿园的孩子、老师、家长们。

黄丽云就是厚兴黎桂添幼儿园园长，在第二十四届东湖微论坛上看见她，仿佛看到了著名的《清明上河图》。这种关联显得特别曼妙,体现了我极想超越常态的异乎寻常的表达。质朴的黄丽云,藏着白云悠逸的烂漫。她一直在提醒人们:厚兴黎桂添幼儿园是村级幼儿园。村,乡村。这难道真的是乡村吗?这难道真的是乡村幼儿园吗?您看,那孩子们,穿着北宋的服装,在汴京的繁华中叫卖着、行走着。古老的小车,在街上驰行;骆驼,带来了异域的风情;店铺,人头攒动,叫卖声不绝于耳。醒目的招牌,别致的广告,让您不得不下意识地自语:我已经到了北宋的汴京。

缓缓地,国宝级名画在展开,全活了。您要相信自己的眼睛:这是《清明上河图》,这是黎桂添幼儿园孩子们演绎的《清明上河图》,真真切切地,孩子们、教师、家长共同演绎的清明上河图。您不能不惊讶,您千万不能质疑您的眼睛。黄丽云园长绘声绘色地描述着:教师领着孩子们细致入微地、脑洞大开地观看《清明上河图》,绝不放过任何的细节,并借助自己已有的经验,进行复盘设计,精心到每一个点,哪怕是极小的一个点;教师鼓励孩子们以自己的角度和方式提炼感兴趣的问题,选取最适合自己表演的角色。一次又一次的小片段表演活动在浓厚的兴趣中展开。活动前,教师在观察中随时发现问题,活动中经过多次复盘调整,于是,《清明上河图》完整的演绎便诞生了。

孩子们走进了北宋,走进了北宋汴京的繁荣。吆喝、说书、把脉、编织、蹴鞠,林林总总,一种历史文化的认知,一种好奇心的铺展,一种艺术表演的享受。如此欣赏《清明上河图》,极大地遵从了孩子们的天性,将游戏升华到了中国杰出艺术的境界,让孩子们以生命的整体感官来体悟艺术的魅力。孩子们走进了北宋,走进了北宋特有的衣、食、住、行、乐、商的认知,沉浸于汴京的繁华;见识了北宋的货币、常用交通工具、建筑风格,他们画风筝,放风筝,他们建构永通桥、药铺、草鞋铺,那是活灵活现的《清明上河图》。

黄园长沉浸在孩子们演绎的《清明上河图》中，她有些激动地说：用儿童的方式走进文学艺术经典是一个复杂的系统，孩子们个性化的观察理解，呈现的样态是五彩缤纷的，老师则要指点提升孩子们表演的方向与品位，要尽力凸显《清明上河图》所承载的精神性、恒久性、感染性，要浸润孩子的内在品质与性情。与此同时，在复杂的表演中，还要彰显孩子们对于自由、自主、创造与愉悦的期待。表演的过程是一个思维散发的过程，又是一个高度默契合作的过程，因而老师的引领显得特别关键和重要。黄丽云继续阐述着：幼儿园课程作为一种文化存在，其课程最核心的价值是能帮助儿童形成健全的精神、完整的人格和健康的体魄，促进幼儿全面和谐地发展。幼儿演绎《清明上河图》就是激发幼儿感受经典文学艺术作品的兴趣与欲望，提升审美能力，培养观察力、想象力和创造力，丰富孩子的情感世界，树立良好的道德观；也力求提升教师文学、美术专业理念及素养，提升教师对文学艺术教育活动的组织与实施能力。选择《清明上河图》作为演绎课程，充分关照了中国传世名画的杰出代表性，《清明上河图》是国宝级文物，被誉为“中华第一神品”；同时更加充分考量了幼儿的兴致爱好、表演的可操作性，还考虑到了服装、道具、环境及其他条件的便利性；另者，也注重了幼儿基于审美、艺术欣赏、优秀传统文化传承等课程目标有效实现。经典艺术的演绎在厚兴黎桂添幼儿园是一个系列的大课程，西游记、年的传说、后羿射日、白雪公主、小蝌蚪找妈妈等都成为幼儿园的精彩课程，孩子们志趣盎然、兴高采烈。黄园长深深地感叹道：这种精神体验给幼儿带来的是对美好生活的向往，这会为他们今后健康成长，储蓄无价的精神财富；将来他们的眼睛所看到的世界是五光十色的世界，孩子从小欣赏经典文学艺术作品对于他们审美素养的培养是十分有意义的。

厚兴黎桂添幼儿园《清明上河图》的课程演绎,高高地耸立在我的课程世界里。黄丽云成了我在全国各地必讲的园长。感谢卓越的《清明上河图》,感谢伟大的孩子们,感谢园长、教师和家长们!

课程源于一张消防车照片

一张消防车照片,竟然引出了一个深度学习的精品课程;一个看似十分偶然的交流分享,竟然生发出了许多关于园本课程开发与实施的深刻道理。

感谢蔡骊娆园长给了我新的感悟空间,让我透过消防课程琢磨到了更多、更新鲜的幼儿园教育真谛:一个嫩绿的世界,居然有如此辽阔的花海;幼儿园课程仿佛藏匿在万事万物之中,真的是只有想不到、没有做不到。蔡骊娆是广西卫健委幼儿园园长,她认为消防课程隐匿着孩子们可持续的兴趣,她说园本课程的开发与实施的关键在于对幼儿兴趣点的发现与把握,而兴趣点往往藏在问题或现象之中。她说将学习放到复杂、有意义的问题情境中,以小组合作或集体形式共同解决实际问题,形成个体解决问题和自主学习的能力,这是消防课程给她的重要启迪。基于问题、收集信息、归纳总结、持续探究和研究分享是消防课程给予她们的重大收获。

消防课程只是源于一张照片。蔡骊娆饶有兴致地跟与会者讲着:新学期开始,孩子们从愉快的假期生活里回到了幼儿园,在分享美好假期生活时,一个小朋友向大家介绍了他跟爸爸去参观消防局的所见所闻,孩子们听了都羡慕不已。特别是看到他拍的乘坐云梯消防车的精美照片时，更是忍不住高声赞叹。老师紧紧抓住孩子们的这一兴趣点及时进行分组讨论。有的孩子说我想去消防局看看里面有些什么，有的孩子说我想去消防局坐坐消防车，有的孩子说我想去看看消防员叔叔是如何在训练的，还有的孩子问：消防车里的水箱在哪里？云梯可以伸多高？消防员叔叔是怎么救火的呀？蔡骊娆讲到这些的时候，眼光里显出对孩子们的赞赏，脸上露出甜美的笑容。我听着听着，心里在不断强化一个声音：看来激发问题对孩子们的学习是何等重要啊！问题，是课程的起源，是课程的根本，是课程学习的核心。

蔡园长把课程的图谱不断展开，一张张照片所生成的精彩在放大、在幻化，在白云中游走。孩子们在老师的指导下，收集到了十分丰富的资料：消防局的各种消防器材，还有书籍、照片等。孩子们分享着，将新的元素融入已有的经验之中，又创造着新的经验，夯实着继续学习的基础。然后，教师组织孩子们去参观消防局，孩子们有了许多发现：云梯消防车的水箱可以装很多水；云梯最高可以伸到三十四层楼高的地方；消防车在赶去救火的路上可闯红灯；消防车先放置好四个大脚，就可以升起登高台；不同的救援会派出不同的消防车。回到幼儿园后，孩子们根据自己的兴趣，以小组的形式围绕某个问题或内容对参观消防局活动进行总结、分享。有的小组分享火灾逃生方法，火灾逃生可以分为四个步骤，捂住口鼻、低头弯腰、扶墙走、快速通过。有的小组分享消防服的种类：有灭火战斗服呀，消防抢险救援服呀，还有消防避火服和化学防护服呀；消防服可以进到大火里面，是因为消防服的材质是耐火耐高温的纤维布料。孩子们集成性地分享着他们所了解的东西，大大超出了我们对他们可接受性的简单判断，我们千万不要看低孩子们。有的小组分享如何预防火灾的知识，诸如火灾太可怕了,我们要做好一些事情不让火灾发生,我们不能玩火。蔡骊娆园长说孩子们这样的学习才是深度学习。她还说所谓深度学习就是儿童感知、思维、情感、意志和价值观全面参与、全身心投入的学习活动。深度学习的目的是指向具体的、社会人的全面发展,是形成幼儿核心素养的基本途径。

孩子们在消防车的领域里驰行,想象的精灵在经验的蓝天下飞翔。蔡骊娆越讲越兴奋,她的脑海里装满了孩子们的故事,她以孩子们为荣耀。蔡骊娆幼儿园的孩子们真的很厉害。孩子们用自己喜欢的方式创作着他们的云梯消防车。云梯消防车是他们思维的创造,凝聚着他们对消防车的认识。在制作云梯消防车的过程中,孩子们积极发现问题,大胆提出自己的疑惑,灵巧地借助身边的各种资源,收集多方信息,及时归纳、总结、探寻问题解决的办法。教师用心观察和聆听幼儿的想法,与幼儿一起反思、讨论正在发生的各种事情,跟随幼儿的兴趣和需要,随时调整活动目标和进程,为幼儿提供材料支持和积极回应幼儿的求助。蔡骊娆总结道:消防课程的实施坚持沿着儿童的思维与已有的经验寻找推进契机,智慧地创立具体问题情境,深度研究、推动学习走向纵深。

蔡园长反复强调,寻找兴趣点特别重要,因为兴趣是幼儿游戏的最重要动力。蔡骊娆还抛出了一串概念:经验梳理、发散问题、现场观看记录、新经验分享、研究性学习、职业的启蒙等;蔡骊娆提炼着她的关键词:项目研究、循环尝试、梯级推进、层层攀爬、深度探究等;蔡骊娆说还要引导幼儿学会求助,因为求助也是本事,也是智慧。我静静地听蔡园长讲她们的消防课程,静静地思考她语言背后透显出的深层次感悟,我不觉醉迷于她的幼教理念之中。

太空里的航天幼儿园

神秘的远安，一个宁静而洁净的小县城。每次到远安，我都显得特别安静。远处有起伏的山，青幽幽的，全是诗境画意。山间，飘浮着白云般的雾。我想生活在这里的人一定会特别幸福。

远安，一条宽阔气派的快舟大道，你会自然联想到这里生产的快舟火箭。快舟大道，寓意着远安的发展一定会像火箭一样扶摇直上。在美丽的小城，有一所很牛的幼儿园，它叫远安航天幼儿园，这就是我说的太空里的航天幼儿园。

园长名叫杨琴，我曾在第八届东湖微论坛上对她说：你是带着孩子们在浩瀚的太空里遨游，为中国的航天事业弹奏扬琴的园长。杨琴的心中怀着翱翔蓝天的梦想，她把这个梦想寄托在孩子们的身上。

远安航天幼儿园飞翔在太空之中，孩子们走进了奇妙的宇宙。杨琴说她们的幼儿在探索太空、圆梦航天。在远安航天幼儿园，有一个大厅：蓝天，白云，地球的旋转，构成了太空航天的环境；正中间，航天科技展台，快舟火箭等待发射。孩子们走进这儿，小小的思维定会无限地拓展开去，定会在太空飞翔。

楼梯，是幼儿园神舟飞船的科技展馆。从神舟一号到神舟十四号，层层向上，带着航天的故事在宇宙中飞翔。孩子们幼小的心灵，有了对中国航天事业的无比骄傲与自豪，有了对航天科技的憧憬与梦想。这是教育的楼梯，这是课程的楼梯，这是奔向科技与蓝天的楼梯。

杨琴津津有味地讲着属于航天的故事：借力神舟十三号航天

员太空出舱壮举,我们组织幼儿开展了一系列丰富多彩的活动。孩子们观看视频,了解神舟十三号出舱的全过程,对神秘的太空充满了向往;还在老师的带领下,了解了太空空间站的基本结构。孩子们怀着对神秘太空的好奇,围绕太空的话题,展开了头脑风暴式地讨论。然后,孩子们又在白纸上挥舞画笔,尽情描绘自己的发现与创造性的想象。孩子们用乐高积木搭建神舟十三号。孩子们通过看、说、画、搭,对航天充满了强烈兴趣,回家后又与爸爸妈妈等长辈亲人讨论航天员为何要出舱。航天员太空出舱,成了我们航天幼儿园的活课程,这是我们对陈鹤琴"活教育"思想的最好实践。

我到远安航天幼儿园三次,每一次都让我有新的发现与感动。远安县教育局局长徐圣国始终沉浸在幼儿园与孩子们的创造之中。县教研室学前教研部主任胡晓霞也不断跟我介绍她对远安航天幼儿园的深度了解与情怀。

远安航天幼儿园的小小孩子们对太空、对宇宙、对航天,有着浓厚的兴趣。幼儿园为满足他们的好奇,开发了丰富的圆梦课程。孩子们在太空漫步,做火箭和导弹,搭建空间站,玩出舱游戏,还有模有样地说:感觉良好。廊道上,全是孩子们的航天漫画,孩子的心理体验分享,五光十色。孩子们知道失重环境,知道玉兔月球车,知道火星天问一号探测器。圆梦课程将孩子们的梦想带到了茫茫宇宙,带到了未来的世界。

事实上,一所幼儿园的格局直接影响着孩子们的生命成长。你给孩子们一个宇宙,孩子们就会收获无穷的想象与创造。园长与教师究竟要给孩子创设什么样的课程和游戏?我们应该以开放的心态,以对孩子潜能的高度信任,以我们的学识与智慧,充分利用和挖掘本地本园的资源,为孩子们提供最适合、最丰富、最广博的课程。

远安航天幼儿园的圆梦课程充分体现了远安县致童课程的核心理念，这是一个新型的逻辑架构。远安的“致童”课程已经蓬勃生长在各个幼儿园的土地上，它是教育机构、教育者们送给孩子们的最好的礼物，它不再是那种高高在上、程式死板的教条，它是孩子们特别喜欢的学习内容与方式；远安的“致童”课程具有旺盛的生命力，它是教育者们蹲下身子，用钦佩孩子的心念所确立的课程，这是对儿童诚挚的敬礼，因为儿童不仅仅是教师教育的对象，同时也是教师获取能量与人生幸福的磁场；远安的“致童”课程还承载着一个美好的期待，那就是让儿童成为真正的儿童，其实让儿童成为真正的儿童并不是一件容易的事情。远安航天幼儿园对县教育局推行的以理念为重要特征的致童课程，有着深刻的理解，因此杨琴园长带领她的教师团队把基于航天的圆梦课程与致童课程理念作了最好的诠释与对接。

在远安航天幼儿园里，孩子们观看太空授课直播，孩子们表演失重环境下的行走、喝水、吃饭、理发等，孩子们把自己的种植叫太空田园。孩子们想象自己在月球、火星上的生活，一切都在延伸，小脑袋无限地漫游，在浩瀚的宇宙中漫游。幼儿园教育是激越生命的教育，要让孩子的思维像太阳一样强大。我好像已经上太空了，已经进入空间站了，跟随着远安航天幼儿园孩子的无穷想象，我自由自在地飞翔着。

涌泉文化滋养下的蘑菇季课程

涌泉文化把孩子放在最根本的位置，和谐、奉献、创新、求真是涌泉文化的主旋律。涌泉文化力求构建爱心向善、思如泉涌，和合养正、励志自强、春风化雨、润物无声的独特精神。乐学善思、厚积薄发、虚怀若谷、探索创新、破岩而出是涌泉文化的春华秋实。山东省人民政府机关幼儿园园长王爱忠知道,再好的文化理念,再深情的期待,都必须要有将其转化成行为的载体,而课程建设与实施就是至关重要的载体。“蘑菇季”课程的研究与实践,就源于王爱忠对涌泉文化落地的思考。照我看来,一个优秀的园长应该也必须把文化理念的提炼放在办园的顶端,没有鲜明的办园理念就不可能办出高品位、高品质的幼儿园;然而,光有先进的文化理念是不够的,还必须要有扎扎实实的落地方式,因此,建立并实施园本课程显得特别重要。

在第十四届东湖微论坛上分享涌泉文化与课程建设时,王爱忠说,基于涌泉文化的“蘑菇季”课程是她们从预设到生成的研究成果。课程的生成,是一个复杂的过程。伴随着幼儿园的不断发展,她们幼儿园的课程建设经历了三个曲折的阶段,也就是说走了些弯路:刚开始以预设为主,却忽视幼儿自发活动的价值;随后进入生成课程的初步探索阶段,由目标模式转为过程模式,错误地抛弃了预设,急于求成;再到注重幼儿园课程发展和实施的多元性和自主性,实现了“两条腿走路”的动态平衡。这是一个融观察、倾听、支持、共生于一体的课程建设体系。王爱忠对于课程预设与生成的哲学关系做了深入探讨,她明白预设是生成的基础,或者说是生成的前提,如果没有精心地预设,生成的维度会十分狭窄、生成的质量会非常浅显。

王爱忠对于课程生成是有着自己独特判断的。她认为教师要善于发现幼儿感兴趣的事物、游戏和偶发事件中所隐含的教育价值,把握时机,积极引导。关注幼儿在活动中的表现和反应,敏感地察觉他们的需要,及时以适当的方式应答,形成合作探究式的师幼互动。王爱忠说，课程发展和实施应该具备多元性和自主性。教育作为有目的、有计划的活动，当幼儿依据自己的兴趣和需要与之产生互动，产生的“生成”来源纳入教师的关注中，纳入教育行为中时，“生成”才具有教育价值。因此，两条腿走路注重幼儿园课程发展和实施的多元性和自主性。在生成活动与教师有目的有计划的活动之间保持一个平衡，努力实现动态、互动的融合，有效促进幼儿发展。

有了这么多的铺垫，才有了王爱忠园长所讲的“蘑菇季”课程。孩子在户外活动中发现了好大一片蘑菇，他们惊叫着，高兴地说：“这里怎么会长出这么多的蘑菇呀？”“好想用这些蘑菇做汤喝呀？这蘑菇会有毒吗？”“我们可以种蘑菇吗？蘑菇该怎么种啊？”一个又一个问题在每一个小脑袋里涌现，这些正是生成课程的兴趣点。好奇是孩子们学习的动力。于是，“蘑菇之旅”正式在幼儿园开启。这是科学之旅，这是探索之旅，这是生命成长之旅。第一站：谁来陪伴小蘑菇？孩子们都成了小蘑菇的好伙伴，他们在不同的时间来观察小蘑菇，他们要弄清小蘑菇是怎么生长的，他们把观察到的东西用绘画方式记录下来，他们讨论着小蘑菇生长特性。第二站：我们要种出自己的蘑菇来。孩子们讨论着：“掰碎蘑菇埋在土里会长出新的蘑菇吗？去问问种蘑菇的农民伯伯吧。”孩子们在老师的指导下，在幼儿园种着蘑菇，他们体验到了种蘑菇的乐趣。第三站：孩子们制作工艺性蘑菇，他们制作的蘑菇各式各样，栩栩如生。孩子们的成就感满满的，获得了无限的快乐。第四站：蘑菇大会。这是孩子们的盛会，他们可兴奋了。他们组建了装饰组、美食组、蘑菇小人组、表演组，孩子们用自己喜欢和擅长的方式开着他们的蘑菇大会。

涌泉文化、生成课程、蘑菇季，它们在王爱忠的思维深处，都是一幅幅最美的画作。王爱忠带着她的孩子和老师们“踏四季节性，赏一路繁花,作别往昔云彩,开启未来篇章”。她在东湖边对来自全国的精英园长们说:“我们将继续坚守初心,观察、倾听、支持、共生,一切为了孩子,我们仍然奋斗在路上。”

董永故里的“孝和”课程

湖北孝感是董永故里。孝感之名源于董永卖身葬父、黄香扇衾温被和孟宗哭竹生笋等孝子感天动地的故事。孝感市直属机关幼儿园以此打造孝和文化,实施孝和课程,培养孝和娃娃,形成了驰名荆楚的孝和品牌。站在第十七届东湖微论坛的讲台上,园长黄静讲起她们幼儿园的孝和文化与课程,总会显出自豪与兴奋。

孝感直属机关幼儿园打造孝和文化,开发和实施孝和课程,培养孝和娃娃,具有得天独厚的优势。黄静说,“以孝为根,推恩及人;以和为本,立德修身”是孝和文化的核心理念。“以孝为根,推恩及人”是希望幼儿初步养成孝心与孝行,初步懂得感恩与回报;是希望幼儿学会感谢帮助过自己成长的人,开阔胸怀,初步形成责任意识、自立意识、自尊意识,为逐步健全人格奠定基础。与此同时,她们倡导教师将“孝”与“感恩”作为自身的生活态度与职业素养,给予幼儿潜移默化的正向影响与示范,为幼儿的健康成长助力。“以和为本,立德修身”,其“和”,就是和谐、和顺、和睦,就是人与人和、人与自然和、人与物和、人与事和。人与人和,意即幼儿、教师、家长,构成一个和谐的整体,甚至是一个和谐的大家庭;人与自然和,意指教师、幼儿热爱自然,保护环境,敬畏自然,尊重生命,共同构筑和谐的生态;人与物和、人与事和,是追求一种宁和的心境,力求不浮躁、踏踏实实做好所有的事情。孝和是一个很高的要求，是一种很高的素养。孝感市直属机关幼儿园就是在追求这种高标准，因为黄静心中总有一个更高更远的奋斗目标。

孝和文化生长在孝感的历史土壤中，如蔓延的草，似耸天的树，若奔流的河。黄静把传承孝和文化作为自己重大的教育实践，她深深地思考着，她明白构建孝和课程至关重要，她把开发和实施孝和课程作为她的行走姿态。于是，她带领教师开始了孝和课程的开发大行动。她们先后开发了基于孝和文化与孝和教育的“三大特色课程”，即养习课程、阅读课程、传统节日课程。她们还制订了一系列的课程实施办法，使孝和教育落地生根。如在养习课程的实施上，她们针对小、中、大班幼儿年龄特点，将一日生活按照入园、如厕、盥洗、就寝、饮水、进餐、起床、离园等八个环节组织活动，如自己背包包、跟老师问好、与家人道别、做餐前活动、分男女性别如厕等，既有规则、方法、步骤的讲解，又有促进幼儿养成习惯的游戏化训练。仅如厕训练活动，就包含有秩序地如厕、便后洗手、穿好衣裤等细节，其训练过程有集体讲规则、个别重点提醒、贴洗手步骤图引导、家园协同配合、实施激励性微评价等。黄静认为，孝和习惯的养成是一个艰巨的过程，要让每一项行为规范能够嵌入幼儿的生命，都必须经过细致入微的讲解与训练，而且这个教育训练过程还必须是适合幼儿的、让幼儿悦纳的，因为这样才符合孝和文化的建设原则，才符合幼儿启蒙教育的特点。譬如为了做好排队教育与训练，老师们就想了许多办法，如“小兔子分萝卜”游戏，让幼儿在愉悦中懂得了排队的重要性。故事讲，大雪纷飞的一个冬日，好心的老爷爷担心山上的兔子会饿坏，就送去了一车胡萝卜。可兔子们争先恐后地抢胡萝卜，乱作一团。于是有兔子提议进行跳跑比赛，谁赢了谁先拿，兔子们累得筋疲力尽。随后最小的一只兔子跳出来说：“大家一个接一个地排队拿胡萝卜！”大家一致认为排队这个办法好,便开始排队拿胡萝卜,结果又快又便捷。事实上,习惯养成教育就应该用这种游戏活动来进行,这符合幼儿身心发展规律。

开发和实施基于孝和教育的阅读课程。小、中、大班各自围绕社会主义核心价值观,以个别阅读、集中学习、游戏活动、社会实践等多种形式,开展阅读及多领域的延伸活动,包括确定适宜的绘本书目,每天利用十五分钟的时间进行绘本阅读,让小狗卖房子、郑和下西洋、丝绸之路、毛遂自荐、神笔马良、孔融让梨等故事驻入幼儿的心灵。黄静说幼儿阅读能够开阔幼儿眼界,促进幼儿心理健康发展。幼儿阅读各种类型的图书,可获取社会、自然人文、科学、语言、艺术等方面的基本常识、基本技能。这不仅可以丰富幼儿的知识、开阔其眼界、陶冶其道德情操,而且可以提高幼儿的语言、认知、概括、阅读理解等方面能力。阅读能够促进幼儿观察与思维能力的发展。幼儿时期是阅读能力及观察能力初步形成的重要时期。阅读能够促进幼儿观察能力的发展,表现在观察的目的性、持久性、组织性、细致性以及概括性上。阅读还能够促进幼儿独立性和自信心、幼儿口头语言和书面语言的发展。开发和实施基于孝和教育的传统节日课程。春节、元宵节、端午节、中秋节等都成为幼儿丰富多彩的游戏活动,孝和教育融于其间。

当我看到孝感市直属机关幼儿园出版的三大本孝和教育园本教材,我激动了,我对黄静园长与她的老师们对孝和教育所作出的努力深感钦佩。

东湖飘来银川一幼的美声

当我醉迷于她的声音,我的思绪自然飞临于银川的沙湖,那绿水之上的芦苇与白云融在一起，我对塞上江南的欣赏，留在了我的梦与现实的交错中。她叫张欣，她是银川市第一幼儿园园长、正高级教师、享受国务院特殊津贴专家。那一天，东湖边的欢迎晚宴，我恰巧与张欣园长坐一桌，短暂的交流便将我们遥远的陌生化作了生命的缘分。她在第十四届东湖微论坛上的“美声”，将永远萦绕在我的心里。

张欣的从教历程，使她积淀了对文化研究与探索的浓厚兴致；她美雅的气质里所蕴藏的幼教文化激情，一波又一波地在东湖盎然的春意中漫溯。张欣具有穿透力的声音回绕在文化的探寻中，一幅幅深邃的画面铺展着甲骨文中的文化、典籍中的文化、汉语词典中的文化、西方世界中的文化。张欣是审慎的，她知道文化的空间是辽阔的，文化的内涵是深博的，她叮嘱自己要用精心研究的思维方式去走进繁星闪烁的文化天空。我很认同张欣的这种科学态度。她说幼儿园文化是一个幼儿园的品牌，是幼儿园长期积淀的产物，是幼儿成长和教师发展的重要生态环境，是幼儿园自身发展的主题，是幼儿园的核心价值观，是最影响幼儿园同心力和凝聚力的因素。

张欣在对幼儿园发展历史盘点时，其情之深，令人感慨。张欣说，银川一幼七十载栉风沐雨，七十载历史传承，厚植了鲜艳的红色文化基因，它把延安革命前辈艰苦奋斗的生命力、无私奉献的创业力、勇于担当的责任感和成人全己的大爱精神传承了一代又一代，成为一幼的精神气质和文化底蕴。她的声音里湿润着泥土的芳香，她的脚印将花草变成了她心中嫩滑的霞光，她用儿童透洁纯净的能量阐述着她的幼教理念。她把陈鹤琴的“活教育”视为她崇尚的理想境界。“做人，做中国人，做现代中国人”“做中教，做中学，做中求进步”“大自然，大社会是外面的活教材”，这些经典已经融进了她的血液。她的整个教育研究与实践,都在回答"培养什么人?为谁培养人?怎样培养人?"张欣认为做教育、构建文化必须要把一些大的哲学问题想透彻。

"文化靠挖掘,品牌靠打造"是张欣的一贯认识。智慧树、昨天的画、今天的书、明天的我、快乐童谣等组成了银川一幼的文化特色。张欣心中的文化之湖荡漾着她美妙童真的园歌:"这是爱的乐园,这是花的期盼。这是星星的天空,这是我们的家园。爱心呵护我成长,善心涵养好习惯。微笑鼓励有自信,幸福滋润在心田。梦想在这里放飞,未来从这里起航。金色童年在这里闪光,人生歌谣从这里唱响。"我认为园长亲自写园歌,有着特别的意义,它既能点燃幼儿园办园思想的火炬,又能播撒园长对孩子与教师的深厚情谊。银川一幼的园徽为东方雄狮,意为锻炼其体魄,磨砺其顽强拼搏的意志,增强其自信。张欣说她们幼儿园的文化是"三园文化",即教师的家园、孩子的乐园、家园共育的花园。这一文化架构十分朴实,它表明了张欣追求返璞归真的办园思想。

谈到课程,张欣滔滔不绝。她说幼儿园课程是从幼儿身心发展的特点和特定的社会文化背景出发,有目的、有计划地组织和实施并贯穿于幼儿一日生活之中的经验。这种经验是幼儿园施加教育影响的中介,以引导和促进幼儿朝着社会所需要的人才的方向发展。她还说幼儿每天的在园生活、各类游戏和学习活动都可以成为课程,这虽然给予幼儿园极大自主权,但也让教师难以入手。教师要用专业知识做支持来读懂幼儿,可谁来读懂教师。张欣着力考虑如何为幼儿园教师搭建脚手架,让每个教师教育有思想、教学有风格、做人有魅力,这是课程实施的关键基础。银川一幼的多维阅读课程有着独特的逻辑体系。读书、读人、读事、读物等都被纳入阅读范畴。阅读课程,旨在让幼儿养成专注、耐心、倾听的良好习惯；培养幼儿发音标准、说清楚、说精彩、不乱插话、注意察言观色、重视消化吸收、准确表情达意、爱读、好读等习惯。

银川一幼在园本课程实施中，全面探索着课程评价的实体方式与路径。主要是写幼儿成长故事，体验“哇”时刻。第一部分：记录故事的起因，通常用第二人称“你”，客观地记录幼儿的行为，交代故事，发生的时间、地点、人物、故事的起因或背景。第二部分书写故事的经过，用生动、客观的语言记录幼儿的做法、想法、语言、神情、动作等，结合理论对幼儿的学习品质和行为进行分析解读。第三部分：描写故事的结果，呈现幼儿在品质、技能、素养等方面的成长和发展；反思教师的教育行为的适宜性；思考支持儿童后续成长的方法和策略。张欣认为教师的优秀程度决定了课程实施的品质。她们坚持探索教师成长路径，她们把教师专业成长分为适应期、稳定期、突破期；以青年教师、骨干教师、学科带头人的多层梯级进行推进，为各层教师购置专业学习书籍，满足不同发展阶段教师的专业发展需求，建构学习共同体。张欣结合当前诸多幼儿园课程的困境指出，银川一幼所践行的三育课程主要包含“专育”教师、“趣育”幼儿、“全育”家长三个方面，它从儿童的视角出发，实现从“补短”到“扬长”的教育理念的转变，以项目为驱动，以任务为导向，提倡儿童主体站起来、儿童评价活起来、课程体系构起来、师资队伍强起来、家庭社区动起来，最终实现幼儿的全面发展。

银川一幼的教学楼宛如一把钥匙，张欣时刻拿着这把钥匙，她要带领教师用爱与智慧打开门孩子们的心灵之门。张欣告诫自己要跳出学前看学前，她望着天上的白云，她望着茫茫的草原与大海，她把民族情怀、中国之梦捧在手心，她把培养小狮子，润泽东方气质作为自己灵魂的追求。她是塞上江南的一首童谣。

沐文扬芳,耕植生态

我突然来了灵感,把对沐文扬园长的叙事与赞美,凝缩在了文题上。“沐文”乃沐浴文化,沐浴具有人文底蕴的“生态和谐”文化;“扬芳”意为传播民族精神之芬芳,传播具有古今融合的民族精神之芬芳。“耕植生态”即指沐文扬园长以其饱满而独特的姿态,带领教师开发和实施生态课程。“沐文扬芳”既是沐文扬办园思想的芳香,又是幼儿园沐浴生态和谐文化、张扬民族精神或灵魂的芳香。沐文扬在第十四届东湖微论坛上自我介绍时幽默地说:“今天我来讲文化背景下的课程开发与实施是有些底气的,你们看看我的名字是不是很是有些文化的味道啊?”当时,我开心地笑了,因为我喜欢这样个性化的表达。

沐文扬是扬州市机关后勤管理中心主任、扬州市机关第三幼儿园园长、江苏省特级教师、江苏省人民教育家培养对象、扬州市园长协会会长。一些熟知沐文扬的朋友不断地给我强化一个印象:沐文扬园长是一位特别敬业、特别专业的园长。我对于沐文扬办园思想的凝望,并不完全去注视她已经成就的结果,我总想低下头去观察一个有影响力的园长是如何造就的。沐文扬是一个激情燃烧的人,她对儿童的热爱、对幼儿园教育的热爱是点燃她激情的火焰。她的大脑在不断地寻找她们幼儿园的文化之根。她看到了作为前身的明月幼儿园的行走历程,明月在她的心中升起、又升起;有着文化关联的扬中新坝、陈鹤琴的“活教育”、斯霞的童心母爱、生态教育、地震之后的四川九龙学校等在她的文化寻觅中都是根的深情。她说,文化的生命之魂是人,把人研究透彻、把儿童研究透彻、把教师研究透彻，这是构建文化的根本，否则就是无根之木。她强调文化的建设要聚焦到领导风格和个性的形成上，要聚焦到教师教学风格、学习风格、研究风格、价值取向和教育理想的凝结上，要聚焦到幼儿学习方式、行为态度、生活习惯、兴趣性格的养成上，要聚焦到员工工作方式、价值取向、行为风格、理想追求的修炼上。这就是她基于人的生态和谐文化的认知。在这种认知的引领下，沐文扬在自己的幼儿园构建了和谐共生的组织文化、和谐共创的环境文化、和谐共建的课程文化、和谐共进的发展文化。

幼儿园文化总会潜藏一个园长的理想、梦想，总会生长出丰茂的枝枝蔓蔓，总会编织出具有逻辑闭环的文化架构。听沐文扬演讲的时候，我的眼前总在闪现许多的画面：一双渴望的眼睛在堆叠的书页上流动，那是对幼儿园文化理论基底的寻找，哲学思想、办园理念、共同愿景在生态和谐的根叶中伸展；一阵旋风在思维碰撞下交集，园风园训、教风学风、规章制度在生态和谐的茂盛中漫动；一股智慧的源泉带着音乐汩汩而起，园所环境、服装用具、标识标志浸润着和谐文化的色彩；一张生态和谐文化的逻辑网蜿蜒在教育教学、管理服务、师幼行为的经脉之中；一片辽阔的生态和谐的土壤中催生着课程理念、课程目标、课程内容的绿植；一汪清清的和谐生态活水，将园所网站、教育资源、家园联系融浇成了万紫千红的百花园。沐文扬说，她在幼儿园文化的构建中，总力图改变缺乏哲学思考、缺乏个性特点、缺乏系统规划、缺乏创新意识的问题。她认为幼儿园文化是幼儿园各项工作的统领，应该作为系统工程来建设。

我很欣赏沐文扬对幼儿园文化的认识，我的耳边常常响起她关于文化的论述。她说幼儿园文化是一种理念、一种思想、一种价值观念、一种精神、一种传统、一种深厚底蕴、一种历史，更是幼儿园风格和精神的集中体现。深刻而独到的见解促使她将“寻找文化之根、抓住文化之魂、重视文化之基、提炼文化之精、形成文化之识”作为方法,来进行幼儿园文化建设实践与探索。沐文扬认为文化是幼儿园的灵魂,而课程是文化的实施载体,于是沐文扬带领教师花费很大的气力,全面系统地构建了基于生态和谐文化的生态课程。在沐文扬的心灵深处,生态课程的开发与实施一定要凸显自主思想。她说自主是生态的样态,生态是自主的必然选择,自主学习是获得生态发展的最佳方式,而生态又是以儿童生命为核心的深层生态,因此生态课程要为幼儿塑造生态理念、培养生态情感、提升生态能力、养成生态习惯而做出扎扎实实的努力。她还说这种深层的生态既不是原生态的荒漠与落后,也不是无节制的深度挖掘和开采,而是有序、自然地师幼互动。沐文扬对课程建设的思考,体现了一个优秀园长的思想意识和理论水准。

沐文扬始终将幼儿园文化与园本课程紧密联系在一起。她从“课程思考、课程根基、课程内涵、课程特点、课程构建、课程收获”六个方面讲述了扬州机关三幼关于生态课程建构的实践与思考。保护天性、顺应规律、持续发展是她对生态课程的定位;教育生态学、人类发展生态学、建构主义、时代关切、幼儿的生长规律、幼儿的学习特点、幼儿的可持续发展等都是沐文扬思考课程建设的依据。沐文扬是这样定位她的幼儿园的生态课程的:生态课程是为了实现可持续发展和生态文明建设的需要,以生态观为核心理念,以幼儿自主探究为学习方式,将生态学的思想、理念、原则和方法融入课程的生态过程,是为实现幼儿全面和谐、可持续发展所采取的活动及活动方式的总和。生态课程不人为加速,而是顺应幼儿成长的节奏;不超量加载,而是要符合幼儿成长的规律、适合幼儿成长的内在逻辑。沐文扬说生态课程要坚持自然性,要引导幼儿会爱、会学、会玩，引导幼儿关注生活、生命、生长；要重视多样性，即重视生态的丰富多彩性，为幼儿自主探究、自我成长奠定坚实的基础；要强调共享性，运用现有的资源，形成良性的动态生成的学习环境，为园内的所有师幼以及社区和城市幼儿学习服务；要注重协调性，让幼儿心情愉悦、身心放松，使其认知、情感、能力等协调发展，实现“会爱、会学、会玩”的培养目标；要坚持全面可持续性，培养幼儿的主体性、探究精神和自主学习能力，帮助幼儿养成积极主动、认真专注、不怕困难、敢于探究和尝试、乐于想象和创造等学习品质。

沐文扬讲生态课程建设，那是如数家珍、滔滔不绝。她说生态课程的构建必须是为儿童的全面发展和终身发展夯实基础，必须关注生命、回归生活、持续发展，必须坚持自然、开放、动态、平衡、整体的原则。生态课程的主要目标是教幼儿会爱，即爱自然、爱祖国、爱家乡、爱幼儿园、爱家、爱同伴、爱老师、爱玩具；会学，其学习的主要内容是动作与健康、语言与认知、情感与社会、艺术与表现、科学与探究；会玩，即会规划、会选择、会探究、会交流、会总结、会评价。生活上懂得有序、自理；关注社会环保。课程实施中重组一日活动安排，改变组织方式，根据幼儿学习的兴趣和发展灵活调整；创设生态游戏环境，改变游戏方式，自由选择游戏内容和方法、建立自主学习平台；改变学习方式，倡导自主探究学习；坚持主体多元化、评价内容综合化、对象多层次化。实施形式坚持以集体活动、小组活动、个别活动为主，实施过程注重自主规划与自主设计、自主筹备与自主探究、自主总结与评价，实施逻辑注重丰富经验、拓展经验、提升经验。创新学习理念，建构生态博览园，探索建构自主设计、自主规划、自主创设、自主探究；注重统整资源利用，丰富课程样态。

沐文扬带着瘦西湖的风光，带着扬州的古韵，把东湖名园长微论坛弄得芬芳馥郁。我没法展现她所有的故事、所有的画面，仅以此文做个随机取样的描述吧，我想让它成为东湖与瘦西湖的一缕永不消逝的波光。

金凤屿的凤凰树

泉州的丰泽区在滨临大海的地方有两个社区：一个叫金凤，一个叫金屿。俩社区诞生了一所美丽的幼儿园就叫金凤屿幼儿园，这所幼儿园的园长叫吴慧华。走进幼儿园，你会见到一棵奇美的凤凰树，就如同那传说中的凤凰降临在此，我真的有些按捺不住，像突获珍宝似的一个劲地赞美我眼中这棵最美的凤凰树。

这是一棵有着浓厚象征意义的凤凰树。金凤屿幼儿园的园徽就是一只展翅飞翔的金色凤凰，而这棵凤凰树又是金凤屿幼儿园“三生教育”的灵魂标志，是生活、生态与生命的象征，是师幼共长的见证者，是幼儿快乐成长的活教材或课程。孩子的毕业照，一定是在这棵凤凰树下拍摄；凤凰树，成了孩子们三年幼儿园生活的浓缩或写照；凤凰树，是孩子们快乐时光的雕塑。

吴慧华宛如一只金色的凤凰，她的眼光、心境、生命姿态都始终讲述着凤凰那美丽的传说；吴慧华又仿佛是另一棵丰茂的凤凰树，给金凤屿幼儿园带来了无限的生命活力。吴慧华带我走上教学楼各层的观景台，她说这是她们对孩子们实施生态教育的微课程场，我说就将它命名为凤凰观景台吧。她带我到海边，到她们正打算研究开发的生态教育基地，她简直就像资深的导游，又像生态课程开发专家。她给我讲千年洛阳古桥，讲牡蛎在建桥中的神奇；

讲那片巨大的红树林，讲红树林对保护生态的巨大贡献；讲河流与海的汇合，讲海鸟与鱼编织的生命形态，她说这些都将成为她们“三生教育”的户外课程场。我不停地点头，我十分赞赏这一具有儿童想象力的园本课程建设思维。

我的思想总是离不开那棵凤凰树。吴慧华告诉我：凤凰树开花是在五至七月，那火红的花朵会灿烂整个幼儿园，这是我们师幼的精神之花、激情之花。我们要孩子们画凤凰树、凤凰花，指导孩子们测量记录凤凰树，引导孩子们以绘本的方式讲述他们与凤凰树、凤凰花的美妙故事。我们之所以要在凤凰树开花的时节、在凤凰树下拍毕业照，就是一次重要的生命课程，带有强烈的仪式感，意味着：我们与凤凰树一起成长，一起绽开梦想的花儿。

我特别激动：快，吴园长，快给我在凤凰树下照几张照片吧！我想，金凤屿之美名，古代凤凰之传说，凤凰树与凤凰花在孩子、教师生命中的意义，全都会定格在我生命的照片里。吴慧华对我说，凤凰树下孩子们的生活教育是丰富的，闽南美食的体验、古今渔民生活的对比、现代低碳生活的倡导与践行、泉州人家庭生活的演绎、环保亲子游戏等都在凤凰树下成为孩子们“三生教育”课程。

金凤屿幼儿园的那一棵凤凰树，干是那般的健壮与伟岸，那不就是“三生教育”给予孩子们的健康吗？枝是那般的繁密与婀娜，那不就是“三生教育”给予孩子们的社会阅历与艺术的舞姿吗？叶是那般的翠绿，那不就是“三生教育”给予孩子们的科学思维与优雅的语言吗？在金凤屿幼儿园，我很爱将所有教育元素与这棵凤凰树联系起来。我希望园歌、环境创设、课程、游戏、评价、吉祥物等都与这棵凤凰树、凤凰花产生自然交融，如同天地一样。因为凤凰屿、凤凰神鸟、凤凰树、凤凰花与幼儿教育太有契合度了，简直就是生命共同体了，而且为“三生教育”创造了天造地设的文化内涵与课程情境。

从此,凤凰树长在了我的心头,凤凰花开在了我的幼儿教育认知里。吴慧华园长和庄清珍副园长,跟我讲了金凤屿幼儿园的许多精美的故事,铺展了她们关于红树林生态课程园、凤凰树文化体系深度建构的设想,她们也让我从更多的维度记住了泉州这座历史悠久、美丽繁荣的城市。

“娃娃情趣日记”价值独特

“娃娃情趣日记”,听来就让我感到特别新鲜,也异常高兴。我觉得幼儿园的孩子们以绘画为主要方式记日记,是一件很有意义的事情,它的价值绝不可小视。

在第十三届东湖微论坛上,李漫给大家分享了“娃娃情趣日记”研究与实践的感悟,园长们听了纷纷表示受益匪浅。李漫是南京市长江路小学幼儿园副园长、江苏省特级教师、江苏省课程改革先进个人、“行知”教育奖获得者。李漫说,“娃娃情趣日记”是指 4 至 6 岁的幼儿(以大班幼儿为主)或独立或在老师的支持与帮助下,把生活中、活动中、学习中感到有兴趣、有体验,感受比较深刻的人、事和物用自己喜爱的表现方式(主要是绘画的方式)记录下来,并叙述给成人听,成人根据幼儿的叙述,用文字客观记录的一种活动过程,而且这个记日记的过程是幼儿愿意的、乐意的、喜爱的并充满情趣的过程。这是一个很好的定义:对象主要是大班的孩子,很符合孩子们的认知水平;强调日记的内容是感兴趣、有体验、感受比较深刻的人、事、物,强化了趣味性,体现了皮亚杰的建构主义思想;记录方式主要是绘画,这是孩子们能干的,也是孩子们喜欢干的；日记的最终形成是孩子的叙述、成人的文字记录；最终再次强调“娃娃情趣日记”是孩子们愿意的、乐意的、喜爱的并充满情趣的过程。我之所以来细致分析这个定义，是想表明一个观点：幼儿园要推出一种课程或者游戏，必须从多个维度进行精准地定义，这个定义是对孩子的深刻研究与把握，充分体现了以儿童为本的理念。

李漫谈到“娃娃情趣日记”的价值时，显得特别有心得，也特别有情感。她说“娃娃情趣日记”对幼儿成长起着十分重要的作用。她深刻阐述道：幼儿记日记会促进他们对人、事、物的悉心观察，会激发他们对观察的兴趣，会提升他们关注力与观察力，让他们学会发现有意义的东西，积累许多有益的经验；幼儿用绘画记日记，可以锻炼幼儿的绘画水平，感受符号带给自己的好处；幼儿记日记，会让幼儿体会到活动、游戏、学习、生活等的快乐；幼儿记日记可以促进幼儿良好习惯的养成；幼儿坚持记日记能够提高早期的写作兴趣。

李漫接着又讲述了“娃娃情趣日记”对于帮助教师观察了解每一个幼儿个体、实现与幼儿深度对话有着非常重要的作用。她说教师针对幼儿所记的“自选式”情趣日记和“主题式”情趣日记等不同内容特点的日记，通过对幼儿日记语言内容的阅读品味、图画表现的观察分析，从中发现幼儿的兴趣、爱好、困惑和需要；了解幼儿个体的性格特点、内心世界、个体间的差异，从而关注幼儿在园活动的情绪、态度、活动方式、活动困惑，活动建议和活动成长。

因为“娃娃情趣日记”记录的主人是每一个幼儿，他们是一个个独立的个体，有着自己独特的性格特点、认知特点和情感特点，他们以自己个性化的视角用自己喜爱的方式记录下自己的所思所想，所以它无疑是展示幼儿个性化发展状况的载体，能够让教师有机会走进每一个幼儿的内心世界，与每一个幼儿进行深度对话。

李漫特别强调:通过解读“娃娃情趣日记”,教师在发现和了解个别幼儿教育需要的基础上,采取有效的教育方法和策略,从而达到促进幼儿个性化发展的目标;通过解读“娃娃情趣日记”,园长可以了解幼儿对幼儿园活动内容、教师的教育行为的认知、情感状况,调整、修改、完善幼儿园的课程内容,使幼儿园的课程更具有合理性、准确性、科学性。

“娃娃情趣日记”,看起来比较单一,实际上也是一个复杂的系统,它涉及幼儿的观察、思考、发现、记录、讲述等,也涉及成人的观察、倾听、文字呈现、分析、评估、调整等,这个整体过程构成了教育。李漫对于“娃娃情趣日记”有着特深的情怀,她尤其关注幼儿的个性化发展。她说个性化发展是指幼儿作为独立的个体,其自身有着不同于别人的独特个性。每一个幼儿的发展优势、发展潜能以及在成长过程中所需要得到的帮助、支持的内容和程度是不一样的,都具有自己个性化的发展方向。那么对幼儿独特个性的了解也显得格外重要,“娃娃情趣日记”对于教师了解幼儿具有独特的作用。李漫说孩子的日记是很了不起的,她出示了孩子的日记案例:我们家养了很多蚕,这是我用桑叶喂蚕,蚕有黑有白,还有条纹的,有的大,有的小,它和普通虫子吃的不一样,喜欢吃桑叶,它长大以后会结茧,再成蛾子。有一个孩子,因为老师没有叫他收茶杯,他就在日记中说:不过我觉得,如果我吃饭快一点,变成好孩子了,老师可能就会让我收茶杯了。

幼儿园的教育空间十分广阔,一个活动,一种课程,一个游戏,都会给孩子带来发展。“娃娃情趣日记”得以成功地实践并能取得重要的成效,很关键的一点,就是李漫和老师们牢牢抓住了幼儿的情趣,情趣是成功的秘诀,没有情趣,任何好的教育都不能成为有效的幼儿教育。李漫对此是深有体会的,我充分感知到了这一点,我牢牢记住了“娃娃情趣日记”，我也会经常与大家来分享这一成功的课程案例。

种植：眼泪、道歉与欢笑

春天了，正是种植的时节，绿色的记忆全都活跃起来，我自然而然地想起了广西南宁第四幼儿园，想起了园长陆雪梅在第九届东湖微论坛上的演讲，想起了那种植课程给孩子们带来的泪水与欢笑，想起了工人叔叔们给孩子们道歉的特殊画面。我再次坚定地认为：幼儿园的种植课程具有十分独特的育人功能，它把回归教育的本质，让儿童与大自然和谐生长的理念变成了一种春暖花开的实景。

南宁四幼那长满绿植的大门，那幻化诗情与文采的一帘幽梦，那长长的充满季节芬芳的绿廊，那拥抱阳光的绿茵草地，那诠释阳光教育的空中农场，都已生长在我的思维里。陆雪梅园长的招牌笑，就如同种植的清泉和雨露，就好像能将她所有的爱浸泽在儿童的生长里。

因为种植，孩子伤心地哭了。孩子哭得那样伤心，哭得让我对幼儿园的种植课程有了前所未有的认识：幼儿的生命成长过程中不能没有种植；种植给予幼儿的生长是刻骨铭心的生长，是真正振动生命内核的生长。那个小女孩的哭声还停留在我的脑际，她种的菜被建筑工地飞过来的水泥灰压着了，又无法拯救，眼看自己辛辛苦苦种的蔬菜就要死了，她特别伤心。我心疼这女孩，但我又感到十分欣慰，这不就是成长吗？只有自己亲手种下、精心栽培的蔬菜才会格外地珍惜它。它超越了一般的植物形态，它饱含了自己的辛勤劳动,它和自己有了深深的情感。这里隐含了多么深刻的教育道理啊!这不就是“谁知盘中餐、粒粒皆辛苦”所要表达的情感吗?在种植中,孩子们懂了。尽管这是个特例,但它体现的是情感态度价值观的培养,它是可以延伸和拓展的。

种植,迎来了郑重的道歉。墙院外的建筑工地飞来的水泥灰弄坏了孩子们种植的蔬菜,尽管孩子们在老师的指导下进行了抢救,但仍然无法正常生长。孩子们希望施工单位来给他们道歉并赔偿种子,老师进行了引导,把这个突发的事件转化成了一个具有深厚意义的教育活动。抓住契机,生成教育主题,这是一种教育智慧。在园长、教师和孩子们的努力下,施工单位专门派领导来跟孩子们道歉,并赔偿了蔬菜种子,送来了嫩绿的花苗,这是常态的种植课程中生成的高价值课程,这种课程可遇不可求。这体现了陆雪梅与教师们的教育眼光。

种植,给予了孩子们童年更真实的欢笑。在南宁四幼,孩子们“种”玩具、“种”彩虹,种出了对生命的理解。一个基于种植的游戏,一个促进儿童生命体悟的庄重课程,这能不能说是一种突破呀?南宁四幼所实施的是阳光教育,而阳光教育也是典型的生命教育,从认识生命的深沉意义出发,着眼于对生命的本原认知,通过种植无生命物体的快乐游戏,让孩子们在种植蔬菜等生物的比较中理解生命,这真还是用了功夫的。

堆肥,原来在孩子们的生活世界里竟是这么有趣。什么可以发酵成肥料?孩子们热热闹闹地讨论着;运肥的工具可以有哪些?可不可以自己或合伙制作,竟然给孩子们带来无限的想象与乐趣;测量植物的生长,记录植物的生长过程,讲述自己的观察发现与种植故事,让孩子们乐在其中。

南宁四幼的种植,使园内瓜果飘香、鲜花盛开、阳光温馨。陆雪梅说，种植活动的主要载体是自然资源，我们充分利用园内的科技水培园、阳光种植园、香蕉林、小果园、班级自然角等自然资源，让幼儿在园内各个角落都可以进行观察与发现。这不就是陈鹤琴所讲的"活教育"课程吗？"活教育"的课程是把大自然、大社会作为出发点，让幼儿直接向大自然、大社会学习，注重幼儿在亲身体验中获取新知识与新经验。陆雪梅园长还说，她们的阳光种植课程也是在创造机会让知识以更直观、更深刻的方式呈现出来，并且与幼儿的学习有机地融合起来；让孩子们在种植、护理、摘果的实践过程中，提高其生活认知、动作发展、艺术创造、语言表达、科学探究等各方面的能力。

种植对孩子而言，有着巨大的魅力，孩子们喜欢在泥土里捣鼓。小班的课程是"种子宝宝的秘密"，中班的课程是"蔬菜宝宝你快长大"，大班的课程则是"花田里的故事"。孩子们从认识种子到种植种子，再到收集种子，再到观察成长过程。这是一部孩子们探索、劳动、分享、快乐成长的连续剧。种植过程中，孩子们能对自己感兴趣的植物进行仔细观察，如摸摸、闻闻和量量，能感知和发现植物的软硬、平滑和粗糙等特点，能感知和区分植物的大小、多少、高矮、长短等量方面的特点，能用简单的语言描述自己的观察结果，能跟熟悉的人讲述自己种植的是什么。这种成长是直接的。听听孩子们的种豌豆诗吧："松松土啊真舒畅；小铲子呀挖大床；小种子呀，睡在大床上；享雨露呀享阳光；喝喝水儿滋润又生长。"

种植，会产生许多问题，这些问题是吸引孩子们探索的源泉：同一天播种的，为什么萝卜和豌豆都发芽了，而芥菜和茼蒿种子却还静悄悄地藏在土里呢？孩子们纷纷去猜想：可能是这两种种子需要在土里多攒一些能量；应该是土里的营养不够才使种子长不出来；会不会是我们浇的水不够；可能是种子被虫子吃掉了吧。孩子们看到了一个生命发展的全过程,体验到了作为人之情感的喜怒哀乐,这才是种植更为重要的课程价值。

陆雪梅对幼儿园种植课程的研究,具有特别浓厚的兴趣。她曾在南宁五幼工作时,就牢牢地抓住了种植课程的建设与实施,她获得了独特的感受,她决心要让种植课程始终伴随着她的园长生涯,因为她深深懂得用生命培植生命、用生命呵护生命所产生的生命感悟极其珍贵。陆雪梅的生命也因此充满了雨露阳光。

魔力无穷的“菌都”幼儿课程

福建宁德古田,我在努力弄清晰它的轮廓,我在搜索一些用以描述它的崭新词汇。一张巨大的名片扑闪出来:古田乃“中国食用菌之都”。我的眼前,成百上千的食用菌,开始了翩翩起舞,一个仿若童话的古田成了我心中的云彩。那姿态各异的食用菌在古田的大地上勃勃生长着,生长着舌尖上中国的独特内涵,又伸向四大洋、五大洲。我坚定不移地将食用菌与古田紧紧地镶嵌在一起,而这种意识的形成得感谢来自古田的谢赛男。谢赛男是古田县实验幼儿园园长、福建省骨干园长、福建省幼教学科带头人培养人选实践导师、宁德市第五届人大代表。谢赛男在第二十一届东湖微论坛上生动激昂地讲她们幼儿园的食用菌课程,将我带到了古田“菌都”食用菌的宏观与微观世界、科技与生活天地。

食用菌成为幼儿园的课程,这是多么敏锐的思维啊!这是多么智慧的选择!谢赛男侃侃而谈:古田食用菌文化源远流长,早在隋大业年间就有人从事香菇生产。二十世纪六十年代初,古田人就开始栽培银耳;七十年代中后期,先后试验成功银耳瓶栽和银耳袋栽技术，这在全球是首创；八十年代中期古田县被授予“中国食用菌之都”。“食用菌”文化凝聚着古田人民的经验和智慧。这是一段属于古田食用菌的漫长的光辉历程，这是古田“菌都”文化积淀的肥沃土壤，这是古田县实验幼儿园食用菌课程资源不断丰厚的价值积存。古田的食用菌博物馆、食用菌节、食用菌展销会，都是幼儿园食用菌课程的强大磁场。

将食用菌作为幼儿园的课程，园长谢赛男是有其深层思考的。她认为这正好应和了陈鹤琴所倡导的“活教育”理念：大自然、大社会都是活教材；做中教、做中学、做中求进步。食用菌就是幼儿园最好的活教材，它的种类、形状、栽培技术、营养价值、食用方法、药用价值、食用菌科技人才事迹、食用菌产品推销等课程会激发孩子强烈的好奇心，能够培养幼儿亲自然、爱生命、好探索、会劳动、善创造的情感与能力。那林林总总的瓶装栽培、袋装栽培，那棉籽壳栽培，还有那不同的栽培环境都会给予孩子们无限的乐趣；那承载菇食文化的读本、诗歌、食用菌歌曲、食用菌摄影作品、食用菌景观等，更能让孩子们进入一种美好的境地。

谢赛男的讲述，透着食用菌课程的特有清香。幼儿园引导孩子们多途径、多方法了解家乡食用菌发展历史、食用菌资源特产、食用菌人文精神等；通过种植、采摘、烹饪等活动，培养幼儿的自主性、创新性，萌发对家乡的热爱之情；了解黄培灿、彭兆旺、姚淑先等古田食用菌科技人才研究创新的小故事，了解食用菌的品种、栽培、食用，培养科学探究、健康生活、发现问题和解决问题的意识与能力。搭建菇棚，一起种植食用菌，探究、观察、记录食用菌的变化，参与食用菌菜谱的设计与烹饪，尝试宣传古田食用菌产品，利用各种废旧材料制作食用菌艺术作品，利用音乐、舞蹈等方式表现对食用菌的喜爱，参观幼儿园附近的食用菌市场、食用菌博物馆，参观菇农的食用菌种植基地，提供辅助观察食用菌的工具，如放大镜、记录纸、袋装菌筒等，引导孩子查阅收集各种食用菌的视频、图片、书籍等，让食用菌课程展现出无限的生机。

听谢赛男讲食用菌课程，犹如走进了童话的天地。香菇变身加工厂、银耳工作坊、银耳羹制作坊、创意银耳甜品店、菌菇食品研发小站等，让孩子兴致盎然，不亦乐乎。“小菇农采蘑菇”“菌菇运输之路”“跳菇棋”“挑战蘑菇园”等游戏把孩子们带进了食用菌的大世界。“我讲姚淑先爷爷的故事”，阅读《雨中的蘑菇》《蘑菇的秘密》绘本，自制食用菌故事书，让童年的梦想在这里绽放。“我是菌都小小代言人”“菌科的秘密”“神奇的菌菇地图”“银耳变黄了”，孩子们畅游在食用菌的美丽王国里。香菇生产歌谣快板表演、《又是菇香银花开》歌唱表演、设计食用菌包装盒、制作食用菌商标、设计古田食用菌节吉祥物及其他文创作品，孩子们浸润其中，其综合素养得到生动的发展。

谢赛男钟爱着食用菌课程，她迷醉在孩子们的游戏之中。孩子们开展蘑菇大调查，欣喜怡然地采摘蘑菇，他们活跃在“食用菌小镇”中，“菌都文创馆”里的小身影在想象创意着，“菌都茶馆”里的小服务员们在忙碌着，“菌都甜品铺”中的小脑瓜在匠心独具地制作菌菇甜品。孩子们琢磨着甜品铺的布局，他们实地察看游戏场地，绘制甜品铺布局图；他们根据图纸搭建着自己的甜品铺；他们运用思维导图列出甜品铺营业时需要的材料清单。孩子们根据自己的喜好选择银耳甜品的配料及烹饪方法，在甜品铺里进行买卖交易，讨论决定洗碗工、服务员、厨师等的“工资”，孩子们自主地进行钱币兑换，并在班级开设银行，积累货币运算的经验。甜品铺就像一个小社会，幼儿在扮演角色中不仅了解了该角色的职责，感悟到了劳动者的不易，并在与“同事”“顾客”的频繁互动中，提升了责任感、成就感，更培养了团队意识。谢赛男带给孩子们太多的惊喜和感动。

天鹅城里飞翔的园本课程

三门峡市一直是我很向往的地方，著名的地坑院已经成为我的心底情结，它给了我很多儿童般的想象，我的思绪进入了那纺车的历史旋转：情满地坑院。

陈向荣从三门峡来到了东湖边，她有讲不完的幼儿园课程故事，那故事里带着地坑院的文化底蕴，带来黄河大坝的巍峨气势，带着仰韶文化的厚重，带着天鹅城的纯净与高雅。

陈向荣是三门峡市实验幼儿园的园长、河南省特级教师、河南省名校长。她在十三届东湖微论坛上做了交流。听她的声音，看她的表情，回味她的言语，都充满了她对三门峡的深爱，都流露出她对幼教的深情，都凸显出她对地域文化资源与园本课程建设关系的深刻理解。从她的交流，我们可以看出，每一个地方，都有着非常丰富的历史文化资源、自然资源、现代科技资源等，只要我们从儿童的视角去发现、挖掘和整合，就可以开发出各种各样的、深受孩子们喜欢的园本课程。

陈向荣带领她的团队，对于三门峡地域的文化资源进行了认真细致地调研，并在此基础上构建了六大课程主题：增强自豪感、感受家乡美、体验生活趣、了解民俗风、探索豫西情、领略艺术美。陈向荣知道，面对三门峡广博的课程资源，必须理性而有逻辑地进行规划，应力求使各个多元的资源本体最大限度地服务于幼儿五个领域的发展。她说，关键在于选择、梳理、整合，重点在于根据不同主题,开发和编织多维度的课程网,以引导孩子们快乐成长。

地域资源一旦成为孩子们钟爱的课程,孩子们的快乐与发展便会得到有力的保障。陈向荣说她们幼儿园的课程特别丰富。在三门峡市实验幼儿园,她们引导幼儿用摄影、剪纸、绘画等再现天鹅湖、天鹅的美丽,以此来浸润孩子们天真纯净的心灵;她们把黄河大坝雄伟壮丽的场景搬到幼儿园,让孩子们领略大坝的风光,感受大坝的气势;她们采用浮雕的形式来表现大禹治水精神的宏大,以此激发孩子们的自豪感和爱国情。陈向荣的思维具有很强的发散性,所以她们源于区域文化的课程建构,有着广阔的空间。她们的孩子们精心绘制仰韶彩陶,激赏宝轮寺塔、虢国博物馆、函谷关、黄河大桥、体育馆,仔细了解灵宝苹果、大枣、卢氏木耳香菇等。在地域文化里,存有大量的课程资源,只要我们心中有孩子、心中有课程,我们会有惊喜不断的创造。

严格说,我没有到过三门峡市,只是路过而已。听了陈向荣的介绍,我才知道三门峡市原来是一个特别令人向往的地方。想一想,当地域文化成为课程资源时,它对孩子们的影响究竟有多么深刻啊!陈向荣和她的老师们走进了一个无限宽广的课程世界,她们很富有,地坑院、捶草印花、澄泥砚、道情皮影、豫西花馍、豫西剪纸、仰韶彩陶、豫剧等都成了课程,孩子们在厚重的历史文化中成长。

陈向荣说,在地域历史文化、自然生态中,保有大量的课程资源,然而我们必须坚持几个基本点:其一,要始终用儿童的眼光去看待资源,看它能否转化为孩子们喜欢的课程;其二,所有课程都必须渗透游戏精神;其三,任何课程资源都必须在动态中依据孩子身心发展的基本规律,来进行调整和整合。地域历史文化涌动着幼儿园课程的清泉,陈向荣把孩子们带到了这个清澈的世界。

课程生成的核心在于孩子

张红宁认为，课程生成源于幼儿的遇见。遇见会让幼儿产生新鲜感和好奇感；遇见会激活幼儿的想象，会激发幼儿接触、探知、体验的欲望或冲动。因此，课程生成的决定因素是孩子，离开了孩子的兴趣与经验，课程的生成只会是无源之水、无本之木。

作为时任广西商务厅幼儿园园长，张红宁对幼儿的遇见与课程生成的哲学关系颇有研究。她说，生成课程是指在幼儿学习、游戏、生活等活动中自然生成的问题而形成的课程。生成课程的因素纵横交织，它需要教师拥有强烈的课程意识，能够敏锐地捕捉到幼儿遇见中自发问题的课程价值。生成课程对教师的要求比较高。它既是教师专业素养的体现，也是教师经验积淀升华的反映，还是教师的课程思想与灵感的深度融合。

张红宁认为，生成课程相比预设课程而言，更能激发幼儿的兴趣，更符合幼儿生长与心理规律，这也为课程的有效实施，为游戏活动的高质量开展，为教师基于幼儿经验的过程性指导，奠定了厚实的基础。在幼儿的遇见中生成课程，这也是一个很有诗意的做法，很符合幼儿烂漫的心理需求，很符合陈鹤琴“活教育”的理念。张红宁说，幼儿园教育强调一日活动皆课程，生成课程的机会十分多。生成的课程，也许是预设课程及时合理的改变或延展，也许是独立的新微课程，也许是需要较长时间来实施的大课程。生成课程的根本原则是孩子的兴趣点、是孩子五个领域的发展性。

张红宁有许多关于生成课程的案例和故事。中班的孩子在户外进行科学活动，活动的主题是了解、发现、认识春季。忽然，一只蝴蝶飞过来,孩子们的视线一下子都转移到了蝴蝶的身上:快看,小蝴蝶,多漂亮,多好看呀! 孩子们叫喊着、追赶着,兴奋地拍手。老师抓住幼儿这一兴趣点,及时生成"蝴蝶"课程。这是极好地顺应,也是从另一个角度把孩子们引向美丽的春天,此举把生成的优势体现得格外充分。

张红宁和她的教师们深爱着孩子,始终相信他们是课程的创造者。从某种意义上来说,真正受孩子喜爱的课程才是最能促进孩子发展的课程。张红宁说,从孩子的好奇与问题出发所生成的课程是最有生命力的课程。张红宁不停地讲着她幼儿园生成课程的故事:老师听到孩子们在交流喜欢喝什么,如牛奶呀,桔子汁呀,玉米汁呀,豆浆呀,于是就从孩子们交流中,生成了"豆豆"课程。黄豆和红豆、会爬行的豆豆、拜访杂豆铺、豆豆排队、捡豆豆、豆豆拼画、豆豆乐器、蚂蚁搬豆、豆豆聚会、豆豆发芽,把孩子们带进了奇妙的豆豆王国,让孩子的核心素养在豆豆课程中得到了发展。

"寻找果蔬之旅"是预设的课程,在寻找中,孩子们喜欢上了南瓜,老师干脆将南瓜开发成了课程:南瓜集市、南瓜宝宝找家、妹妹的大南瓜绘本、南瓜丰收狂欢节、南瓜盛装舞会、给南瓜宝宝穿衣服、南瓜美食大比拼、南瓜烙饼、百变南瓜面具等,简单的南瓜展开了孩子们无边的想象,南瓜成了孩子们创造的魔具、艺术的天堂、表演的舞台。张红宁园长阐述道,生成课程是一个动态的过程,教师在预设课程时,要有宽阔的视野,要创造生成课程的更多可能。预设与生成隐含着十分深刻的辩证法,预设课程也是为了更好地生成课程。

张红宁说:"生成课程的核心在孩子,但关键则在教师。"课程是幼儿园实现办园理念、凸显文化内涵、达成育人目标的重要载体;引导教师潜心研究生成课程的问题,具有特别意义。她表示,广西商务厅幼儿园将持之以恒地研究和生成丰富多样的园本课程，不断提升其品位和品质。

美丽如初之"生态式教育"

追随童年，美丽如初！这是贺为民园长在第十三届东湖微论坛上发出的诗意感慨。热爱诗歌的我，当然十分喜欢这样的表达。贺园长说，美丽如初是我们对幼儿教育纯净的理念追求，是我们敬畏生命、尊重儿童的表达方式，是我们进行生态式教育探索与实践的向往。贺为民越说显得越兴奋：我们试着让教育回到原点，因为儿童原本就是美丽的，他们原初的体验也是诗性的，幼儿园本应回到儿童原初的美丽，让美丽的"等待"把幼小的生命悄悄地点燃。

贺为民当时是江苏省省级机关实验幼儿园园长、江苏省陶行知研究学会理事、江苏第二师范学院国培计划特聘专家。我沉浸在她关于美丽如初的幼教图景的描绘中，我被她带到了美丽如初的生态式教育之中。我突然想：对于幼教领域里的科研表述并不需要那种深繁的词汇，仍然可以像孩子们那样，用画面来展现。从事幼儿教育的每一个人都应该葆有春光无限的内心，都应该葆有烂漫隽美的童心。

贺为民始终以一种美丽如初的憧憬，娓娓讲述着她们幼儿园的生态式教育。她说，所谓生态式教育就是强调以一种生态的教育观念和思想来思考、处理、解决幼儿教育问题，通过借鉴和模仿自然的生态系统，在人与自然、人与社会、人之感性与理性之间，建立一种共生互补、交叉融合、可持续发展的生态关系。建立一个复杂而又易于操作的幼儿教育生态系统，这无疑是具有很大挑战性的,贺为民和她的教师团队,选择以课题研究的方式,来攻克这一教育的难题。通过连续十几年的潜心研究,她们获得了众多突破性的成果,诸如幼儿园艺术教育与各领域融合的研究、儿童美术欣赏教育的实践研究、幼儿园生态式艺术教育活动实践研究、幼儿园生态式教育的实践研究、创建真正属于儿童自己的幼儿园的实践研究。贺为民深深地懂得:再美好的憧憬、再先进的理念,只有落地生根才有意义。她们立志在研究实践中落地,她们用辛苦地研究追寻着快乐,这是她们追随儿童、成就儿童,构建美丽如初之生态教育的纯净态度与诗意行为。

为了让美丽如初之生态教育能够植根于幼儿园的所有教育环节之中,贺为民带领教师们首先是研究课程。通过研究,她们认为幼儿园生态式教育课程的核心理念是使幼儿对爱、美、生命内涵获得丰富的体验;是启迪幼儿的心灵、激发幼儿内在的潜能,使幼儿的自然性、社会性、艺术性得到全面和谐可持续的发展;让幼儿教育回归自然、回归生活、回归儿童原初的美丽。通过长时间的研究,她们更加深刻地弄清了课程与幼儿内在生成的问题之间的哲学关系,弄清了课程的本质。贺为民园长说课程就是引导儿童发现问题,有问题就有课程,有问题就有学习,有问题就有创造。真正意义的课程就是给幼儿以机会,给幼儿以支持,给幼儿以鼓励,给幼儿以期待,给幼儿以欣赏。

在课程评价上,贺为民十分关注儿童发展性评价:在人与社会方面,主要关注人际交往、社会适应、倾听与表达、阅读与书写;在人与自然方面,主要关注科学发现、数学认知、动作发展与生活习惯、生活能力、感受与欣赏、表现与创造;在人的感性与理性方面,主要关注真、善、美以及爱和生命的意义。实际上,基于幼儿发展性的课程评价,是美丽如初的灯塔,是生态式教育建构的关键所在。

在美丽如初的之生态式教育过程中，江苏省省级机关实验幼儿园把爱与生命，把真、善、美的实践表达浸润在生态式教育文化统领下的师幼一日活动之中，浸润在专题体验活动之中，浸润在各种公益活动之中，浸润在中华传统文化教育活动之中。她们坚守着人文、开放、自然、清新的环境观和自由、自主、快乐、成长的儿童观。她们开发了生态式教育的园本艺术课程，如民间工艺美术、绘画、雕塑、建筑和民俗等课程，她们从幼儿园生活艺术形态、组织形态入手，在具体形象性、情感渗透性、形式多变性的系列活动中浸润着美丽如初的教育理念。

美丽如初，追随童年，成就童年，是贺为民虔诚的心声，这心声已经融进了美丽的东湖，也融进了我对幼教的整体认知，我感谢贺为民园长给了我崭新的收获。

有趣的微课程

幼儿园，实际上可以开发一些微课程。我所讲的微课程就是把一个比较微小的事情、习惯、生活常识或者技能等，设计成一个目标比较聚焦、内容比较生活化、过程比较简洁、时间比较简短的课程。或者也可以这样说，就是“一事一课程”。

曾经，我到江苏看到过一所幼儿园开发的一个十分有趣的红包微课程。课程内容就是关于红包与压岁钱的使用。整个微课程包含以下几个基本内容：

其一，让孩子们观看和了解各式各样好看的红包，以培养孩子们的艺术审美情趣。

其二,要孩子们调查:爷爷奶奶或者外公外婆幼儿时期得到的压岁红包是多少钱,爸爸妈妈幼儿时期得到的压岁红包是多少钱,然后看看自己得到的压岁红包是多少钱。孩子们调查的结果是:爷爷奶奶辈的压岁钱大概是二十元、十元、五元等,爸爸妈妈辈的压岁钱是二百、一百、五十等,而自己的压岁钱则是一万、五千、两千、一千、五百等。让孩子们知道这三代人的压岁钱是逐渐从少到多,他们会隐约地感觉到家里的钱是越来越多,日子是越来越好。这把中国社会的经济发展都蕴藏其中。

其三,让孩子们说他们的压岁钱积攒多了将来干什么。有的孩子说买书看,有的孩子说买手机,有的说买机器人,有的说买小汽车,有的说出国去旅游。压岁钱到底该怎么用,这个问题其实包含了非常丰富的教育内容,教师只要合理引导,就会让孩子获得许多感知:钱要攒起来,钱要花得有价值。

一个压岁红包,就可以形成很有意义的微课程,而且孩子们非常喜欢。这个微课程包含许多元素,有艺术领域的教育内容,如欣赏红包的设计;有社会领域的教育内容,如几代人的亲情体现;有科学领域的教育内容,如压岁钱多少的比较;有语言领域的教育内容,如说说压岁钱用来干什么。

从这个例子可以看出,微课程有鲜明的教育指向,课程设计与实施相对简单,孩子们也非常感兴趣。我们应该重视对微课程的开发与研究,使我们幼儿园的课程越来越丰富多彩。

亲子社会体验之共育课程

李明君是山西省晋中市第一幼儿园园长。第一次见到她是在第七届东湖微论坛上，这次在山西再次见到她，心头表现出特别的惊喜；尤其是听了她关于家园共建课程的生动演讲，心海漾起一缕缕赞许的波花。

李明君和她的教师们非常聪明地认为：家园共育，必须要有课程作载体；家园共建课程，是提升共育品质的重要路径；以亲子社会体验课程为抓手，特别能够将家园共育落到实处，因为它既能充分满足孩子们的心灵需要，也能最大限度满足工作繁忙的家长对放松心情的需求。这是一种对于人的本能之心性的合理观照。

晋中一幼在家园共育课程共建过程中，首先考虑的是课程的教育性。这是家园共育课程建设义不容辞的职责与使命，这是家园共育课程建设的关键之所在。用李明君的话来说就是，我们绝不仅仅只是浅层地去满足一下孩子们对陪伴与游玩的本能需要，而是想方设法让孩子们在亲人陪伴下的游玩获得五个领域的发展。其次，她们考虑的是课程实施的便利性。亲子社会主题活动可以选择的方向与地段、项目与主题、内容与方式都很多，李明君说她们必须考虑其便利性，必须站在家长的角度考虑，让家长便于陪伴，而且是让家长可以基于教育的目标去进行有质量的互动性陪伴。最后，她们把课程共建分成了三大版块：引入，微讲座引入，育亩沙龙引入；深入，图文深入，经历分享深入，计划共商深入；浸入，亲子社会主题体验活动浸入，专业性的助教式浸入，总结研讨凝练升华浸入。

李明君把家园共育植入到了一个既有挑战性、有专业深度而又有实质意义的课程共建之中。共建课程，它以一种强劲的力量把家长卷入到了共育之中。一幅幅生动的场景在展现：妈妈与孩子沉醉在甜点屋里，孩子与爸爸一起讨论汽车的构造，孩子与奶奶一起感受秋天的丰收。这种课程走进了生命的血脉，这种课程润泽着生命的支点,这种课程也创造了共育生命的色彩。

课程共建是家园共育的行为姿态,是家园共育的研究方式,是家园共育文化积淀的实在过程。李明君作为园长,其思维总在竭力地追问中行走,她想让家园共育进入一种可持续、能够产生预期价值的特有生态。

一幅画描绘出来的博乐教育

在贵州见到王卫霞,真的十分高兴。我们彼此都掩饰不住激动,仿佛那是第六届东湖微论坛的热烈现场,仿佛那是王卫霞园长在论坛上分享结束后我们畅叙的美好时刻。

来到了贵州,来到了贵阳的清镇市,来到了王卫霞所在的清镇市机关幼儿园。风风火火的王卫霞,带我参观着她们的幼儿园,于是博乐教育、动商课程的画卷徐徐展开:广博的地面和楼顶的运动空间跃动着孩子们的烂漫快乐的身影;一片幽静而宽敞的花草树木中,浸沐着孩子们的动商;空中的小小球场、室内的小小篮球场,讲述着博乐动商的故事;每个教室的运动游戏,启迪和积淀着孩子们的运动智慧。

博乐教育是凸显幼儿园教育本质的教育,是以儿童生命的快乐体验与成长为核心的教育。动商课程则是清镇机关幼儿园实施博乐教育的特色课程。动商是由南京理工大学王宗平教授潜心研究多年而得出的全新概念。王宗平教授指出,动商有狭义和广义之说。狭义的动商是指个体的运动商数,就是指个体克服自身和客观事物进行身体运动的能力,是人的运动天赋水平和运动潜能发挥能力,主要包括运动素质、运动心理、身体机能等;广义的动商则是指一切通过人的身体或身体某一部分活动所表现出来的人的自然属性和社会属性，包括身体运动、生产劳动、生活行动、社会活动的特质和能力，它是由先天遗传、后天环境和后天调控共同决定的。

王卫霞讲起她们的博乐教育和动商课程，显得特别有成就感。她说，我们的博乐教育与动商课程，不仅仅追求让孩子们获得真正的童年快乐，也为孩子们未来的人生快乐奠定坚实基础；我们的博乐教育与动商课程，不仅仅讲究内容的广博之乐，如运动健康之乐、语言魅力之乐、社会合作之乐、艺术创造之乐、科学探索之乐，还讲究方式的广博之乐，室内区角游戏之乐、户外循环游戏之乐、阅读体验之乐、茶道分享之乐。我们的品牌课程是动商，我们与贵阳幼儿师范高等专科学校合作，共同构建动商课程开发与实验基地，以课题研究与实践为抓手，以运动节、运动赛、家园运动会为载体，大大丰富了动商课程的内容。

当天在王卫霞的清镇市机关幼儿园参加活动的还有贵州铜仁市的几位园长，我们便在王卫霞的主持下，举办了一个微型沙龙。侯磊督学作为博乐教育的指导者，简明扼要地介绍了博乐教育的主体架构，并深刻诠释了其园训、园风、教风、学风等的基本内涵，园训：博自生活，乐自游戏；园风：精微乐礼，博雅芳慧；教风：精研乐教，博爱善诱；其学风则为精进乐学，博闻广识。

可以说无论走进哪所幼儿园，我都十分关注其文化理念的建构与教育形态之下的课程实施。清镇市幼儿园的博乐教育与动商课程，具有其独特性。王卫霞的行事做派很符合博与乐的内涵，真可谓地地道道的博乐教育的形象代言人；王卫霞，她为人真诚、性格直率、思维活跃、言语幽默、乐观开朗和热情似火。她说她是典型的辣妹子。

对于王卫霞与她的团队所构建的博乐教育之下的动商课程，我还想说几句。我认为在幼儿园教育中提动商有着十分特别的意义，因为孩子的健康应该摆到首位；社会上，甚至教育领域，对运动意义的认识过于狭窄，甚至存在某些误区，在幼儿园研究和实践动商教育，具有重要的价值；发现和展示幼儿的运动天赋与潜能，是对加德纳多元智能理论的行为性诠释。王卫霞园长还在畅想，她的四所幼儿园今后将如何最丰富、最有效地推动基于游戏的动商课程的建设与实施。我期待着，期待她们的动商课程成为全国幼儿园教育领域里的瑰丽之花。

王卫霞思维独到，她们的幼儿园正在绘制一幅画：将幼儿园的全体班子成员的名字的诗意解读，绘制成幼儿园的梦想蓝图。这让我特别开心，我总希望幼儿园的文化呈现应该是一种儿童喜欢的特有方式，王卫霞的思维中充满了儿童的色彩，洋溢着烂漫情怀，快乐是她生活与工作的主旋律。这幅独具匠心的画作尚未完成，它还在绘制之中，我想这幅画所描绘出来的正是王卫霞和她的团队关于博乐教育未来成果的灿烂与辉煌。

生活课程深受孩子们喜欢

去了许多幼儿园，看了许多孩子们的活动，我有了一个越来越清晰的结论：生活课程，孩子们特别喜欢。

那次到内蒙古自治区党委幼儿园，孩子们做饺子时的那劲头，在我的脑海里刻下了深深的印记。后来再次到内蒙古，在公安厅幼儿园看到孩子们做针线活、踩缝纫机、清洗蔬菜、磨制豆浆、做莜面等，让我兴奋不已。我还品尝了孩子们磨的豆浆、孩子们做熟的莜面。我愈加觉得生活课程在孩子们成长中有重要意义。

那天到河南范县第一幼儿园，我看到了更多的生活课程，有做蛋挞和蛋糕的、有磨豆浆的、有做煎饼的、有做水果沙拉的、有帮助洗发的、有擦皮鞋的、有清洗绿植的。我记不清还有多少，但孩子们兢兢业业做事的场面真让我太惊讶了。

于是，我就一直在想，孩子们为什么如此喜欢生活性课程或活动呢？我猜，一是孩子们在家最早、最多见到的是生活方面的事情；二是对于吃喝之类的东西，孩子们本能地或者天然地对这些特别感兴趣，做了还可以及时品尝，这就更能够吸引孩子们；三是做生活方面的事情，孩子们很容易获得成就感；四是孩子们喜欢模仿大人做事，喜欢那种做大人的感觉，并且大人们生活方面的事情孩子们比较容易模仿；五是孩子们对真实活动或者像蒙台梭利所讲的“工作”会有浓厚的兴趣，他们希望真的做事情，做真的事情。

幼儿园要充分理解孩子们的心理需求，要深层了解孩子们的兴趣爱好，也要基于孩子们生活、生存的启蒙教育，注重开发一些生活类课程，创造真实的工作状态，让孩子们的自主性、兴趣性、生活体验性都能有效的发展。

意义重大的“走班制”

中小学的走班制我看得比较多，尤其是新课程、新高考背景下的高中教学走班制，更是形成了制度。没想到幼儿园走班教学也在悄悄兴起，只是这种走班与中小学还是有比较大的区别。我今天要说的是内蒙古包头青山民幼集团新世纪幼儿园的走班制。

青山民幼集团总园长刘建琴反复跟我讲她们推行走班制的做

法，每每介绍时就像在品尝世界上最稀珍的美食，眼睛里散发着令人羡慕的光亮。

我对幼儿园走班，很感兴趣。于是我抓住机会不断与分园园长张翠玲、总园长刘建琴讨论，我试图要弄清幼儿园走班的必要性、走班的重要意义以及走班条件的创造与机制建构等相关问题。我是一个喜欢追问的人，没有十足的把握，我并不会轻易去评价或赞美一种做法。

在青山民幼新世纪幼儿园，走班成为一种必须或一种常态。通过刘建琴和张翠玲的讲述，我理解了她们对走班制的坚定选择与不懈探索的重要理由。

其一，它最大限度强化了资源共享的理念。也就是说，通过各种丰富的走班活动，让所有孩子能够享受到幼儿园的一切资源。要知道，资源对于孩子们来说太重要了。资源就是课程，资源就是潜移默化的影响，资源就是各种教育的实体呈现。每个班有着不同的玩、教具，有着自己独特的环境或文化，有着自己不一样的风格与力量，这些都是资源。实施走班制，这些资源，便成为所有孩子最有价值的课程，最有力道的教育元素。走班制实际上就是一种最好的资源共享机制。

其二，有效促进了班本文化与班本特色的建设。由于要走班，各班教师便愈发看重班本文化与班本特色建设，他们在走班交流过程中，受到了莫大的鼓励，也同时受到了很大的启迪，他们更加认识到班本文化与班本特色在走班制状态下的价值。于是，走班制对于研究和探索班本文化与班本特色的建设，具有重大的作用。

其三，大大拓展了孩子们的视野，大大激发了孩子们的创造力，也有效促进了孩子们的社会性交往。每个班，对于走班制状态下的孩子们来说，都是一个崭新的世界，都让他们充满新鲜感和好奇感，也会激发起他们内心创造的欲望。孩子们在走班制中，会自然焕发出一种游戏、学习与发现的巨大热情。

幼儿园走班制教学让孩子们形成一种新的意识：班级并不是固定不变的，也可以选择与循环；还可以让孩子们累积一种可贵的经验，到了小学、中学，能够十分自然地接受更高层次的走班制。是啊，深刻认识一种教育模型的内涵，对于提升教育品质有着十分重要的意义。

一位家园共育的研究型园长

她，在我眼里，是名副其实的研究型园长；她，在我心里，是响当当的家园共育研究专家。

与她认识，是在那个云雾缭绕中的小镇；牢牢地记住她，是因为她在重庆名园长微论坛上的深度演讲；发自肺腑地欣赏她、钦佩她，是她在第九届东湖微论坛上所作的精彩报告。

她，叫赖天利！人类赖以生存和发展的核心元素是天时、地利与人和。她，赖天利，名字中就藏着这个哲学的定律。

赖天利是重庆市大渡口幼儿园教育集团总园长，是著名的特级教师。她是一个拥有八所分园的集团幼儿园总园长，总在大江南北传递她的研究与实践成就。

赖天利在家庭教育的历史长河中，在家园共育的“崇山峻岭”中，苦苦寻觅着共育之道、共育之术。道和术构成了她仰望星空的宏博视野与脚踏实地的行走姿态。这不正契合了一个教育专家的特质吗？

赖天利深谙幼儿园文化建设与家园共育的哲学关联。她站在共生之道、共享之道与共赢之道上,凝合了和美文化的认知。她诗情款款地阐说着和美润泽生命的义涵,描绘着滋养童年的美景。她诵吟着一个十分哲学的理念架构:领导之于和美,在于人文、高效与创新;幼儿之于和美,在于自主、快乐与友爱;教师之于和美,在于学习、合作与共进;家长之于和美,则在于和善、智慧与榜样。

赖天利试图在家园中催生出一种不可分割的土壤,创造一种润泽儿童的天时、地利与人和。她要坚定不移地改变那种泛爱、泛育、泛研的惯有格局,她要从生命至重、无条件接纳、肯定或赞美、安全感与榜样等五大心理的角度,形成家园共育的清清荷塘。

赖天利既有云端的凝望,更有清脆的足音。她们的幼儿园建立了系统化的家长培训课程,其菜单还真是很有些别致。她们有父亲在孩子成长中的影响专题,她们有女幼教养问题与男幼教养问题研讨课程,她们有如何引导孩子在生活中学习数学的课程,她们有母亲教子有方经验分享课程,她们有父母心、儿女情专题系列讲座课程。赖天利认为提高家长专业水平,必须要建构贴近家长痛点的专业课程,必须从骨子里、从灵魂深处、从各个环节上一点一滴突破,这是家园共育的基石。

除了专业课程培训引领外,赖天利的幼儿园还通过新生家长见面会、家访、每日在线悦谈、教育故事分享会等精细服务,让家长感受园所的专业与用心;通过家长大讲堂、父母训练营、育儿荟热线、读书会等活动,让家长认同园所的专业与敬业;通过正确的沟通方式与技巧,让家长信服园所的专业与真诚。

一旦进入家园共育的深度世界,便会赏略到更加曼丽的风景。赖天利把家园共育带到一个高山之巅的美丽状态。她们通过研究,将家长资源进行结构性分类,进行高效模式地整合,让家长介入幼儿园课程开发与实施的全过程。这是一个大胆的举动,这是家园共育的蜜月阶段，或者叫作高级阶段。赖天利真的是一位家园共育的研究专家！

童趣盎然的博探求真

昆明市五华区园博幼儿园办园时间不长，但其内涵发展颇有特色。园长杨鸿说“自然童趣、博探求真”是她们幼儿园的办园理念，而且她认为办园理念是一所幼儿园的灵魂，决定一所幼儿园的方向和格局。办园理念的确立与实践有助于用先进的教育思想凝聚人心，鼓舞士气，有助于丰富教师工作的心灵期待，有利于帮助教师明确努力的方向，从而使教师获得更快、更好的成长，最终促进幼儿园更好达成育人的目标。

我是在第十六届东湖微论坛认识了园长杨鸿，质朴的举止，温和的性格。她是精心精意、默默做事的园长。她在论坛上分享了园博幼儿园文化理念，她说“培养生命力旺盛的全面发展的幼儿”是她们幼儿园的育人目标。“让爱成就彼此”“循规律、施爱心、提专能”“认真专注、勇于探索，乐于创造”等是她们幼儿园的理念体系。这些理念就如同杨鸿的性格一样朴实。整个理念充分凸显了“自然童趣，博探求真”的办园思想，也很好地吸收了陶行知的“生活即教育”、卢梭的自然主义教育、陈鹤琴的“活教育”等教育思想。这旦让我想到不少专家强调的一个观点：园长首先是教育理念或者思想的领导者。一所幼儿园要办出品位，首先园长要有品位，要有理想追求，园长绝不能只是一个日常工作的管理者。

昆明市五华区园博幼儿园在短短几年的办园历程中，认真研究和实践幼儿科学教育，取得了长足的发展。她们建立了海洋馆、两栖动物生活馆、珍奇植物馆、种子博物馆等自然科学体验馆,还建立了生活体验馆、智慧阅读馆、树林探秘区、蔬菜瓜果园。她们与高校共建科学实践基地。她们有博趣楼,童趣科学启心智;有博雅楼,传统文化润童心;有博乐楼,良好习惯伴终生。举办博趣杯亲子活动,博乐杯幼儿探秘活动。杨鸿说:“我们提出‘童趣科学启心智’,主要是希望孩子们兴趣广博,志存高远。希望孩子们广博地了解自然科学,人文风俗,了解历史、地理、伟人等,既引导幼儿了解今天的,也了解过去的,既了解宇宙,也了解星空……在园博幼儿园,有植物区、植物角,有小实验区、观察角、阅读角,有手工创意区、沙水游戏区,可以让孩子们沉浸在科学的探究中。”

在杨鸿看来,科学教育是幼儿园教育中非常重要的教育,她觉得好奇是幼儿的天性,而好奇又是科学探究的重要基础。在幼儿启蒙时期,引导幼儿走进科学的王国,是幼儿园教育必须要重视的问题;幼儿时期,也是培养幼儿科学思想的有利时期。昆明市五华区园博幼儿园依据幼儿的学习特点和方式,积极探索开发“科学启智”主题课程,其课程力求体现直观性、趣味性和活动性,力求将集体、小组、个别、区域等融合一气。为开发和实施好“科学启智”课程,幼儿园十分注重培养教师观察和思考的能力,使其能够有效引导幼儿进行丰富地探究,以练就孩子一双发现世界的眼睛,培养幼儿认真、专注、探索思考、勇于创新的科学素养。

杨鸿说,大自然是最丰富的“科学启智”课程资源,园博幼儿园以培养幼儿科学素养为课程核心,通过创设微型博物馆群和各功能馆,以探索、操作、验证等科学活动,培养孩子们好奇心、求知欲,最终形成一种科学的意识、习惯、精神、思维,启发幼儿的“科学精神”与“科学思维方式”,形成受益终身的学习态度和能力。

科学是幼儿园教育的五大领域之一,每所幼儿园都会探索科学教育，而实践证明科学教育是有一定难度的。杨园长说："我觉得幼儿时期正处于科学启蒙阶段，需要悉心呵护幼儿与生俱来的好奇心，实施科学教育就是要培养他们对科学的兴趣和求知欲，引领他们学习与周围世界有关的科学知识，帮助他们体验科学活动的过程和方法，使他们了解科学、技术和社会的关系，乐于与人合作、与环境和谐相处，为幼儿终身学习和全面发展打下基础。"杨鸿说："通过大量的实践，我们认为可以让幼儿对周围的事物有强烈的好奇心，即探索周围世界和学习科学的兴趣，保持关心、爱护自然的积极情感和态度；可以帮助幼儿开发大脑，教会幼儿用适当的方法表达、交流探索的过程和结果；爱护动植物，关心周围环境，亲近大自然，珍惜自然资源，有初步的环保意识等……'自然童趣，博探求真'既是我们幼儿园科学教育的理念，也是我们探索科学教育的成就。"

应和大自然的"课程节奏"

她说："大自然的节奏就是我们的课程节奏。"我的大脑迅速转动起来，"课程节奏"是不是课程美妙的韵律？是不是课程趣味横生的音乐姿态？我倾听着她弹出的漫动的"课程节奏"，我在自己思维的森林中应和着这一节奏。她叫黄云峰，她是河北省承德市第一幼儿园园长，曾荣获全国三八红旗手、第十三届宋庆龄幼儿教育奖、河北省政府优秀园丁奖等多项荣誉称号。在第十六届东湖微论坛上，黄云峰描述着她们的幼儿园，她说承德市第一幼儿园是燕山深处的一所省级示范园，位于避暑山庄清宫内，为清朝时"阿哥所"旧址。她说她们幼儿园有着丰富的历史文化资源，她们正研究和实践着融润和趣传统文化教育,并取得了良好的效果。

融润和趣传统文化教育的“融”,即“融入贯穿”,将传统文化教育融入贯穿幼儿一日生活。“润”,即“润物无声”,让教育活动以生活的状态、潜移默化地影响幼儿树立文化自信。“和”,即“和谐共生”,通过活动使幼儿与他人、与自然建立相互促进的积极关系。“趣”,即“生动有趣”,尊重幼儿的学习特点、创设游戏化的传统文化教育课程。融润和趣,宛如琵琶的节奏,浸入幼儿的心灵深处。

黄云峰铺陈着承德市第一幼儿园融润和趣传统文化教育的实施画面。那里有丰富多样的传统节日课程。黄云峰认为传统节日课程的实施有利于促进幼儿健康情感的培养,有利于幼儿合作、交往能力的提高,有利于激发幼儿的创新思维,有利于促进家园共育。她们把春节、清明、端午、中秋、重阳等带进幼儿的认知世界。传统艺术课程浸润着幼儿的素养,那诗词、水墨画、陶艺、纸艺、印染、投壶、舞龙、骑竹马、蹴鞠、赛龙舟等,让幼儿走进烂漫的艺术天地。二十四节气课程更是琳琅满目。黄云峰说,二十四节气是中国古代的一项伟大的创造,是中国传统文明的载体,它包含着丰富的内容,涉及文学、历法、农业、饮食、安康等,这些文明对幼儿审美情味、文明品德等方面的造就都具有重要意义。二十四节气课程能让幼儿跟随大自然的节奏生活、劳作,能让幼儿了解自然规律、感知人与自然的关系,如“谷雨养蚕忙”课程,演绎着节气魅力。从谷雨开始,幼儿园建立蚕室,教师带着幼儿一同养殖春蚕,让幼儿在参与养殖的过程中,了解卵、幼虫、蛹、蛾等四种形态的成长过程,感悟生命轮回的意义。孩子们从陌生到了解,从害怕到喜爱,在伴随蚕成长的过程中,以自己的方式解读着蚕的生命。

这是在世间生命皆平等的视角下，一种生命对另一种生命的理解与尊重。

秋分丰收节课程创造着丰收，享受着丰收。孩子们欢天喜地地庆丰收、享丰收、晒丰收、乐丰收，既积累了他们对丰收的认知经验，也让他们感知到人与自然和谐共生的亲密关系。黄云峰兴奋地说："春生、夏长、秋收、冬藏，大自然的节奏就是我们课程的节奏。"俗语道：春种一粒粟，秋收万颗子。谷雨前后，幼儿和教师开始在种植园里忙碌起来。播种、浇水、观察……幼苗在的师幼的精心呵护下悄悄生长，等待着丰收时节的到来。享丰收"五彩饭"课程来了，秋天的果实丰富了幼儿的触觉、视觉，自然的味道灵敏了幼儿的嗅觉和味觉，五颜六色的农作物让孩子们对自然之美有了进一步的感知，丰收的含义在幼儿的脑海中更为真实、饱满、立体。冬至冰雪课程晶莹剔透，是的，"冬至"不是万物静寂，而是新的开始。在冬至这一天开展冰雪节活动，一是契合了大力发展冰雪运动的时代要求。二是吸引幼儿走到室外，跑起来、动起来，像自然界中的生命一样，积聚能量，做好再一次春生夏长的准备。冰雪活动课程十分丰富，有感知活动，如堆雪人、打雪仗；有探索活动，如做冰挂、做冰壶；有表现创造，如构建冰雪迷宫，设计冬奥吉祥物；还有旱地冰壶游戏，如何移步站位？如何保持身体平衡？让幼儿体会游戏的乐趣，培养幼儿团结协作的精神。孩子游戏中，教师进行巡回指导。为了更好地让幼儿体会到冰壶的乐趣，还组织幼儿进行分组比赛，向幼儿讲解游戏的规则。孩子们相互传球、接球，在游戏中锻炼着手眼协调的能力，体验着合作游戏的愉悦。

黄云峰快乐在孩子们的快乐之中，脸上总是洋溢着幸福微笑。她不无感慨地说："文化的长河绵延不断，承德市第一幼儿园的融润和趣传统文化教育也将始终在路上。承德市是著名的文化之城,我对其怀有敬畏之心;我期待有一天能走进承德,能走进承德市第一幼,能亲身感受一下融润和趣传统文化教育的风采。”

从“莲花课程”看园长课程领导力

做好幼儿园园长,真的特别不简单。园长在幼儿眼里是亲切的园长妈妈;在教师眼里是领导者,是课程开发与实施的引领者;在社会各界人士的眼里则是响当当的教育专家。园长的高度决定了幼儿园的办园品质,园长是幼儿园的文化灵魂。我今天要给朋友们介绍的园长叫王微丽,她是原广东省深圳市莲花二村幼儿园园长、正高级教师和广东省特级教师。

王微丽主编出版的学前教育专著高达十九本之多。一个多么勤奋的园长啊,仅从这一点也可以看出王微丽的课程领导力。这种强大的领导力催生出了具有品牌价值的莲花课程。莲花课程主要通过支持儿童的主动学习,实现爱与智慧的教育。课程育人目标是培养文明、自信、有个性、会学习和敢创新的健康儿童。课程理念重点体现在三个维度:一个是经历,让儿童经历多元的学习生活。第二个是经验,让儿童在经历中积累丰富的经验。第三个则是经典,让儿童在经验中收获生命的经典。莲花课程的建设与实施要给孩子提供可以亲身经历的学习过程,让他们在亲身的经历中去积累更加丰富的生活和学习的经验,这种丰富的经验慢慢会成为他们的个性品质,再成为良好的学习品质,最后成为一个人生命中的经典。

第二十八届东湖微论坛上,王微丽说,莲花课程的开发与实施首先是确立理念。确立理念十分重要，它关系到莲花课程的指向。理念也是课程审议的重要依据。理念还彰显了莲花课程的独特性与品牌价值。在课程的建设策略上，我们让孩子亲近自然，接近社会；我们建构了促进全园幼儿全面发展的多层次、高品质的园本课程体系，并形成一套适用于莲花二村和深圳特点的莲花课程。在莲花课程发展历程中，共经历了四个阶段：第一阶段是启动阶段。在这个阶段基本是学习与借鉴为主。第二个阶段是整合、调整阶段。不断吸收精华并努力将其本土化。第三个阶段是完善的阶段。在这个阶段关注发展与提升，同时把中国文化结合进去。第四个是突破创新。那就是建构园本化课程的阶段，最终形成了莲花课程。

莲花课程的核心内涵是：以支持儿童的主动学习为核心，以有准备的教育环境为前提，积极支持儿童的个性化学习，让儿童在丰富的体验经历中、积累经验并形成经典。莲花课程共有五个组成部分：莲花课程的根，主要是构建价值体系；莲花课程的花，主要指丰富的教学实践；莲花课程的梗则是系统的教师培训；莲花课程的叶，重点是课程评价；莲花课程的果是关注儿童发展。为什么要叫莲花课程呢？首先是特定地理位置，莲花二幼位于深圳莲花山旁边，莲花是中国文化的象征，它代表着“出淤泥而不染，濯清涟而不妖，中通外直，不蔓不枝”的高尚品质与精神，历代文人对莲也有很多的赞美，所以莲花课程的根代表课程的价值体系，即课程追求什么？花，就是进行教学实践；梗，就是教师构建支架；叶，就是课程评价；果，就是儿童发展，是莲子宝贝的成长。

莲花课程借鉴了蒙台梭利教育法，着力创造有准备的激发性教育环境；运用多元智能理论，促进孩子的个性化与全面发展；学习瑞吉欧的教学方式，强调主题活动的生成性；深刻理解陶行知先生的教育理论，让幼儿的一日生活成为教育现场；融入高宽课程中的计划、回顾教育策略,让孩子过有序的生活。

王园长说,莲花课程致力于打造能够让幼儿在对话、交互中成长的环境。他们关注每个环境或情景的主体功能的凸显。在学习环境的创设中,努力为幼儿的生活与学习提供全方位的支持。户外活动环境创设,充分体现自由、安全、快乐、全面、高效、合理、充足等原则,并坚持整体与部分兼顾、开放与围合平衡、静态与动态结合的策略。公共活动环境创设原则,充分利用场地特点,设置多样的公共区域,且要适应不同幼儿年龄的差异性。

王园长津津有味地讲着莲花课程的故事,他们十分重视在幼儿一日生活中蕴含丰富的学习机会,而且重点思考如何让教师去高效地利用高品质的一日生活。他们十分重视幼儿的体育活动,因为儿童体育活动是孩子健康体魄、愉快情绪的重要基石。他们会对各个场地进行整体的分析,同时对各种器械的利用方式进行探究和整合。他们对体育活动会做具体的三年规划。让教师清楚地知道让不同年龄阶段的儿童去掌握什么,并可以怎么去做。莲花课程重视是幼儿区域活动与个别探究。个别探究主要是要为幼儿创造有准备的区域活动环境,这既是物化的有序的学习环境,也是基于自由、自然、温馨、充满鼓励的人文环境。区域活动是儿童与材料的互动,教师是观察者的角色。对于材料,要求其必须具有操作性、丰富性、层次性、引导性等基本特点。每个班级的材料都高达一千多份,包含低结构、高结构材料。在使用上,他们会根据孩子的需要进行调整,甚至一周要调整好几次。

我沉浸在王微丽的莲花课程世界中:孩子们在进行个别探究的过程中,教师要尊重儿童的学习兴趣和他们的自主选择。尊重他们的学习节奏。我们会把活动区域进行划分,诸如预备区、基本区域、创意区域、延伸区域。在各类活动区域中,每个区域活动都有总目标和不同层次的目标。我们会从情感、态度、能力、知识、技能等方面来进行评价。而我们的主题活动则具有八大特点，它具体包括目的性、计划性、探究性、合作性、平等性、综合性、灵活性、主题性。在我们的课程评价中，主要以动态化评价和情景化评价相结合。动态化的评价方式会采用日评价、周评价、月评价、学期评价进行。

莲花课程是一个复杂的系统工程，王微丽认为园长必须要具备很强的课程领导力。所谓园长课程领导力，是指园长带领教师团队为实现共同的课程愿景而迸发出的一种思想力与行动力，是以园长为核心的课程管理团队，为提升幼儿园课程品质，在课程实践过程中所体现出来的规划、执行、建设和评价的能力。园长的课程领导力与园长的个性特质及自身专业发展密切相关。思想力是园长世界观、人生观、教育观、儿童观、教师观等的综合体现，是园长的行动力，是园长制定战略意图、完成预定目标、梳理实施路径的操作能力，是一套通过提出问题、分析问题、采取行动、实现目标的系统流程。园长的课程领导力，在很大程度上关乎着幼儿园的可持续发展。王微丽说："莲花课程坚守一个理念：快乐且有价值。牢固两大根基：爱与智慧，用智慧之爱拨亮每一个生命自信的光芒。要顶立三根支柱：阳光、自然、致远。"莲花课程要致力于培养文明、自信、有个性、会学习、敢创新的健康儿童。

王园长说，课程建设的实践阶段，园长是课程实施的领航者，是教师专业成长的支持者和人际沟通的协调者。在课程建设的总结与发展阶段，园长是课程总结的引领者，是课程发展的质疑者，是课程文化的营造者。园长课程领导力的实施路径：在课程建设初始阶段是课程资源的整合者，寻求专家支援，组建课程建设核心团队，与家长委员沟通，取得家长全面支持。在课程实施的重要阶段，园长是课程创新的推动者。园本课程建设，不仅需要借鉴优秀的课程模式,更需要结合本园特点进行创新与改革。因此,从开始我们就定下以我为主、他为我用的建设原则。园长作为课程发展的领导者,必须成为教师专业成长的支持者,聚集各种资源、提供多种途径促进教师专业化。园长是课程发展中人际沟通的桥梁,是课程建设过程中教师与专家、教师与家长、教师与教师等关系的协调者,要为课程建构营造良好的人际氛围,要为课程发展提供必要的资金支持与保证,必须为教师的困惑建立支持系统,必须搭建专家与教师对话的桥梁,构建以助力课程发展为核心的管理运行机制,必须有效与家长沟通,建立其对课程的信任与支持。

王园长发自肺腑地抒发着内心的诗意:要修炼较高的课程领导力首先要修炼做人的核心品格。学会做人,学会做明白人,要修身养性炼心,增长智慧;学会做事,做明白事,学习实践反思。王微丽园长认为生命的意义在于尊严和责任,做一个负责的人以捍卫尊严,也要做一个有尊严的人以守护责任。一路走来,王微丽有爱相伴,因为付出了智慧和爱,因为用心地对待每个孩子,所以收获了更多的爱与信任,她把工作变成一场生命的疗愈。王微丽激情地说,心中有爱,胸中还要有志,要为自己树立目标,以目标引领专业发展,让职业生命有方向;要做到目中有人,与万人同在中理解人性;脑中有智,开启人生一段爱与智慧的旅行;手中有活,努力工作就会有收获;脚下有道,道是有方向且通畅的路。

灿烂的王微丽,踩着自己的旋律,唱着属于自己的生命之歌。莲花课程长在莲花山的绿植之中。园长的课程领导力,是幼儿稚嫩的天性绽放,是教师专业成长的沃土与摇篮,是幼儿园高质量发展的保证。

朱瑶自创数学纸牌游戏

我是在第十届东湖微论坛上认识了朱瑶园长，她当时是浙江师范大学杭州幼儿师范学院附属幼儿园园长兼幼教集团教科研中心主任。朱瑶说，她知道许多家长希望自己的孩子能够深深地爱上数学，她懂得家长们内心深处的所有理由，于是，她暗自下决心：一定要想办法让孩子们喜欢上数学，一定要让孩子们在轻松愉悦的游戏中走进曼妙的数学王国。

朱瑶千思万想，开始琢磨幼儿数学纸牌游戏。她调集自己的智慧，她开启自己的情商，她虔诚而深刻地研究着。终于有一天，那样一个打上朱瑶名号的幼儿数学游戏纸牌隆重诞生了。朱瑶十分兴奋，她将自己的决心变成了现实，她将自己的殷殷期待变成了现实。朱瑶的梦想之花鲜亮地绽放了。

孩子们爱上了数学纸牌游戏，爱得兴高采烈，玩得不亦乐乎。孩子们在玩中做着属于自己的记录，孩子们在玩中提出各种各样有趣的数学问题，孩子们在玩中尽情享受着发现数学奥秘的巨大喜悦。

有一个孩子用“7”表示最大，老师问他为什么，他说一个星期有7天，“7”就是最大呀！这是多么美丽的数学表达呀！孩子们玩着他们心爱的数学游戏牌，他们玩比较与测量，他们玩时间与空间，他们玩形与集合模式。孩子们在玩牌中建立着数的概念、锻炼着运算能力、体验着合作玩牌的无限乐趣。通过玩牌，孩子们学会了用数学语言来表达自己对“数”的理解；通过玩牌，孩子们学会了以评价的方式记录自己学习的轨迹。孩子们不断丰富着玩牌的方法,并悄悄地建构着数学思维。

我长久沉浸在朱瑶园长的故事中,我长久陶醉在孩子们的玩牌中。一幅幅画面在展开,孩子们在颜色分类中计数,孩子们在标识分类中计数,孩子们兴趣盎然地接数、整数,孩子们一张一张地点数、单双数数,真是其乐无穷。孩子们数牌的策略越来越多样化,他们在观察中发现着牌面的特征、感知着牌的结构,他们运用数牌策略解决理牌难题,他们把数学经验综合运用在生活之中,他们运用各种奇妙的数学方法自主快乐地玩牌。

朱瑶真的了不起!她喜欢挑战,她喜欢在解决难题中享受一种独特的快乐。这也是她心灵中永恒的风景。

幼儿军体游戏的"百科全书"

幼儿军体游戏,对于我来说,并不陌生。但听了广西军区幼儿园园长范桂宁关于幼儿军体游戏的报告,真让我大开眼界,能够如此系统研究、开发和实施幼儿军体游戏,真出乎我的预料。我不得不感慨:广西军区幼儿园正在创编着幼儿军体游戏的百科全书。

范桂宁有女性园长的美丽和柔雅,也有军人的精气神。她在幼儿军体游戏研究与实践方面,有着十分丰富的想象力。她以一个军队幼儿园园长的独特视野,以深厚的军事文化为内容,以增强幼儿体质为主基调,以培养幼儿坚强勇敢、独立自信与团结合作的个性品质为目的,构建着她的军体游戏王国。

范桂宁希望她幼儿园的孩子们具有爱军情结:崇拜和热爱解放军;范桂林希望用军体游戏来培养孩子们的爱军情。范桂宁认为，作为军队的幼儿园，培养孩子们的爱军情，既具有特别的资源与优势，也具有顺理成章的责任与担当。在范桂宁的思想与情感深处，不断书写着对军人的爱，她要把这种爱传递给孩子们，因为祖国的强大与民族的复兴，需要这种深深的爱。我对爱军情是有特殊认知的，因为在我的大家庭里，有四位军人，我深深懂得范桂宁坚持培养孩子们爱军情结的重要意义。

塑军姿是范桂宁办园追求的重要内容，她想让孩子们在军体游戏中，好好锻炼身体，都练得强强壮壮；有如军人一样走、跑、跳，有如军人一样跨越、攀爬、投掷；拥有军人一样的身体灵敏性和反应能力。军人有着特有的精神姿态，那健壮的身板、铿锵的步履、神速的反应、内在奔突的力量，都内化为孩子们崇尚的目标。我想，范桂宁园长的脑海里一定时刻浮现着孩子们通过军体游戏所锻就出来的军人姿态。

范桂宁深深懂得，研究和开发军体游戏课程的核心目标是树军魂。她深深铭刻着中国军人的意志，这种意志必然强烈地驱使着她要将孩子们的身心磨炼成勇于战胜所有困难。广西军区幼儿园通过军体游戏，力求培养孩子们像军人那样与同伴合力战胜困难的坚强意志，培养孩子们如军人一样自主、自立、自强的精神特质。军魂体现了中华民族的传统美德，体现了中国人民百折不挠的顽强毅力，让孩子们树军魂，旨在培养孩子们的军人品质。

范桂宁与她的教师团队从中国人民解放军的陆军、海军、空军、火箭军与战略支援部队等不同军种中，找到军体游戏的灵感，如由空军伞兵降落而设计的游戏：我们都是勇敢的小伞兵。让孩子们模仿空降兵从高处往下跳，训练其胆量。受军种武器装备丰富多样的启发，她们引导孩子模仿制作各种各样的武器装备，模仿操作武器的各种动作，如我是超级神投手。根据各种战法开展红蓝军对抗游戏,如幼儿在两军对垒的过程中,灵活运用游击战,锻炼幼儿躲闪和投掷能力。

范桂宁认为,无论我们从什么角度入手去开发幼儿游戏课程,我们都应该坚持追寻自由、自主、创造、愉悦的游戏精神。她们的军体游戏充分考虑了幼儿的身心特点,充分考虑了从幼儿兴趣入手去寻找价值点,而且在精心预设的基础上,尽可能让幼儿自主生成。她们幼儿园的大部分幼儿来自军人家庭,幼儿能接触很多关于解放军的时事热点,老师们及时捕捉契机,开展多种游戏活动,如结合媒体报道的解放军的抗疫故事,生成了勇敢小兵、小兵出击和紧急营救等军体游戏。孩子们创造性地将啤酒桶架在大轮胎上,生成了军体游戏“翻山越岭”。

“快乐小兵”是广西军区幼儿园的品牌课程,是对军体游戏进行研究与实践的重要成果。为了课程全面深入地实施,她们打造充盈“军”味的游戏环境:军味情景的烘托、军体材料的投放、游戏场地的规划,楼道环境创设,在大班楼道以绿色为基本底色,用照片、文字等方式展示大班幼儿开展军体游戏的精彩瞬间,在班级中创设与军体游戏有关的环境墙面,呈现幼儿在军体游戏中的想法和收获。满满的军味浸润着孩子们的生命。

在广西军区幼儿园里,军体游戏无处不在。军体游戏大循环,着力强调幼儿综合体能锻炼,以巩固和提升幼儿在日常体育活动中积累的运动经验。军体游戏大循环的流程很丰富:热身运动、训练场建构、循环游戏、训练场整理、班级回顾分享;军体游戏专项锻炼:丛林探险和对抗野战;军体游戏运动会:比迷彩跨栏,比网下匍匐前进,比制作迷彩坦克履带,比穿越火线和瞄准靶心等;还有我是特种兵、生死时速、运输突击队、勇敢神投手等趣味游戏。孩子们个个都是勇敢的小战士,个个都在游戏中体验到了特殊的快乐,个个都在丰富的军体游戏中获得了生命成长。

范桂宁分享的那天，身穿粉色的呢子大衣，满脸阳光，她激情地演讲着，她幸福地微笑着，她把南宁的冬天弄得暖暖的，这也是一种别样的“军”味吧！

吴江的课程游戏化之路

苏州市吴江区东临上海，西濒太湖。吴江历史文化源远流长，孕育形成了蚕桑丝绸文化、水乡古镇文化、千年运河文化、莼鲈诗词文化、江村富民文化等。吴江的学前教育就生长在这片肥沃的土壤之上，显得格外生机勃勃。吴江的幼儿园课程游戏化之路便交错纵横于这块深厚的文化泥土之上，是那般光灿熠烁。

苏州在我的心中远远不只是一个简单的地名。吴江于我而言，也不仅仅是一个单纯的区域。苏州、吴江是文化或历史悠久的代称。在第十五届东湖微论坛上听到江苏省苏州市吴江区教育局普教科副科长王亚红演讲的时候，我的眼睛突然一亮：啊，吴江！仿佛王亚红要讲的一切，都必将是吴江文化浸润出来的美好。王亚红是中小学高级教师、苏州市幼教学科带头人、苏州市“双十佳”教师。在东湖微论坛听区县教育局的科长讲区域的课程游戏化问题还是第一次。我顿感新鲜，调整了坐姿，以一种特别渴望的心境听起来。

王亚红如同拿着一支画笔，勾勒着吴江游戏课程行走的轨迹。“十二五”期间是“孕育”阶段，游戏精神在吴江悄然落地；“十三五”期间是“绽放”阶段，游戏课程在吴江遍地生花；现在已经进入“十四五”，上升到了“拔节”阶段，区域推进再书新篇章。吴江的这一发展轨迹,让我生发了一些思考,我认为教育行政主管部门一定要研究抓手。要依据国家要求、结合本地实际,确立工作目标,寻找最适合、最有效的抓手。抓手就是杠杆,是推动工作高质发展的“牛鼻子”。吴江区紧紧抓住课程游戏化建设与实施这一关键性工作,才带来了系统性地发展。游戏化课程是贯彻落实《3—6岁儿童学习与发展指南》精神的重点和难点,是克服“小学化”倾向的根本路径,是促进教师专业成长的有效手段,更是提高幼儿园教育品质的重要举措。

为了让游戏化课程的建设与实施在吴江行稳致远,王亚红介绍说,先要抓课程意识,使每所幼儿园形成各美其美的新样态,诸如实验幼儿园科学探究、平望幼儿园田园课程、横扇幼儿园民间游戏、同里幼儿园民俗文化等。课程意识的树立,或者说课程意识的觉醒,是幼儿园教育的显著进步。曾几何时,我们照搬小学的一套,有着严重的学科倾向;曾几何时,我们大力“去小学化”,但却又走向无所作为的平庸化。吴江区通过抓游戏化课程意识的确立,大大丰富了教育资源,让“以游戏为基本活动”的国家规定落到了实处。有了课程意识,就使得园长、老师去积极改造游戏环境,并坚定不移地把游戏权利还给孩子。

王亚红对于区域推动游戏化课程建设与实施有着许多深切的体会。她说区域游戏化课程的建设与实施,关键要锤炼教师队伍,教师的专业素养决定着游戏化课程的质量。从另一个层面说,游戏化课程根本点在于游戏精神的体现,游戏精神就是自由、自主、创造、愉悦等。如何能够让所有的课程都比较好地体现游戏精神,这得靠每一个教师从幼儿的生命视角去发现、捕捉、把握游戏精神渗透的契机。对于老师而言,这需要强烈的游戏意识、深厚的生命情怀与敏锐的洞察力。吴江区为了锤炼教师,坚持请固定的专家给予引领，用具有操作性的学期培训学习计划加以约束，用田园化、浸润式培训点燃教师的学习激情，用针对性很强的研究专题进行推动，用有深度的小结活动不断凝练升华。

吴江课程游戏化已经进入发展的快车道。王亚红说，专家助力让现场推进稳步前行，项目培育促教师内生成长，区域推进结出吴江学前教育成果，行政保障让区域推进行稳致远。在吴江，幼教专干、教研员、责任督学、课程指导专家“四位一体”，成为推进课程游戏化的机制。在吴江，做优集团、做强集团、打造特色品牌、以名园带新园、转化管理机制、优化课程教学、举办现场推进会等都是行政推进课程游戏化的重要策略。在吴江，课程游戏化纵向有层次，横向全面覆盖，定位更聚焦，教研有跟进，教育行政有督察，这些具体的做法都产生了重要作用。在吴江，课程实施领衔组千姿百态、万紫千红，如名师领航组、名优园长领衔组、课程建设管理领衔组等，形成了一个个雁阵，有头雁领飞，教师们热情似火，劲头十足。课程能力骨干教师提升班采取主题式、游戏化、互动式培训，效果显著。男幼师联盟，形成了特别群体发展的特色模式。

王亚红动情地说：“区域推进幼儿园课程游戏化，我们一直在路上。让我们且行且思且成长，为全面提升区域课程游戏化品质而努力奋斗。”我的思绪飞向了吴江，落到了幼儿园孩子们稚嫩的笑脸上，落到了太湖清晰的倒影里。

运动游戏中的孩子们特灵动

孩子们在运动游戏中，那红晕的小脸蛋，那特别投入的神情，那幽然闪动的小身影，彰显着一种儿童生命的勃勃生机。

认识王联红是在第三届东湖微论坛上，当时作为广东省王联红名园长工作室主持人的她分享了她工作室的文化及运行机制，非常独特，记忆犹新。这次来到她任园长的湛江中英文学校幼儿园颇为期待，据说这是中国离大海最近的幼儿园，在王联红的陪同下，我带着“面朝大海，春暖花开”的诗情，在她们幼儿园兴奋地观看着孩子们的运动游戏，心里焕发出海浪般的微笑，脑际迭现着我曾经的童年。

满场都闪动着孩子们沉浸于运动游戏中的快乐与灵动。孩子们有玩快速钻圈的，有玩小篮球的，有玩大灰狼抓小鸡的，有玩网子下匍匐前进的，有玩走独木桥的，种类非常丰富，孩子们很有秩序地做着循环运动游戏，整个操场上如春暖花开，如百花争艳，如千帆竞发。

运动游戏中的孩子们，有一种生命的天然释放，有一种生命能量的本原展现。孩子的跳跃、奔跑、爬行、翻滚、攀登、跨步等，都呈现出美好的生命节奏，都张扬着儿童的快乐本性。我好想回到儿童的时代呀，好想参与孩子们的运动游戏哦。

我问王园长：“孩子的运动量如何把控?”她立马答道：“一是把脉，二是观察，三是问询。既要保证孩子运动的有效性，也要防止过度运动而伤害孩子的身体健康。”后来，我就这一问题与湛江开发区学前教育教研员林昆岗讨论时，我发现她对这一问题也有很深的思考，对我启发挺大的。她们幼儿园的运动游戏，不仅让孩子们锻炼了身体，而且还培养了孩子们的合作精神、挑战精神与勇敢精神，更可贵的是，还让孩子们学到了逃生的技能与智慧，形成了强烈的安全意识。

这里的孩子们玩真的、干真的

在湖北省宜昌市猇亭教育幼儿园，有一种独特而亮丽的风景，那就是这里的孩子们玩真的、干真的。园长向阳在东湖微论坛宜昌站，和与会者激情地分享着她们幼儿园孩子们真玩真干的丰富课程、真玩真干的鲜活场景、真玩真干的生动故事、真玩真干的研究思考。

在向阳的猇亭教育幼儿园，孩子们有许多真真实实的生活体验。在烧烤区，孩子们烤肉、烤鱼、烤土豆、烤红薯，一切都是真实的，整个场面热热闹闹，到处散发着诱人的香味。烤熟了，孩子们现场品尝，脸上洋溢着极其满足、极其自豪的欢笑与幸福。在磨豆浆区，孩子们一个个十分带劲。有人负责推磨，有人负责往磨眼里放豆子和水。如果累了，就换下来休息一会。豆浆磨好了就用锅煮熟，然后大家美美地喝起来，孩子们开心得不得了。在土灶区，孩子们煎鱼，孩子们炒菜，孩子们煮稀饭，孩子们蒸土豆，他们能干得很，他们个个都像小大人似的。烧火做饭，孩子们学会了合作，也能及时体验到一种成功的喜悦。

向阳深深懂得孩子们的心理需求，她认为孩子们玩真的、干真的是一种生命的原始需要。她说，在孩子们看来，大人们所做的好多事情他们都是可以做的，尤其是生活类的事情。蒙台梭利之所以始终把孩子们的游戏活动叫做“工作”，也意在说明在孩子们的心灵世界或者经验世界，他们所做的就是大人们的工作，他们并不觉自己在玩，或者自己做的就是大人们所说的游戏。孩子们做起事来，总是一本正经的。

在虢亭教育幼儿园,有一块大大的菜地,全是用于孩子们种植的,这也是在让孩子们玩真的、干真的。向阳园长非常重视孩子们的种植体验,她觉得种植是孩子们十分喜欢的一种活动。于是,虢亭教育幼儿园的这块菜地成了孩子们真正的又一个快乐之园。孩子们种植大蒜、香葱、萝卜、土豆、黄瓜、小白菜、莴苣等。他们分工协作,按时浇水,按老师指引除草松土、科学间苗。他们还施肥、捉虫,并做着观察与记录。孩子们在种植体验中,获得了许许多多的乐趣,也得到了实实在在的成长。

向阳园长从许多方面给孩子们创造着特别的活动环境和条件,她力求让她所倡导的“玩真的、干真的”成为孩子们的各种现实可能。三峡民俗街活动中孩子们亲手编织工艺品、做冰糖葫芦、剪纸、写对联、做风筝等,让他们了解家乡的物产与文化,培养热爱家乡的情感。

向阳是一位始终向着太阳唱歌的美女园长,她把三峡的美景幻化成了她甜美的笑容,她把对儿童的款款深情全部倾注在了幼儿园的理念、文化、课程之中。向阳就是一朵永远充满梦想与诗情的太阳花。

一位科长的课程视界

这位科长,她名叫吴雪梅。雪梅具有深厚而美好的教育诗性与义涵:雪,洁白的雪,冰雪一样纯洁雅致的幼教理想;梅,梅花一样高雅的教育情怀。她的模样,如扬州瘦西湖的美丽风光,荡漾着东方旗袍的馨韵。吴雪梅是江苏省扬州市江都区教育局学前教育科科长、江苏省特级教师。第二十九届东湖微论坛上的吴雪梅以及同她一起站在台上分享的江都区育才幼儿园园长梁梅芳、江都区实验幼儿园教育集团总园长石红艳、江都区教育局幼教专干戚文倩，让我看到了一个江河湖海般的学前教育课程视界。

吴雪梅科长的幼儿园教育的思想空域里拥有五光十色、万千姿态的梦想，奔腾着辽阔而美好的憧憬与向往。吴雪梅的课程视界是一个大格局、大胸怀、大视野的课程视界，那是立德树人的课程视界，那是高质量发展的课程视界。这个课程视界，是她用《幼儿园保育教育质量评估指南》的亮丽色彩所描摹的课程视界。她的课程视界里，首先拥有鲜明的办园方向。它包含党建工作、品德启蒙、科学理念，旨在促进幼儿园全面贯彻党的教育方针，落实立德树人根本任务，强化党组织的战斗堡垒作用，树立科学保育理念，确保办园方向。作为一个区县教育局学前教育科的科长，指导课程的开发与实施，首先必须把握办园方向。这绝不是空的、虚的，这是一项重中之重的工作，是来不得半点含糊的工作。

吴雪梅坚定地说，我们的课程必须树立科学理念，也就是要遵循幼儿身心发展规律和学前教育规律，尊重幼儿个体差异，坚持以游戏为基本活动，珍视生活和游戏的独特教育价值，充分尊重和保护幼儿的好奇心和探究兴趣，相信每个幼儿都是积极主动和有能力的学习者，最大限度地支持和满足幼儿通过直接感知、实际操作和亲身体验获取经验的需要。与此同时，不提前教授小学阶段的课程内容，不搞不切实际的特色课程。吴雪梅阐述道："特色课程不能以牺牲幼儿的全面发展为代价，要关心幼儿学习与发展的整体性，要通过特色来努力带动全面发展，将其优势迁移到其他领域。"

吴雪梅用心念与信念讲着自己关于课程的观点。这些观点源于评估指南。她说园长要做好三个领导：1. 价值领导。要规划好幼儿园的发展,特别要营造好育人文化。2.教学领导。领导保育教育,引领教师成长。3.组织领导。优化内部管理,调适外部环境。园长在课程建设中要具备的重要品质:尊重教师,肯定教师的劳动,观察指导,帮助教师提高,尤其是要给予公正评价,要力求做到理智与情感的统一,检查与反馈的统一,个性与共性的统一,显性与隐性的统一,点上与面上的统一,横向与纵向的统一。她说,幼儿园课程是帮助幼儿获得有益经验,促进其身心全面和谐发展的各种活动的总和。课程具有相对完整的体系。课程建设要从本土、本园实际出发,通过资源的发掘和利用,以环境设置、游戏组织、活动生发为途径,开展课程实施的游戏化、生活化、适宜性改造,形成全面涵盖幼儿发展领域的幼儿园教育课程体系。幼儿园的课程开发与实施,需要基于一些基本理念。理念是课程建设的指路明灯,它影响课程建设的方向和质量,诸如国家的理念:游戏化、生活化、体验化、整体化和过程化、情景化。

吴雪梅的课程视界是斑驳陆离的视界。她说我们要重视课程的全过程,要构建全视角、全参与、全生活、全儿童的课程过程。她还认为,要充分以幼儿为本,要坚持从幼儿中来、到幼儿中去的原则;始终坚持站在儿童的立场、感受和视角去思考;更要充分了解幼儿喜欢什么、能做什么、做了什么、做得怎么样;要倡导开发富有游戏精神的课程,遵循幼儿身心发展特点,尊重儿童兴趣,尊重儿童游戏权力;要注重活动的意义和价值,发挥每一空间、环境、材料与幼儿互动机会,最大限度支持幼儿通过直接感知、实际操作、亲身体验的方式获得经验;要追随儿童兴趣,生活和经验,随时关注幼儿发展的任务是什么,幼儿可以在哪些方面得到发展,教师如何为这些发展创造条件、提供哪些必要的知识经验,不断反思、诊断、改进、优化,逐步走向更尊重幼儿的兴趣与需要,更切合幼儿的学习发展特点，更贴近幼儿的实际发展水平，全面适宜，培养全面和谐发展的人。

吴雪梅科长愈讲愈激动，她的课程视界在层层呈现。她说，提升教育质量，关键在于改革和完善课程，真正以儿童立场、科学态度和专业精神来建设幼儿园课程。科学的教育观、儿童观，只有落实到课程建设中去，才能对教育实践产生积极影响。而每一位幼儿教师都要完成实施者、设计者、建设者角色转变，这是这个时代对于我们的期待和要求。课程建设要经历一种过程。课程在生活中，生活就是课程的主要内容；游戏伴随课程的进程，在课程中产生，在活动中发展；学习在活动中开始，是生动的、主动的，活泼的活动。课程在于积累经验，丰富认知，获得多元创生和动态发展。幼儿园课程是一个动态的师幼共同学习、共同建构的过程，是“预”与“遇”的演绎。“预”，要尽可能多地考虑幼儿的兴趣，在兴趣基础上确定，须有弹性，要留有余地，使之有遇见生成的可能与空间，让幼儿有机会开展自己的生成活动。不断创造情境，实现“预”与“遇”。课程活动在动态中实施，寻找最佳的活动切入点，发掘隐含的建设项目元素，生发有价值课程。

吴雪梅举了一个案例来阐述如何挖掘生活教育价值，培育完整儿童。她说，首先是利用生活中的资源，从幼儿的年龄特点、兴趣爱好和发展需求等出发，实施各种园内外活动，帮助幼儿积累经验，成为身心健康和谐发展的儿童。其次是挖掘和利用幼儿园、家庭、社区及自然资源，生成覆盖全领域的课程方案，以感知我的生活、学会独自生活、探索未知生活与乐享美好生活为内容建设线索，推进课程建设的园本化、生活化、情境化，建设全生活园本课程。最后是通过专项培训，帮助教师掌握生活、教育之间的关系，能挖掘生活资源并利用其教育的价值，掌握将教育资源转化为幼儿游戏活动的方法。吴雪梅生动讲述着课程实施策略:理论推进,形成全生活园本课程方案,其课程理念是以全生活育全儿童,课程目标则是培养能感知我的生活、学会独自生活、探索未知生活、乐享美好生活的完整的儿童。挖掘和利用本土资源,“双线"并行开发和设置课程内容,其明线就是主题活动或项目活动,体现幼儿学习与发展的整体性原则,其暗线就是将“感知我的生活、学会独自生活、探索未知生活、乐享美好生活”内容融于每个主题活动中,凸显全生活课程的育人目标。课程的实施,主要要坚持三大原则:目标指向性原则、过程游戏化原则与结果有效性原则。课程实施路径,则是拓展幼儿的生活圈。丰富幼儿在园生活,挖掘在园生活教育价值;拓展幼儿园外生活,挖掘幼儿实践教育价值。凸显“五感”“五探”与“五讲”。“五感”,就是与五种感觉器官相对应的看、摸、听、尝、闻的体验活动。“五探”,就是以体验的方式、探索的精神,来充分感知未知的领域,它包括我与自我、我与他人、我与社会、我与自然、我与文化的探究。“五讲”,则是讲发现问题、讲原因猜想、讲解决设想、讲实践发现、讲反思评价。

课程的场景在徐徐展开:体验传统文化、汉服体验日、走进扬州评话、体验古法脱粒、菜鸟驿站快递。孩子们创造着属于他们的全新世界,生命在体验中成长。蒜的秘密、玉米的发现、菊花、树叶找朋友、有趣的狗尾巴草,这些丰富多彩的生活,成了孩子们的课程,就那么日常,就那么有趣,就那么拥有高教育价值。摘果子、面具人、寻泥挖泥、花瓶、沙与泥、我设计的飞机、疯狂的石头,游戏如彩蝶翩飞舞动,丰富的趣味陶冶着孩子。致敬火焰蓝、小小值日生、社区的小卫士、戴头盔安全行、重阳节社区互动,此乃全视角、全参与,相信幼儿的全收获。

我静静地听,我默默地想。我越听越觉得孩子们太神奇了。

只要给他们一缕阳光，他们就必定会闪闪烁烁。我越想越觉得吴雪梅对课程的研究，进入了某种境界。我越听越想越感觉到伟大的孩子需要伟大的课程。雪梅又成了哲学诗人：教育就是既观森林又见树木，学前教育的本质就是保护童年，共享生活。守护育幼底线，成就美好童年就是课程的遵循。通过对开发和探究所获得的认识、策略，落地到高质量的生活与教育课程建设中，以此实现全人发展，促进每一个孩子全面且富有个性的生长是我们学前教育人永远的追求。

彩霞般的自主游戏

自主游戏，是真正属于幼儿的游戏，是燃烧幼儿激情的游戏，是灿烂幼儿生命的游戏，是彩霞般的游戏。我在第二十六届东湖微论坛上听陈彩霞亢奋地演讲，我在漫向遥远地联想，我驾着白云悠游于幼儿的自主游戏世界，我好浪漫哟。陈彩霞乃江苏省泰兴市育红幼儿园的园长，是江苏省特级教师、正高级教师。我辉映于彩霞般的自主游戏之中。

陈彩霞园长说，自主游戏强调在游戏中尊重幼儿的主体地位，给予他们足够的自由度和选择权，以激发他们的创造力和主动性。自主游戏是幼儿根据自己的兴趣和需要自由选择、自主开展、自发交流的积极主动的游戏，是幼儿主体性发挥的游戏，也是培养幼儿主动性、独立性和创造性的游戏。

陈彩霞仿佛与她幼儿园的孩子们共同沉浸在自主游戏中，她很是享受。她激动地展示着福禄贝儿描绘的绚丽的画卷：儿童是在游戏、梦想、童话与自发地跳跃和歌唱中生活的。他们这种生活本身就是一种伟大的工作,而这种工作就是造人,造一个全面发展的成人。他的人格,他长大以后的心智水平和质量,都取决于他童年造人的工作;取决于他童年时是否充分地自主游戏过、自主学习过和自主生活过。幼儿园应创设一个宽松自由、无拘无束的游戏环境,允许幼儿在游戏中自由地探索、发现和表达。

孩子们自主地做着弹簧、玩着轮胎,创意无限,乐趣无限。娃娃家里一片欢声笑语,孩子们玩着扮演做客的情景游戏:您好、请坐、谢谢、不客气等礼貌用语在不经意中,形成了生动的教育场景。自主游戏,教师尊重幼儿的游戏意愿和选择,通过观察、引导与支持,帮助幼儿拓展着游戏内容和玩法。陈彩霞说,自主游戏不仅仅是幼儿的个体活动,也是幼儿的社会活动。教师要适时鼓励幼儿与同伴进行交流和合作,使其共同解决问题、分享经验、创造新的游戏玩法。这有助于培养幼儿的社交能力和合作精神。

玩转小银行,这是经典的自主游戏。陈彩霞像在演电视剧,呈现着孩子们自主的快乐。游戏中,孩子们进入丰富的生活中,或是撒欢,或是专注,个个都有模有样。他们在生活中自主放松、自由地体验。幼儿在与生活环境相互作用时的观察、记录与思考,都是重要的学习过程。幼儿的学习方式就是直接感知、实际操作、亲身体验。在生活中,他们都不同程度地具有获得经验的机会。因此,自主游戏常常是与儿童的生活紧密相连的,渗透在儿童的生活中。

玩转小银行,孩子在游戏中,知道了钱从哪儿来,懂得了一些赚钱的方法。也拥有了人生的第一本存折。孩子们在思考,在研究钱怎么花。孩子们实践着整个取钱过程。他们花钱买果汁,学会了零钱、整钱的换算。他们卖报纸赚钱,通过小作坊的劳动获得工钱。他们懂得工作辛苦、赚钱的不容易。他们买饮料给老师喝、给爸妈喝。他们学会了合作,提高了数学能力,学会了规划。幼儿园赋予了老师灵活安排幼儿一日生活的主动权，给予幼儿持续的完整的游戏时间，还量体裁衣、盘活了自主游戏空间。

孩子们玩泥巴，想办法接存雨水，观察南瓜的生长。南瓜的清香悠悠地萦绕，花生长出了嫩芽。“柚”见你，既是工作，又是游戏。孩子们自主规划，教师适时介入、推进。在自主游戏中，教师不是主导者，而是观察者、引导者和支持者。当幼儿遇到困难或者问题时，教师会及时给予适当的指导和支持，帮助幼儿解决问题并推进游戏进程。通过自主游戏，幼儿能够充分展现自己的个性和创造力，能够培养自主思考、独立解决问题和与他人协作的能力。自主游戏也有助于促进幼儿身心发展，提高幼儿的生活质量和学习效果。

彩霞飞舞，彩霞般的自主游戏烂漫着幼儿的时空。陈彩霞说：要让幼儿自主置于游戏情境之中，解决其真实的问题，学习问题背后的知识，形成解决问题的能力，提高自主学习的水平。陈彩霞动情地总结道，实现幼儿的自主游戏，她们的课程才是基于儿童的，才是追随儿童的，并且儿童在这个过程中一直在主动地挑战自己，超越自我。这个过程是幸福的，这个课程也是幸福的。她们要相信每个儿童都是独一无二的个体，激发儿童的创新思维，培养儿童的创新能力。幼儿园课程要做符合幼儿需要的事，做适合幼儿天生的事，做幼儿力所能及的事，做幼儿能感受挑战的事，做幼儿能感受到趣味的事，做幼儿能有思维参与的事。

我也好像游弋在泰兴育红幼儿园的自主游戏中。育红培基，向阳生长，让我感受到幼儿园自主游戏所追寻的教育理想。陈彩霞园长很是陶醉：做一辈子教师是我的职业理念，为人师表一辈子是我的职业担当，乐于奉献一辈子是我的职业追求。我会为每一位儿童奉献“三个一辈子”。我知道每个幼儿都有自己的兴趣爱好、学习节奏,我们要充分地尊重儿童、理解儿童,到儿童身边去观察、发现、等待,从儿童的需要、儿童的视角支持鼓励幼儿去做有意义的事情。我们以儿童的视角去关注幼儿和了解幼儿。幼儿的成长应该是"我要玩,我要学",让他们在自主活动中生成新的想法,得到更好的发展。

数学关键经验形成之道

在我的视界里,数学就是科学的花朵。在幼儿的蒙养时期,让幼儿在游戏中发现、体验和感悟其美,构建从浪漫走向精确的数学思维素养异常重要。尤其是在数字化时代,在智能化的当下,在未来,数学教育在幼儿园教育中也显得特别迫切。四川省军区第一幼儿园园长谢蓉对幼儿园教育中的数学研究与实践,有着浓厚的兴趣。她以自己深层的洞察力,带领她的教师们,着力探索着幼儿数学关键经验形成之道。她收获了幼儿园数学关键经验的培养与发展的丰富成果。

在第二十二届东湖微论坛上,谢蓉园长一谈起数学关键经验就会特兴奋,仿佛是她的浓茶或咖啡,她深深地爱着幼儿数学教育。谢园长说,幼儿数学关键经验是指学前儿童数学学习中最关键的概念、技能或经验,它对于幼儿理解、掌握、运用和发展数概念和数技能,以及运用数学解决生活中的问题起着至关重要的作用。幼儿园教育中的数学关键经验具体包括数与运算,能够按顺序说出数字,对应地数物体的数量,认识和辨认数字,认识常见的几何形状,能够区分上下、前后、左右等空间方位,能够比较物体的长短、高矮、粗细与宽窄等,理解大小、多少的概念,发现并描述物体的规律排列，初步感知白天和黑夜、早晨和晚上，能够了解星期、月份的概念。

谢蓉把我带入幼儿数学关键经验教育的王国，那里的数成了幼儿的朋友，成了幼儿的花花草草，成了幼儿的创造的空间。谢蓉园长说，数学关键教育要关注发展适宜性，亦即教育内容和方法应符合幼儿的年龄特点和发展水平，既不能过于简单让幼儿感到无趣，也不能过于复杂使幼儿产生挫败感。要充分考虑其直观性，要运用直观的教具、实物和生动形象的语言，让抽象的数学概念变得具体、形象，便于幼儿理解和接受。要十分重视趣味性，以有趣的游戏、故事、情境等形式呈现数学关键经验教育内容，激发幼儿对数学学习的兴趣和热情，使他们主动参与学习。要注意凸显生活性原则，紧密联系幼儿的生活实际，从幼儿熟悉的生活场景和事物中提取数学元素，让幼儿感受到数学在生活中的有用性。要注重操作性体验，提供丰富的操作材料，让幼儿通过亲自动手操作和实践，在操作中探索和发现数学的规律，积累数学经验。要坚持启发性，教师在数学游戏过程中要通过提问、引导等方式启发幼儿思考，培养他们的思维能力和解决问题的能力。还要关注个体差异性，尊重幼儿在数学学习方面的个体差异，根据每个幼儿的发展水平和特点，提供有针对性的指导和支持。

在谢蓉的讲述中，饱含了她对幼儿数学教育的情感，她是在探索幼儿的数学思维规律，探索幼儿数学教育的所有奥秘。她描绘着数学教育情境创设：通过创建真实有趣、丰富多彩的生活情境，如超市购物和生日派对等，让幼儿在具体的情境中感受和运用数学知识；设计各类数学游戏，如数字拼图、图形配对、数数接龙等，游戏能够激发幼儿的参与兴趣，使他们在轻松愉快的氛围中学习数学；操作体验，提供丰富的操作材料，如积木、串珠、几何图形模具等,让幼儿通过动手操作,亲身体验数学概念,如形状、空间与数量等的变化;故事引导,讲述包含数学元素的故事,如小兔子买萝卜、小熊分蜂蜜等,借助故事中的情节,引导幼儿思考和解决数学问题;观察比较,引导幼儿观察周围的事物,进行比较和分析,例如比较不同大小的玩具、不同颜色的花朵等,培养他们的观察能力和逻辑思维;小组合作,组织幼儿进行小组活动,共同完成数学任务,例如合作搭建积木城堡、分类整理玩具等,培养他们的合作意识和交流能力;提问启发,教师在教学过程中适时提出启发性的问题,以此激发幼儿的思考和探索欲望;日常渗透,将数学教育融入幼儿的日常生活中,例如在进餐时让幼儿数数餐具的数量,在排队时感知前后顺序等。总之,幼儿园的数学关键经验教育应注重趣味性、操作性和生活性,让幼儿在快乐中学习和成长。

幼儿园数学教育如此有趣,竟然可以展现数学游戏的神奇魅力与无穷力量。谢蓉说要善于去发现和把握真实的、蕴含在生活中的数学问题及数学教育的契机,在真实的游戏情境中解决真实的问题,让幼儿的生活数学化,让数学的学习生活化。我们应始终关注于读懂孩子,专注于思考高效的教学策略、材料支持,才能更科学地支持幼儿深度学习,实现有理解的教育,使幼儿学得有味有趣。

我在感慨:幼儿数学教育竟有如此深奥的道理,如果要有高质量的教育,必须精深地研究那些教育的细节。谢蓉说,一定要创设出支持幼儿主动学习的数学情境,要坚持让幼儿通过感知、互动和体验,来激活他们已有的生活经验,为幼儿提供操作摆弄的机会,使抽象的数学知识与真实情境、真实任务相联系,让数学学习成为幼儿有意义的事情。

精彩的数学教育故事在不断展开:九只小猫呼呼呼、我找到编辫子的规律了、聪明的披萨师傅。故事蕴含着重要的道理：要善于从生活中去捕捉数学教育的契机，可以结合绘本开展各类数学活动，可以通过游戏去掌握图形的运用。创设幼儿主动学习的数学情境，将数学关键经验嵌入幼儿的一日活动之中，为幼儿提供蕴含数学关键经验的材料，通过观察评价、师幼互动促进幼儿数学关键经验水平提升，并整合家园共育资源共促数学思维的发展。

绣园绣出“美好教育”

绣衣幼儿园，多么美妙的园名。让人想起那丝滑的绸缎，让人敬畏那绣娘的灵魂。绣衣幼儿园坐落在江苏省昆山市。蒋晨是绣衣幼儿园园长、正高级教师，也是江苏省特级教师。

绣衣，宛如一场诗意的舞蹈。那纤细的绣花针，如灵动的精灵，在柔软的布料上轻盈地跳跃。那丝线似彩虹的余晖，穿梭交织，编织出如梦如幻的图案。绣花针每一针的落下，都是对美的一次雕琢；绣花针，那每一线的牵引啊，都是情感的细腻倾诉。那细密的针脚，仿佛是岁月留下的温柔痕迹。绣花时，时光仿佛静止，只听见针尖与布料的轻微摩挲声，如同一首轻柔的小曲，在耳边回荡。那绽放的花朵、灵动的飞鸟、飘逸的云彩，在针尖下渐渐浮现，仿佛是从诗意的世界中走来。色彩在绣花中流淌，或是淡雅如诗，或是鲜艳似霞。它们相互融合、映衬，营造出一片绚丽而迷人的景象。绣花，是指尖的曼妙艺术，更是心灵的吟唱，它将生活装点得如诗如画，它让平凡的日子闪耀着梦幻般的光芒。蒋晨深爱这诗意的绣衣，便选择了专属于绣园的“美好教育”。

阳澄湖畔，水波潋滟，倒映着蓝天白云。亭林公园绿树成荫，古木参天,清幽的小径蜿蜒其中。周庄古镇,白墙黑瓦,古桥横跨在悠悠的河道上,河水潺潺流淌,承载着岁月的记忆。狭窄的弄堂弥漫着古朴的气息,让人仿佛穿越历史。那翠绿的蔬菜,犹如大地的翡翠,为这片土地增添了生机与活力。蒋晨将美好教育作为绣衣幼儿园的灵魂,闪烁着昆山的璀璨。

在第三十届东湖微论坛上,蒋晨园长给我们铺展着时代精神下的美好教育。她激情地说,时代精神是一个时代人们精神风貌和优良品格的反映,也是引领时代潮流的普遍精神实质。在全面高水平地建设小康社会、谱写教育改革发展新蓝图的征程中,我们也应以更高品质、更加公平、人民满意的美好教育为目标,帮助更多家庭成就梦想,让每个生命都绽放出最美的色彩。在绣园实践中,我们以尚美、生长、全纳为特征,以教育生活中良好体验感、获得感为归旨,以实现并成就师幼彼此美好为目标,以品质课程、环境建设和队伍培育等为支点,实现教育的美好,体验美好的教育,从而撬动园所品质的整体提升。

我沉浸于蒋晨园长对美好教育的描绘与阐释之中:尚美,在深度解读美好的内涵后,实现对美好教育、美好人生的目标与追求,不仅追求美好愿景,更有践行美好教育、最终成就美好人生之意;生长是教育高质量发展的核心所在和价值判断,不仅是指儿童的全面发展,还有伴随儿童生长而成长的教师、园所和家长;全纳,全面接纳每一位儿童、老师、家长,反对歧视排斥,促进积极参与,注重集体合作,关注每个个体发展,满足不同需求,不仅有接受并满足三者不同的成长需求层面,更有支持和帮助三者发展的策略和方法的深层价值。

蒋晨以她内蕴的文化表达阐述着:美好教育是绣衣幼儿园对园本教育核心价值的自主探索,是绣衣幼儿园促进自身发展的精神文化坐标。她生动描绘着美好教育的育人图景：在尚美、生长、全纳的理念下，为生命成长搭建多元化、可选择、有层次、能融通的成长与体验的立交桥，使师幼的内生动力得以释放，发展潜能被有效激活。美好教育，大美绣园，其图谱在绘制，其果实在生长。向美而生，逐光前行；美浸心灵，美润绣园；美美与共，和合共生。美好画面在徐徐地展开：儿童发展的稚美，还有师资队伍的善美，包括环境建设的韵美、精神氛围和美、绣园发展的完美等，全都美好起来。

美好教育，犹如灯塔把绣园前行的路照得透亮。蒋晨，亭亭玉立于灯塔下：幼儿园教育的意义就在于成就师幼彼此的美好与成长；我们的美好教育就是以美怡情、以美启真、以美引善、以美育人、以美创新、以美成长。美好被无限的精彩演绎着，美好是心灵共鸣，是情感共融，是素养共长，是人格共生。师幼携手感受教育的美好，实现美好的教育，成就美好的人生，让绣园“绣”出美好教育丝滑的“绸缎”。

美好教育，绣衣幼儿园的文化大厦。蒋晨园长是这个大厦的重要设计者。她为儿童美好人生奠基，让每位儿童健康愉悦、多元发展，以儿童视角用心解读儿童，全面接纳并支持每位儿童，促进积极情绪，关注个体发展，满足不同需求。这里是润美绣园，依托文化引领而形成的环境内涵；这里又是韵美的绣园，优化基于儿童视角的大生态圈环境；这里是趣美绣园，打造快乐运动园本课程环境；这里是雅美绣园，建设提升儿童素养的班级支持性环境；这里是和美绣园，营造和谐柔性的教育人文环境。这里的所有都那么美好。

蒋晨说，她们深深懂得，幼儿园环境融入美好教育文化之中所呈现的美是多方面的，有形的幼儿园空间、物体和无形的精神内容都蕴含着美。美即品质，美即文化，幼儿园中各式各样的美是文化建设的各个方面，梳理幼儿园环境中的美育元素并以此为基点构建幼儿园文化体系是可行的和十分必要的。走进绣园，从幼儿园的大生态环境，到班级的小社群环境，儿童是这里的主人。环境展现着儿童的视角，展现着儿童的声音、儿童的活动，展现着儿童的探究、儿童的成长。每个空间都融进了舒展身心的艺术滋味，每处区角都渗透了陶冶性情的文化内涵，每一片院落都浸润着生发智慧的匠心创意。在一系列的环境变革中，环境的优美奠定了大美绣园的核心基础，文化的臻熟积蕴了大美绣园的品质。

蒋晨颇有力道地讲道："基于儿童视角的大生态圈的打造，避免成人视角倾向，弱化观赏化倾向，我们注重环境中儿童视角的韵美元素的凝练，统筹考虑每处建筑和每个细节的文化意蕴。通过规划、命名为环境赋形，将韵美元素和文化功能渗透于建筑景观，诸如曲径走廊、公共区域、楼道玄关等，还有高端雅致的人文大厅、阅读空间、绿植楼道、童趣温馨的主题转角、趣味摆设、艺术插花，处处弥漫了浓郁的童趣和韵美气息。还原自然，我们尝试柔化绣衣园，力求让绣园多些植被，有多份色彩。减少灌木，开辟菜园，让孩子多去种植体验。减去框架，修缮天桥花园，让楼上的班级也能见绿。让孩子们一起搭建雨水收集系统，探索自动灌溉的功能，感知水的流动。我们还尝试用树叶菜叶堆肥、通过气象观测引导幼儿来了解植物生长需要的气候、营养等方面的知识，为避免功能重复，实现绿植价值最大化，把三楼种植园改建成香草园，薰衣草、薄荷、迷迭香。设计改建木屑地，形成让孩子可以真正走进去、玩起来的小树林，开展树林野趣游戏。这一系列的改造，让探索乐趣、知识经验与草香花香融会贯通。让孩子们在生活中聆听自然的声音，欣赏四季的美丽色彩。这些充满儿童表征的幼儿园环境，让儿童始终充满存在感、把控感与自豪感，重在体现儿童的逻辑、儿童的需要、儿童的审美、儿童的发展。”

美好教育的尚美、生长、全纳的理念指导着环境的建设。自然与人文环境和谐统一。大美绣园文化浸润下的和美人文环境，柔性的管理和教育方式，将和美因子浸润在每一个细节之中，饱含人文关怀，饱含文化渗透，饱含内驱激励。蒋晨说，我们注重营造宽松、和谐、富有情感的精神氛围，促使老师和幼儿在个性和智慧上全面提升；我们从守文明礼仪、善待人接物、会微笑交流多维开始。在规章制度制定中，主动听取并采纳合理化意见；在团队相处中，倡导真诚无私、坦诚相待、人文关怀、帮扶互助，绣园乃时时处处、点点滴滴中尽显平和温馨。

谈到美好教育下的课程，蒋晨园长更是滔滔不绝、如数家珍。如弘美乐言课程、创美尚艺课程，还有博趣尚思课程、善美晴朗课程、快乐运动课程。五个领域都有基于美好教育内涵的特色课程，丰富多彩而品质优异。我无法全面地展开，无法将大家带入她的美好教育的课程视界。她们的大美绣园之最美教师，其文化理念内涵也深深吸引着我：其一，有爱心；其二，高水平；其三，大格局。我必须停止了，要不关于蒋晨绣衣幼儿园的美好教育还有多少可展现的呀！美好教育是一个宝库。

也谈幼儿自制图书

通常每个幼儿园都会给孩子们配备很多经典绘本和其他图书，也有的幼儿园让孩子们自己动手设计制作图书，孩子们自己画插图，有的还自己编故事，特别有趣。什么《小猪学礼貌》呀，展现童真童趣;什么《飞向太空》《猴子捞月亮》呀,彩虹般的想象在天地间飞舞;还有什么《小蝌蚪找妈妈》《好饿的小蛇》呀,完全是一个童话的世界;还有什么《别想让河马走开》《奇妙的动物和植物》呀,闪动着幼儿文学的光芒;还有什么《冰箱里的故事》《蛀牙虫流浪记》呀,展现着孩子们思维的灵动。

让幼儿自制图书,是游戏?是课程?是想象?是艺术?是创作?是编辑?是手工?似乎无法定义,似乎不可穷尽。简直是茫茫无际的草原,简直是波涛滚滚的大海,简直是无限变幻的春夏秋冬。

孩子们自制图书,是一个特别综合性的活动。他们可以根据自己的兴趣爱好确定一个主题,他们可以裁剪粘贴,他们可以绘画,他们可以书写文字。他们还要为自己的书制作封面,为自己的书取上一个独特好听的名字。

孩子们自制图书,是对早期阅读的深化,是对个性化阅读成果的显性展现。孩子们自制图书的过程,是一个发现世界、发现自我、发现惊喜的过程;孩子们自制图书的过程,是一个勇于挑战的思维成长过程;孩子自制图书的过程,是一个融艺术、科学、语言、健康、社会于一体的发展过程。

孩子们自制图书,要动脑,要动手,要合作,要编辑,要创造。这是一个孩子们完全可以独立进行、完全可以以自己的方式进行表达的游戏行为。对于孩子们自我发展成果的感知,有着直接的独特成效。园长们,请重视孩子们的自制图书吧!请相信:一种好的活动、一种好的游戏、一种好的课程会给孩子们的生命成长带来深远的影响!

与赵洁讨论“观察记录”

赵洁是吉林省延吉市向阳幼儿园园长。她的心灵是用阳光做的，什么时候都灿灿烂烂，什么时候都快快乐乐。她很喜欢和我交流她幼儿园的精彩，让我看到了向阳幼儿园正在阳光教育的宇宙中，闪烁着光芒的强大能量。

赵洁对于幼儿教育一直都有自己的深度思考，在《幼儿园保育教育质量评估指南》正式颁布的前4年，她就已经在提前思考关于“幼儿园老师要不要做观察记录”的事情。就在她参加完第三届东湖微论坛后的某一天，赵洁发来一条短信：“豪哥，你觉得幼儿园老师应不应该写观察记录?”我毫不犹豫地回答她：“写幼儿观察记录，对于科学评估幼儿发展、有效提高教师专业水平、有效提升幼儿教育质量，都有非常重要的作用。”赵洁立马说：“纠结于不少园用学习故事来对幼儿进行评价或确定教育策略，但我认为观察记录对了解幼儿、评估教育水平、提升教师观察能力、评价幼儿发展有不可替代的作用。”对于这个问题，我有一些感性的认知，但并未作深度的调查与思考，我觉得赵洁讲得非常有道理，对我启发很大。

我提醒赵洁：“要教师写观察记录，教师可能会嫌麻烦。你要说服教师，并简化程序，而且也要想办法调动教师的积极性。”赵洁特别明白我说的意思：“你说的这个内容，我们正在学习研究中。看来豪哥很了解我们幼儿园的实际情况，以前我们虽然从多方面做了些努力，但不够深入，打算以后多深入地进行研究。”我们的讨论很顺畅，我说：“是的，要全面研究！把一件有意义的事情做好，也很不简单。”赵洁是一个很有理解力和行动力的园长,她决心满满:“既然我们的目标明确了,我们就一定会深入做好。”

我很享受这样一个讨论过程,我们在一种宁静的状态下,轻松地研究一个十分具体的问题,而且相互启发,且谈且深。我再次提醒赵洁:“可以就此做些园本微课题研究,让教师有些研究意识与成就感。”她显然非常赞同我的提议:“研究先从我开始,做微课题这个点子太好了。”

教师写观察记录,肯定是一件很有价值的事情,但赵洁并不是简单地自上而下地硬推,而是以一种科学的态度,认真研究执行过程中的问题。这是很好的管理方式,也是一种很好的做事智慧。

基于儿童立场的环境创设

在幼儿园教育领域,环境创设无疑是一个很重要的话题。那天听了广西壮族自治区实验幼儿园园长、全国三八红旗手徐卫梅的报告,我特受启发。她把儿童的立场和儿童的需要,视作幼儿园环境创设的根本性原则。她说基于儿童立场思考、创设儿童需要的环境,就是要尊重儿童的身心发展规律、兴趣、经验、情感等,站在儿童的角度,进行幼儿园环境的动态创设。动态创设是广西实验幼儿园在基于儿童立场创设环境方面的显著经验与成就。

事实上,幼儿园环境创设要坚持儿童立场、满足儿童需要,道理大家都懂,但如何充分体现在环境创设的所有环节、所有过程之中,还是非常值得研究的。徐卫梅说,坚持儿童立场、满足儿童需要,首先要考虑环境创设的互动性。要让环境活起来,要让环境成为儿童的亲密伙伴。儿童与环境可以实现心灵互动、生活互动、游戏互动、表演互动、语言互动、运动互动等。环境创设的互动性，充分体现了环境的教育功能或课程功能。

徐园长在理论阐述的基础上，又讲起了她们幼儿园的环创故事。在她们的幼儿园有一个多次调整、改进、拓展、丰富的园博园。起初幼儿园有个种植园，是孩子们的一方乐土，他们在这里种植瓜果蔬菜，每天护理、观察、记录其生长变化，乐此不疲。当南宁园博园开园之后，孩子们在那里获得了前所未有的惊喜和快乐。这给老师们以深刻的启迪，如何贴近孩子们的兴趣点，进一步扩大种植园的教育资源，让它的使用率最大化，便成了老师们集中思考的问题。模仿南宁园博园构建幼儿园自己的园博园，也便成了老师们的重要工程。

满足互动性是一个动态的过程。徐卫梅带领教师们先根据孩子们在游戏中出现的问题，将园博园起初设计的全国景点换成孩子们熟悉的广西景点；随后又针对游客较多、车辆不足、游客骑车速度太快、不停车听讲解和管理秩序混乱的问题，增加了游览车数量，并改为双排车；景区还统一竞选小司机，保证游客有序搭乘观光车，减少游客等待时间，增加了进入园博园的人数。此外，增加隔离带，按人数放行，游客自觉排队，减轻了验票员的工作量。这一案例说明让环境活起来，让环境具有充分的互动性，园长和教师们就要关注环境创设的每一个细节，要在动态过程中，根据儿童的立场和需要及时调整。徐卫梅和她的老师们把尊重儿童融进了环创的每个细节。

徐卫梅继续讲着她们的环创故事。为了支持幼儿游戏活动，她们对主干道进行了全面改造，路面上绘制有行车线和斑马线，在路口处设立了红绿灯，在道旁设立停车场，但问题出现了：车多人多，交通秩序混乱，维护压力大。教师引导孩子们通过视频、图片、调查表、交警进课堂等形式认真学习交通规则,并根据孩子们的建议,对交通环境进行了改良升级。对环境的再次调整,交通秩序变好了,但新的问题又出现了:大多数小交警不清楚自己的工作内容和责任,全都挤在路口指挥交通,也没有统一处理交通违规事件的办法,造成乱执法、妨碍行车。通过再次调整,明确了交警的具体工作内容、分工和违章处理的流程,并以墙面环境、手持图表等形式进行提示,新增交通违章记录表,供小交警进行违章记录。然而,当上述问题解决后,交通城游戏的孩子却越来越少了。老师和孩子们再次分析原因,发现交通城角色游戏少、玩法过于单一、幼儿游戏兴趣持续性不足。对此,老师们又再次进行了全面改进。

徐卫梅说:“创设与教育相适应的良好环境,为幼儿提供活动和表现能力的机会和条件。幼儿的学习是以直接经验为基础,在游戏和日常生活中进行的。要珍视游戏和生活的独特价值,创设丰富的教育环境,最大限度地支持和满足幼儿通过直接感知、实际操作和亲身体验获取经验的需要。创设交通城便是如此。为了支持幼儿游戏,我们不断根据幼儿在游戏过程中出现的问题,与幼儿一起探讨,改进交通城的游戏环境。将幼儿园主干道进行全面改造,路面上绘制有行车线和斑马线,在路口处设立真实移动红绿灯;在主干道旁边创设拟真的停车场,标有进出口,地面划有停车位,车辆挂有相应的车牌,并投放了一些道路指示牌、加油箱等游戏材料和角色服装等。幼儿在改进升级的游戏环境里,不仅丰富了对交通规则和个别工作岗位的认知,更提升了协商解决问题能力、语言发展能力与社会交往能力。”

徐卫梅继续阐述道:“基于儿童立场,创设自主性的环境也是我们幼儿园环创的重要原则,就是在环境创设的过程中,始终树立幼儿的主体地位。将环境建构成主题课程,以课程调动孩子们的认知、体验，促进孩子们的成长。与此同时，我们还基于儿童立场，让环境创设凸显其自然性。针对成品材料容易导致环境高结构化、容易降低幼儿探索热情、容易将幼儿限制在教师规划好的框框中活动等问题，我们不主张给幼儿提供过度加工的精致环境，而是尽可能保持环境的自然生态。在我们幼儿园，创设了户外野炊区活动环境，如蒸笼、篮子、簸箕、锅、碗、瓢、盆、手工制作的蔬菜水果等。让孩子们玩烹饪、野餐等游戏。还把烹饪区和用餐区分开，增加游戏范围，让孩子们有更多的自然体验。我们坚持把幼儿的发展需要作为野餐区环境创设的出发点，以幼儿的主动性、参与性作为重要原则，以幼儿的能力发展作为落脚点，在游戏中发现问题、解决问题，不断增添游戏的趣味性，真正达到合理利用环境促进幼儿身心的全面和谐发展的目标。”

徐卫梅对于幼儿园环境创设的互动性、自主性、自然性的深刻论述，让我再次认识了环境对于幼儿发展的重要意义，环境创设必须基于儿童立场的核心观点。直到今天，我还记得她们幼儿园孩子们创造的海洋馆，自制的创意无限的运动会奖牌，还有那片靠山的芭蕉园，简直是孩子们游戏的天堂。徐卫梅不愧是一位优秀的园长，听说她现任广西壮族自治区机关事务管理局幼教督导员，我深深记住了她对儿童充满爱心的笑容。

环创：生命、自然与美

我真不知道我已经走进了多少幼儿园，我也不知道我已经听过多少著名专家和知名园长谈幼儿园环境创设，但我百看不厌、百听不烦，因为幼儿园环境创设在我心中尤为重要，幼儿园的环境犹如中小学的教科书。我曾到广西参加南宁青秀区的名师节,见到了林丽,也在第二届东湖微论坛上听了她关于幼儿园环境创设的介绍,直到今天还在回味。她对于幼儿园环境创设的三个关键词,就如三颗星星一样在我心中闪烁。三个关键词就是“生命”“自然”和“美”。这三个关键词在幼儿园环境创设中是具有灵魂级的概念,它揭示了幼儿园环境创设的本质。

我们一见面就特别熟悉,特别亲切,有说不完的共同话题,因为她常在名园长群里看我写的微语,应该说我们的心灵深处早已有过交流。林丽是广西特级教师、广西特级教师工作坊主持人、正高级教师,曾是广西区直机关第一幼儿园园长。我特别欣赏林丽所持有的教育信念,她说:“教育是一种可能,是一种影响,是面对不同生命个体的心灵对话,尊重每一个生命体,在朴实简单的生活中求真、显善、见美。”我欣赏林丽的教育管理哲学,她说:“在影响管理效率的诸多因素中,人是最核心的因素。真诚为基、信任为石、实践为根、发展为本是基于对人的尊重和对人的需要的关注,整合管理中的各种因素,使之作用于人的发展,管理成效自然会得以提升。”

林丽的教育信念、管理哲学深深地融入幼儿园的环境创设之中,生命、自然和美是理念的高点,是践行的原点,是升华的基点。林丽对她的老师们说:“环境具有生命意义,对于幼儿而言环境的教育品位决定了他们生命成长品质,生命是教育本质的本质;道法自然则是环境创设的不二法则,自然是幼儿生命的依赖,是幼儿成长的基石,而美又是幼儿的生命形态、是幼儿优化基因结构的重要可能。”她还语重心长地叮嘱她的老师们:“环境作为一种隐形课程,在开发幼儿智力、促进幼儿个性和谐发展等方面能发挥独特而重要的作用,我们一定要用心力、用情感为幼儿创设最优质的环境。”

听林丽讲环境创设，必须调集自己关于幼儿园环创的经验储备来听，因为她给大家做的是压缩饼干，她讲的是大量实践行为演化而成的环创理念与思路、原则与方法。她说：“适宜于幼儿是环境创设自始至终要考虑的重要元素，要坚持让幼儿以他们的方式参与环境创设；环境具有间接或直接的课程性，每一个细节都应赋予课程的功能；环境不仅仅是园所自身的狭隘空间，它包括周围二百米为半径的地域；环境的创设要重视对不确定性的考虑，幼儿的生命成长要面对一个又一个的不确定性，幼儿能够不断应对或适应不确定性才是有质量的生命成长；环境创设要给幼儿提供适度的挑战性，挑战是生命应有的特质，过于保守的环境创设培养不出勇敢的孩子。”

我常想，幼儿园环境创设的物质形态，往往会让园长忽略幼儿生命的本质，同质化地堆叠，杂七杂八的胡乱拥挤，眼花缭乱的色彩，充斥着幼儿园，既感受不到生命性，也感觉不到遵从自然的用心，更感觉不到美的润泽。因此，我高度赞同林丽所说的生命、自然、美。这是环创的灵魂。林丽始终强调环境创设要丰富多元、要生动开放。她们追求：一处一风景，处处有教育；一室一主题，室室有特色；一班一亮点，班班有内涵。孩子的兴趣、能力、需要都是环境创设要考虑的关键点。她们拥有基于生命、自然、美的环创架构或蓝图，把中国传统文化中的真、善、美自然融进了环境的教育生命。

在林丽看来，幼儿既是环境的受益者，也是环境的创造者，孩子们丰富多彩的生命个体本身就构成了一种拥有深邃哲学关系的生命性环境。书香一幼、“读”具匠心的阅读活动，周末共享日的亲子活动，幸福中国娃、快乐向前跑运动会，美食畅享日，童心牵手共传承、踏歌起舞三月三，欢乐中国年活动，这些都是林丽她们幼儿园最深层的环境创设。

林园长说，幼儿园环境的创设实际上是对幼儿进行游戏、运动、探索、学习的支持。这种支持或隐形或显形，伴随着幼儿的左右，满足着幼儿的需求，吸引着幼儿的参与，激发着幼儿的好奇与想象，促进着幼儿的发展。她还说，环境应该是变化的环境，环境应该是活的环境，环境应该是幼儿越玩越喜欢的环境。是啊，那不就是生命、自然和美吗？那不就是幼儿园环境创设的境界吗？

“童乐小镇”的“三情”户外游戏

在福建省宁德市蕉城区，有那么一处宛如梦幻童话世界般的奇妙地方，那就是机关幼儿园的“童乐小镇”。这里承载着孩子们那最为纯真无邪的梦想，还有那怎么都用不完的欢乐，每一个小小的角落都洋溢着神奇与惊喜的色彩。

我曾经两次来到这“童乐小镇”，和园长陈颖清进行了好长时间的深入交流。内心的感受，就像那起起伏伏的波澜，那独特的“乐”意一直在我心里头打转，让我对未来幼儿园理想的样子有了更加清楚、更加强烈的向往。

当你走进“童乐小镇”，墙壁上的那些画作、照片，还有文字，就好像在轻轻地对你讲述着一个个特别吸引人的故事。那一间间小巧又精美的屋子，有的一下子变成了“超市”，里面摆满了让人眼花缭乱的“商品”；有的变成了“医院”，小小的“医生”和“护士”们正专心致志、忙忙碌碌地工作着；还有的成了“警察局”，“小警察”们威风凛凛地坚守在自己的岗位上。这里的一切看起来都是那么小巧玲珑又可爱极了，却又显得无比真实，就像是一个缩小版的社会。

陈颖清园长的脸上总是挂着那特别温暖的笑容，她的笑容里饱含着“童乐小镇”的纯真之情，传递着她对于陈鹤琴“社会即学校”这一理念的独特领会。我深深地被陈颖清园长和“童乐小镇”打动了，在我的心里，理想的幼儿园就该是这个样子的。

孩子们在“童乐小镇”里嬉戏玩耍，他们完全沉浸在自己扮演的角色当中。有的孩子扮成售货员，热情高涨地向“顾客”推荐商品；有的孩子扮成医生，认认真真地给“病人”看病；还有的孩子扮成警察，勇敢无畏地维护着“小镇”的秩序。他们的小脸蛋上绽放着灿烂的笑容，眼睛里闪烁着兴奋的光芒。在这儿，他们能够自由自在地发挥自己的想象力，体验各种各样不同的角色，感受生活的多姿多彩。

“童乐小镇”可不只是一个给孩子们玩耍的地方，更是他们成长的快乐天地。在这里，他们学会了一起合作、一起分享，懂得了什么是责任、什么是担当。他们在游戏里探索着这个世界，在欢笑声中收获着知识。这里的每一个角落都充满了爱和关怀，每一个瞬间都见证着孩子们的成长。

在陈颖清园长的认知世界里，游戏是幼儿的学习途径，他们的学习依靠动作、情景，还有亲身的体验，这是由他们的思维特点决定的。小朋友们喜欢游戏，尤其喜欢户外游戏。但是，随着标准化进程的推进，现在的户外游戏存在一些问题，比如不重视生活情境、不关心幼儿的情感需求、不关注幼儿核心经验的获取等。因此，很有必要打造一个“生活化、共情感、慧学习”的户外游戏场地。宁德市蕉城区陈颖清名师工作室领衔人及其团队依靠“童乐小镇”户外游戏，提出了情境、情感、情理，也就是“三情”游戏范式。

“童乐小镇”之“情境游戏”，它着力于优化环境，突出生活特色。

陈颖清园长兴致勃勃地讲述着有关“情境游戏”的理念，她整个人都沉醉其中，悠然自得地践行着陶行知“生活即教育”的理念模式。她着重指出，要从生活当中选取素材，在游戏里搭建出具有真实感的情境，营造出自由开放、充满灵性和生命力的游戏环境，从而激发幼儿的好奇心和探索欲望。运用真实的材料，融入和生活相关的元素，符合幼儿的生活实际，能让幼儿在幼儿园里感觉到就像在家里一样轻松自在。环境材料来源于生活，给物化材料赋予了新鲜、生动、真实的情感意义。幼儿园充分利用园内的自然资源，把植物、花草树木巧妙地融入游戏环境当中，打造出一个富有生机的自然景观。比如说，在游戏区域周围种上树木，布置一些小小的花园或者草坪，让幼儿在游戏中充分和土地、绿草亲密接触，让他们的身体得到锻炼和协调，心灵得到滋养和满足，精神得到自由和释放。

对于幼儿来说，生活不只是学习的内容，更是一种学习的方式。贴近自然和生活实际能够给幼儿提供更多可以选择的空间，真正让他们在游戏中感受到生活的丰富多样，了解社会的千变万化，学会和自然和谐共处。

陈颖清园长还提到，要把自然环境、社会资源等进行整合，让幼儿在游戏中和自然、社会亲密接触，推动他们的认知发展。在幼儿园的户外游戏环境里，紧紧围绕生活特色进行环境改造，能够为幼儿营造出更有地域特色和文化氛围的游戏环境，进而增进他们对所处社区的认知和情感联系。

幼儿园积极引入茶文化、红色文化和畲族文化。通过建造小小的茶园、茶庄景观和茶艺教育空间，让幼儿亲身感受茶文化的魅力；同时，模拟红色革命的场景，设置和红色文化有关的游戏项目，激发幼儿的爱国情怀；建造具有畲族特色的竹楼，举办畲族服饰表演等活动，让幼儿领略畲族文化的独特韵味。

在这里，一个个精心设计打造的情境游戏区域，仿佛是一个个充满魔力的小世界。孩子们可以在“商店”里扮演售货员和顾客，学习人际交往和数学运算；在“医院”中变成小医生和护士，了解健康知识和关爱他人；在“警察局”当起小警察，培养责任感和正义感。

“童乐小镇”的情境游戏，特别注重培养孩子们的创造力和想象力。他们能够自由发挥，为游戏增添新的情节和元素。同时，游戏也促进了孩子们的团队合作能力，大家齐心协力，共同完成各种各样的任务。宁德市蕉城区机关幼儿园的老师们用心塑造“童乐小镇”，以情境游戏为载体，让孩子们在快乐中学习，在游戏中成长。这里，充满了孩子们的欢声笑语，见证着他们每一个精彩的童年瞬间。

“童乐小镇”之“情感游戏”，它侧重于多向互动、满足幼儿需求。幼儿园通过多种形式的人际交往，包括师幼互动、同龄互动和混龄互动，推动幼儿的情感发展、社交技能和自我认知能力的提升。师幼互动在幼儿游戏里那可是非常重要的。良好的师幼互动不仅能够帮助幼儿理解和遵守游戏规则，还能激发幼儿对游戏的兴趣和参与的热情。教师通过引导、示范以及提供支持，帮助幼儿理解游戏规则，培养他们的合作意识和团队精神。同时，教师倾听幼儿的想法和建议，促进师幼之间的情感交流和互动，建立起师生之间的信任和情感纽带。

同龄互动的作用也不容小觑。同龄的幼儿能够互相交流、分享彼此的想法和感受，一起寻找游戏的乐趣。通过和同龄伙伴的互动，幼儿能够学会尊重他人、合作共赢，培养友谊和团队精神。

同时,同龄互动还能够促进幼儿的语言发展和沟通能力,增强他们的自信心和社交技能。

混龄互动则为幼儿提供了更加丰富的学习和成长机会。幼儿能够和不同年龄段的伙伴交流和互动,从中获得更多的启发和学习。年龄大一点的幼儿可以充当引导者和榜样,为年龄小一点的幼儿提供指导和支持;而年龄小一点的幼儿则可以从年龄大一点的伙伴身上学习和模仿,推动他们的综合发展和成长。在混龄互动中,幼儿还能够学会尊重和包容不同年龄段的伙伴,培养他们的社交技能和情感智慧。

与此同时,在幼儿游戏的过程中,教师会适时地通过夸奖、鼓励等方式给幼儿积极的反馈,让幼儿受到正向情绪的影响,感觉到自己的游戏行为得到了认可,从而有更高的游戏热情,增强自信心。在给幼儿反馈的时候,教师会根据幼儿的个性选择合适的反馈方式。比如,面对性格比较外向的幼儿,教师会直接表扬他们,为他们提供展示的机会,让他们通过这样的积极反馈增强自信心;而面对性格比较内向、相对腼腆的幼儿,教师会意识到他们可能不喜欢受到太多的关注,于是在给反馈的时候,会通过一对一评价、发放贴纸等方式,用更温柔的方式鼓励他们。因人而异的及时情感反馈促使幼儿在游戏过程中获得积极的情感体验。

当你踏入"童乐小镇",马上就能感觉到那弥漫着的温馨气息。孩子们在情感游戏中尽情释放自己的情感,那纯真可爱的样子,就像夜空中闪烁的星星。他们的眼睛里,满满的都是对世界的好奇和热爱,仿佛每一个瞬间都是一场美丽的邂逅。

情感游戏就像是心灵沟通的桥梁。孩子们在这里学会关爱他人,他们会轻轻地抚摸受伤的"小动物",轻声地安慰哭泣的小伙伴。他们懂得分享快乐,会把自己心爱的玩具拿出来,和朋友们一起玩耍。他们也明白感恩，会对老师的教导和照顾露出灿烂的笑容，表达真诚的感谢。

瞧，那几个孩子正在照顾"娃娃家"里的"宝宝"。他们小心翼翼地给"宝宝"喂奶、换尿布，眼神里充满了慈爱。在这个过程中，他们体会到了父母的辛苦，也培养了自己的责任感。在另一边，孩子们正在进行一场友谊拔河比赛。他们齐心协力，为了共同的目标努力拼搏。比赛结束后，不管是胜利还是失败，他们都会互相拥抱，互相鼓励。在这里，他们学会了团结，学会了面对挫折，也学会了珍惜友谊。

"童乐小镇"的情感游戏，就像一首动听的旋律，奏响了孩子们心中最美好的乐章。它让孩子们在游戏中感受爱，传递爱，成长为有温度、有情感的人。

"童乐小镇"之"情理游戏"，它专注于经验联结、提升学习能力。在游戏中，幼儿能够共享空间、时间、材料和经验。幼儿园改变了区域设置固定、功能单一的情况，以儿童为根本，充分挖掘公共资源，积极拓展、整合各种游戏场地，开展全园畅游活动，有效利用班本主题游戏活动、年级主题游戏活动、全园畅游活动、师幼谈话活动等，模糊各个游戏区域的边界，模糊其功能定位，扩大幼儿游戏的范围，满足不同年龄段幼儿的个体需求和发展，引发幼儿多元化的自主学习和探究。

此外，还创新了"2＋2＋1"幼儿游戏深度学习行为的支持模式。第一个"2"是指两天的集中游戏活动，教师需要和幼儿建立交流的话题，确定活动内容，并且倾听和记录每个幼儿的想法，接纳他们的思考，让幼儿的思维处于持续的分享过程中，帮助他们梳理需要共同解决的问题；第二个"2"是指两天的小组游戏活动，幼儿根据自己的兴趣需求自主选择并参与在主题游戏之下衍生的小组游戏活动,教师回应每位幼儿的想法,关注每一个幼儿的学习特点,并支持幼儿将零散的信息结构化,将认知转化为能力,以提升幼儿的思维能力;“1”是指每周一天的畅游日,各年龄段的幼儿在畅游日当天以游戏化的方式呼应与拓展集中游戏和小组游戏中的学习经验,进一步引导幼儿的深度学习,同时释放天性。幼儿可以在畅游日里选择在幼儿园的任何一个角落以自己喜欢的方式游戏学习。

“2+2+1”支持幼儿情理学习的操作模式,是在户外游戏线索的大框架下围绕一周的游戏主题内容展开集中讨论,并围绕幼儿的已有经验和兴趣特点选择研究的问题开展活动。“2+2+1”的游戏模式不仅满足了幼儿深度学习的需要,而且尊重了个体发展的差异性。

走进“童乐小镇”,仿佛走进了一个充满智慧的魔法世界。孩子们在情理游戏中穿梭,那专注的神情,就像探索未知宝藏的小勇士。他们的眼睛里闪烁着求知的光芒,心里充满了对真理的渴望。

情理游戏是思维碰撞的火花。在这里,孩子们学会用理性思考问题,用情感去理解他人。他们在游戏中面对各种挑战,需要运用自己的智慧和勇气去解决。比如在搭建积木的游戏中,他们要考虑怎么平衡、怎么稳固,这不仅锻炼了他们的空间思维能力,也培养了他们的耐心和毅力。

看那群孩子正在进行角色扮演的情理游戏。他们扮演不同的角色,体验着各种情境下的情感与交流。有的孩子扮演警察,学会了正义与勇敢;有的孩子扮演医生,懂得了关爱与责任;有的孩子扮演老师,体会到了教导与奉献。在这个过程中,他们不断反思自己的行为,理解他人的感受,从而提升了自己的情商和智商。

“童乐小镇”的情理游戏,就像一本生动有趣的教科书,让孩子们在游戏中学习，在学习中成长。它把经验联结起来，为孩子们打开了一扇通往知识殿堂的大门。孩子们在这里学会了观察、思考、分析和解决问题，提升了自己的学习能力。

“三情”游戏范式注重生活化情境的创设、多元化情感的体验和综合性情理的培养，是一种非常有意义的游戏，实现了幼儿园游戏促进幼儿全面、健康、和谐发展的最终目标。

“童乐小镇”就像一颗璀璨耀眼的明珠，在幼儿教育的领域里散发着独特的光芒。它为孩子们创造了一个充满爱与欢乐、学习与成长的世界，让每一个孩子都能在这里绽放出最灿烂的笑容，收获最珍贵的童年回忆。相信在未来，会有更多像“童乐小镇”这样的优秀教育实践，为孩子们的成长之路铺上更加坚实、更加美好的基石。每每想到“童乐小镇”，就当然要想到陈颖清园长，这是两幅精美的幼教画卷，永远挂在我思维的墙壁上，也给我带来别样的快乐。

第四部分

理念之要

郭大教授之深度教学论

我喜欢称他为郭大教授，这既体现了我对他的特别尊重，也凸显了我与他那种老乡加朋友的特别关系。

他就是鼎鼎大名的郭元祥，华中师范大学教育学院二级教授、博士生导师，教育部“长江学者”特聘教授，华中师范大学博雅学者，湖北名师，教育部华中师范大学基础教育课程研究中心常务副主任，中国基础教育质量监测协同创新中心华中师范大学中心副主任兼首席专家。他还有许多闪亮的头衔，但以我对他的了解，他并不看重头衔或光环，只想尽可能多地做些对中国教育改革与发展有益的事情，因此他十分投入地做重点项目研究、重大课题研究。他把他的思想化作有分量的、让更多人看得懂的、能真正启迪人的文字。他帅气潇洒、风度翩翩，却最能深入到全国各地的学校去实验，去研究与指导。郭教授在中小学校长、教师面前，是那么的谦逊、和蔼，他把他最真挚的情感、最睿智的思维、最独特的发现给予了最基层的教育工作者。他期待教育的品质越来越高、学校的发展越来越好、学生的成长越来越优。

我与郭教授拥有戏剧性的故事，这让我与他的交流，有了些无拘无束的心态。他谈观点，非常富有力量感，他会找到入骨入心的理由或者某种崭新的切入角度，让你心悦诚服，既欣然接受他的观点，也把他当成知心的朋友。这不仅仅是讲话的艺术，这是基于生命的至真至诚。

在首届文化名校东湖微论坛上，郭教授着重谈的是新课程文化背景下的深度教学。深度教学，何以能深度？序幕在徐徐拉开，情怀与哲学的款款乐音,悠悠然响起:教育是充满理想信念和生命活力的事业;永远心怀梦想,永远热泪盈眶;不要生活在绝望中慢慢老去,走出来,不要陷入这种境地;在研究的状态下工作,感悟教育的灵动与美好;把知识带入学生生命里,而不是把学生抛入知识的海洋里,符号的知识只是情感海洋中的一杯水。这是用生命的力量在呼唤,这是用情感的热泪在倾吐肺腑心声。我喜欢这种真情投入的状态,我喜欢这种以心换心的表达。专家学者不仅应有理性逻辑的阐述,还应该也必须有作为常人的情感倾诉,也许这更有力量。作为人,孰能无情?要让教师真正理解深度教学,就要让教师把教学当作生命情感的深度体验,变成自我生命的内在需要。

郭教授提出,要创造学校课程新文化,以破解核心素养发展的难题。这是实施深度教学的前提条件,而学校新课程文化的建构,则需要弄清最新颁布的课程方案与课程标准的主要变化。他清晰勾勒了五大变化:以立德树人为根本指导,坚持课程的育人导向,强化课程的思想性;以核心素养统领课程设计与课程实施,整体建构核心素养体系;分年段设计课程的学业质量标准;强调课程内容综合化、结构化,突出真实情境的知识学习、综合学习和跨学科学习,以及任务群学习、大概念教学等;以推进学科实践为抓手,进一步深化学习方式变革。郭教授以自己的切身感悟,深情地透析着这些变化,他认为深度教学必须是对这些要点进行准确把握后的自觉意识与行动。

一个深受校长、教师欢迎的教育专家,不仅仅在于你的认知有多么多么的深,还在于你用什么方式来达到让人醍醐灌顶、脑洞大开、豁然开朗的效果。郭元祥教授为了让人理解立德树人的课程理论基础问题,他从课程德性、课程品格、课程文化性与文化自信、课程发展性与学生的生命成长等问题出发,以庄重严肃的态度讲解，用深入浅出的语言给予诠释。他坚定而鲜明地强调教育立场，在他全部的教育生命深处，培养什么样的人、怎样培养人和为谁培养人是他对天对地的心灵叩问，他把培育有理想、有本领、有担当的时代新人作为他教育研究的全部。

深度教学之深，就深在对核心素养的理解与教学把握。郭教授对核心素养有着系统性地深层研究，他反复强调，核心素养是在学生课程学习中应表现出来的比较稳定的必备品格、关键能力和价值观念。核心素养具有学科属性和学科差异性，体现了新课程价值观，是最具统领性的课程目标。他用十分坚定的语气说，课程或者学科本身不具有核心素养，只有当学生进入课程并与课程发生意义关联的时候，课程便具有了对学生发展的价值强度和意义期待。这句话在准确把握核心素养的过程中十分重要。

生活中的郭教授幽默、洒脱，而研究中的郭教授严肃而严谨，他尤其不喜欢学术上的忽悠派，不喜欢那种虚空的做法，他对人很包容，但他对学术研究很较真，他对那些学术不端行为，会毫不留情地严厉谴责、尖锐批判。他对深度教学的研究，常常会回归到现今教学的真实生态中去，会跟校长、教师们进行面对面地探讨，以尽可能破解核心素养难题。

郭教授认为深度教学是发展性教学、意义性教学、理解性教学、生成性教学，是融教学价值观、课程知识观、教学过程观、学习活动观与教学资源观及评价观于一体的教学理论。他说："深度教学理论强调让学习可见、让思维发生、让文化浸润、让社会融入、让美德生成。深度教学强调课程知识是有待发育的逻辑种子、思想种子、文化种子和精神种子，主张把知识带入学生生命里。生动的言语很重要，这也许就是大道至简的境界吧！深邃的理论应该插上彩色的翅膀。"他进一步阐述道："深度教学理论提出课堂教学的基本价值标准是提高学生学习的意义感、自我感和效能感等,发展学生的课程核心素养是教学价值和教学目标的根本体现。”

在郭教授的精神世界里,深度教学是教师与学生、教与学动态耦合的对应关系、手性关系,以至于不可分离和不可偏废;深度教学是构建学生作为文化传承者、思想领悟者、活动投入者、问题解决者和意义创造者的学习者形象;深度教学理论主张学习是学生素养发育过程,强调学生的素养是在知识的关联中、活动中、复杂问题的解决中得以体现的。

我坐上了郭教授驾驶的深度教学的海轮,我看到了导向核心素养发展的学习画面:复杂的脑活动、完整的心理活动、丰富的精神活动与多维的实践活动。我也展开了学科想象,轻步迈入了一个崭新的学习历程,彩色蝴蝶般美丽的大单元、跨学科、真实情境、大概念、综合学习、任务群、学科思想进阶、问题链、活动链,汇聚到我关于深度教学的形象世界。我仿佛爬到了深度教学的山巅之上,因为那里有郭大教授的振臂呼唤,传递着一种不可抗拒的力量:坚定地走向基于核心素养的深度教学。

高质量从看见儿童开始

这是一个我特别特别喜欢的哲学判断;我发自肺腑地崇尚这个真理性的判断。学前教育的高质量,应该也必须从看见儿童开始,我以为这是一个毋庸置疑的事实结论。给我传递这个重要结论的是北京师范大学学前教育研究所所长、教授、博士生导师洪秀敏。我顿时觉得洪秀敏教授的笑容中跳跃着无数绽放天性与光芒的快乐儿童。洪秀敏教授是真正深知儿童的教授。

洪秀敏在第二十六届东湖微论坛上作了“坚持儿童为本 促进学前教育高质量发展”为题的主旨报告，她以自己深层的学术思考，阐述着一个不得不明晰阐述的重要问题：高质量教育体系的内涵特征究竟是怎么样的？洪秀敏教授认为，人民性、适应性、协调性、现代性以及高水平、强约束、有活力、高效益是高质量教育体系重要的内涵特征。高质量是一个具有系统性的概念，它不能单一地肤浅地理解，而新时代基于高质量的教育评价改革，则必须坚持立德树人，必须坚持以问题导向，必须坚持科学有效，必须坚持中国特色。

洪教授透着微笑的声音幽入清纯的东湖，又带着东湖的清凉萦绕在我的耳际。学前教育的高质量必须从看见儿童开始。儿童是学前教育的原点，是衡量学前教育高低的根本点，是幼儿园一切工作的出发点与指向。事实上，只有真正看见儿童，才能真正基于儿童做出适宜于儿童的教育决策，才能提供适宜于儿童的教育支持，才能创生适宜于儿童的课程。

洪秀敏一下子点燃了我心中的火焰，熊熊燃烧起来。许多专家的论述，如草原上千万只牛羊奔腾而来：看见儿童，不仅意味着注意到儿童之所在、观察儿童之所为，更意味着在看到其表面之后能够见到其内心。共情与接纳儿童的情绪与感受，觉知与尊重儿童的需要与兴趣，发现与激活儿童的力量与无限可能，从而充分共享儿童的意义世界，充分认识和理解儿童，支持儿童的生长与发展。看见儿童，不仅是通往适宜教育的必要而有效的路径，更是目的本身。这种看见的关系本身就是一种可贵的生命体验，具有珍贵的内在价值。是啊，当被看见，能感受到自己被懂得、抚慰了，如此体验本身便是对生命的滋养。如果我们能够感受儿童的感受、明了儿童的需要、发现儿童的力量，儿童会因我们的看见而看见自己、相信自己,更有力量与动力去成长与超越。真正看见儿童,看见儿童的力量与闪光点,看见儿童的生命与无限可能,又何尝不是教师向儿童学习、发挥创造性并获得职业幸福感的最好契机呢?

洪秀敏以一种坚定态度和强有力的逻辑论述着:看见儿童就是坚定不移地心悦诚服地以儿童为本。作为教师以儿童为本,就是必须坚持人民至上,要自信自立,要守正创新,要以问题为导向,要始终拥有系统观念,要永远胸怀天下。洪教授的眼里闪着童真的光芒:幼儿园的教师要真正做到以儿童为本,并不是件轻松的事情。我们要对师幼互动,给予合情合理的判断,要打心底里理解教师。幼儿教师最大的本事就是透过孩子扑闪扑闪的眼睛、断断续续的言语,来懂得孩子,而这种懂得存在误差,这是正常的,是情有可原的。在幼儿园整个的教育过程中,看见儿童是需要融情感、智慧、经验、敏锐于一体的。

高质量的学前教育要从看见儿童开始,这也需要基于生命立场的教育定力,需要饱含深情的儿童视角。看见儿童就是要关注儿童,就是要坚持儿童优先的重要原则,要始终保护儿童的权利,充分满足儿童的需求,确认儿童的参与。洪秀敏,那母亲的情怀,激荡她的心灵世界。看见儿童,就是要以最大的热情和耐心支持儿童。要尊重幼儿暂时学不会,暂时的不感兴趣,甚至暂时调皮捣蛋。在尊重幼儿身心发展特点的基础上,精准研究与支持幼儿,更好地促进幼儿主动学习与健康发展。

洪教授强调,高质量学前教育要从看见儿童开始,看见儿童,要从尊重儿童开始;而尊重儿童,则要从研究儿童开始。这是深刻的哲学的逻辑,更是严谨逻辑的哲学。我走进了洪教授的思维逻辑,走进了一个富有儿童情趣的学术内心。洪秀敏说:“幼儿时期是许多重要品质和能力形成和奠基的时期，幼儿园教师的专业性要求，归根结底是由幼儿的身心发展特点和规律所决定的。从某种意义上说，教育对象年龄越小，教育工作的难度和含金量越高。专业化的程度决定着教师行为所具有的教育含量和对幼儿发展所具有的价值。幼儿身心发育的稚嫩性和不成熟性决定了幼儿园教师工作内容的特殊性与复杂性。教师要看见儿童，就是要充分了解幼儿在身体活动和自我照料以及独立生活等方面缺乏相应的生活经验和自理能力，需要教师精心地呵护和照料。在幼儿园的一日生活中，幼儿的饮食、休息、大小便、睡眠等都需要教师的关爱与精心照顾，教师要能够科学护理幼儿的生活，及时地发现幼儿在食欲、睡眠与情绪等方面的细小变化，要有针对性地采取恰当的措施，因此看见儿童就是要坚持保教并重。幼儿园教师要合理安排和组织一日生活的各个环节，科学照料幼儿日常生活，在一日生活中充分利用各种教育契机，对幼儿进行随机教育。”

洪教授还深情地说：“与父母照顾孩子不同，幼儿园教师是同时照顾全班的数十个幼儿，应对全班幼儿的生活和情感需求。也就是说看见儿童必须要看见每一个儿童。由于幼儿身心发育的不成熟，他们随时会出现一些让教师始料不及的状况，种种挑战对幼儿教师应对不同教育情境的能力提出了很高的要求，并要求教师要能够有效保护幼儿，掌握意外事故和危险情况下幼儿安全防护与救助的基本方法。与中小学教师相比，幼儿园教师没有下课的权利，只有时刻关注幼儿的重要责任，这既是幼儿园教师工作复杂而艰巨的客观表现，也是幼儿园教师专业性的重要表现。”

洪教授的声音富有母爱的慈性。幼儿发展的年龄特点和规律要求每一个教师必须先读懂幼儿，并以此作为教育的重要起点和根本依据。幼儿的发展特点和规律是不以成人意志为转移的，他们的年龄特征代表着特定年龄阶段多数儿童的发展水平和状况，在很大程度上制约着他们适合学什么和适合怎样学。这就要求幼儿园教师必须具有读懂孩子的能力，掌握观察、谈话、记录等了解每个年龄阶段幼儿的专业知识与方法，能够从孩子的言行举止中，用专业的眼光观察和分析儿童，怀着敬畏之心去不断地去探索、发现和遵循这些发展特点与规律。要认真读懂幼儿的需要、兴趣和想法，使用符合幼儿年龄特点的语言进行保教工作，并及时满足幼儿发展的需要并有效促进他们的发展。

洪教授以严密的逻辑阐述着："幼儿主要是通过行动和经验来学习的，也就是通过动员多种感官、依靠表象来认识事物。因此，幼儿园教师的主要任务是尊重幼儿的学习方式和学习特点，要能够从获得感性经验的意义上最大限度地满足和支持幼儿通过直接感知、实际操作和亲身体验获取经验的需要，注重激发和保护幼儿的求知欲和学习兴趣，调动幼儿学。看见儿童，指的是看见的是每一个完整、鲜活、具体的儿童。若能用多元的视角、真诚的好奇去看待每一个儿童，对于每一个具体的儿童报以共情、接纳与反思，那就能看见每一个儿童的丰富与完整、具体与独特，看见儿童的意义世界。看见儿童，看见的是课程生长的方向与可能。唯有看见真正的儿童，体认、理解每一个儿童鲜活的经验、需要与意义世界，才能真正找到课程的根基与生命力，才有可能达成高质量的幼儿园教育。"

教师要借助看见儿童而看见自身，拓展自我的边界与可能。更多地看见儿童，教师也有了更多的被儿童照亮的时刻。看见儿童是我们通往看见自己与世界的重要路径。看见儿童的力量，也发现自己在成长过程中的失落；看见儿童的情绪与感受，也能看见自我情感的自然投射；看见儿童的兴趣与意义世界，也重新认识这个被我们视为习以为常的生趣盎然的客观世界，清扫我们被尘世所遮蔽的本心。看见儿童，把他们的舞台还给他们，我们也回到自己的舞台，活出自己的精彩。借由看见儿童来通达舒展的自己生命的境界，也通达教育的本真。看见儿童，是儿童之幸、教育者之幸、教育之幸。

至情呼唤“儿童视角”

李召存，细高个，衣着朴素，作起报告来，情之真，语之切，深深打动着听者的心灵。他总是那么平平静静，然而你又浓郁地感觉到他那因儿童而燃烧的激情。在第二十八届东湖微论坛做主旨报告时，他自始至终都没有什么惊人的话语，但那些看似平淡的话里，却藏有特别深刻的教育哲理。这就是我此次认识的李召存，这就是走进我生命世界的专家李召存，他是华东师范大学教育学部学前教育学系教授、博士生导师。

我常对朋友说，我是个地道的儿童崇拜主义者。谈教育，我总会告诫自己必须要站在儿童的生命立场去思考和建议。因而，当我看到李召存教授报告的主题是“基于儿童视角的幼儿园课程实施”时，我陡地来劲了，开始全神贯注地追随这个报告。

李召存以其特有的诠释力量，带领听者步入儿童视角的内涵：所谓儿童视角，就是要善于站在孩子的角度看问题，用儿童的眼睛去观察，用儿童的耳朵去倾听，用儿童的大脑去思考，用儿童的兴趣去探寻，用儿童的情感去热爱。要以儿童的心理去理解儿童。我一下子完全儿童化了，我的眼睛闪着儿童的光芒，我的耳朵里充满了儿童稚真的声音，我的大脑绽放着儿童的思维，我的情感全都儿童化了。我坚信我已经完全拥有了儿童视角。我幸福地遵从着李召存教授的呼唤。

简短的语言,揭示着报告的分量;亲切的表达,沁入心扉:老师绝对不能忘记自己曾经是个孩子,多想想自己小的时候是怎么理解问题的,尽可能蹲下身子去了解孩子,了解他们的兴趣点、困惑点,以孩子喜欢的方式互动,这就是亘古不变的儿童视角。然而,作为教师的成人要做到这些,并非易事。一旦成人了,早就忘却了曾经儿童的立场;当了教师,更要在儿童面前体现那种博学深邃的高大,若总在力图让孩子们膜拜,当然会丢失自己儿童时期的眼光、思维、情感等。

李召存对于儿童形成了几乎不可分割的血液之情,永远是那么波澜不惊,就如那泥土一样质朴。让你会激起内在的舒贴,自自然然地心悦诚服地悦纳。儿童是积极的社会行动者,李教授坚定地认为。儿童是社会重要组成部分,他们用自己纯净的声音与行为,创造着属于他们的社会生活。因为他们的存在,社会变得更加五彩缤纷,变得更加善良美好,变得更加充满生机与希望。

李召存没有任何大专家的理论强势,总如那山间小溪,潺潺流淌于静谧之中。儿童是有着当下生活意义体验的生活者。儿童不仅仅是成长的个体,更是生活于当下的人。在所有真实的幼儿园教育活动过程中,儿童始终是以一个个活泼整全的人出现的。作为整全的人,儿童首先是对自己当下生活有着意义体验的生活者。他们就是以全副的身心去真实地体验和感受着当下每日的童年生活,他们对周围世界有自己独特的认识和理解视角、感受和处理方式。他们是自身所处生活世界的专家。快乐与有趣是第一位的;他们喜欢自我掌控,反感硬性训练。幼儿园的所有活动应该无限地去接近孩子。

我在用心感悟李教授的深情话语。儿童还是能动的创造性的探究性学习者。任何时候，我们都不能小看儿童。《儿童权利公约》指出："缔约国应确保有主见和有能力的儿童有权对影响到其本人的一切事项自由发表自己的意见，对儿童的意见应按照其年龄和成熟程度给以适当的看待。"读懂儿童，理解儿童，尊重儿童，绝对不是一件简单的事情。

如晨曦照在心灵，如春雨洒在脸上。李教授亲切温柔的话语低回萦绕。儿童视角下的课程实施策略：教师要善于在倾听中走进儿童的内心世界，因为儿童很多的视角未必能言必达意，未必能直接用语言表达出来。在课程实施中，倾听不仅仅意味着听见，更关涉到对儿童内心感受和想法的理解与意义建构。倾听需要教师先放空自己，不要先入为主。要学会运用"悬置"法，先不要想着如何进行指导，先要想着去理解；以倾听的姿态去求解儿童的表达，而不是以俯视的姿态来洞悉儿童的世界。

清风飘悠悠的，沁入心扉；儿童视角，像翩飞的蝴蝶，进入我思维的原野，让我的教育立场更加儿童化了。他娓娓讲述着：在对话中推进儿童视角的拓展。儿童的视角中的儿童不是一个笼统的群体概念，而是每个具体的儿童，具体儿童在具体情境中的视角。这些视角可能是合理的，也可能是需要不断调整修正的。在课程实施中，通过对话，推动不同视角的碰撞，达成视界的深层融合，实现儿童视角的拓展，促进儿童的生命发展；实现成人视野的拓展，收获到纯粹的幸福感。

我静静地琢磨着：在反思中引导儿童反观自我的视角。要知道，儿童的视角有时未必是清晰的，需要在反思、反观的过程中，逐渐清晰起来，要在参与中落实儿童作为行动主体的力量。在教育过程中强调儿童的视角，不是为了娱乐成人，也不仅仅是让我们感受到儿童拥有独特的视角，更在于儿童视角的落实，让我们、让儿童看到他们的力量。真正倾听儿童的心声，了解儿童的视角。教师要依照儿童视角改进课程和教学。要和儿童一起行动，一起改变。

自然流淌着教育思想的活水。李召存说："在生活中寻找儿童视角的源头活水。儿童的视角不是无中生有，而是来自于生活，生活才是儿童视角的源头活水。大自然、大社会，都是活教材。在真实的、丰富多彩的生活中，丰富儿童的视角。在儿童的真实生活中发现儿童的视角，生成课程主题，课程教学紧密联系儿童的生活。"

一种呼唤，学者的高度，儿童的知音。李召存用生命的感悟与心灵的至诚，满含深情地阐述着。他的眼里闪着童光，他的声音里饱含儿童的期许，他为儿童对于自主的渴望而呼唤着，其情切切，其意绵绵。幼儿教育需要更多李召存这样的专家。

底层逻辑下的幼儿运动

东湖敞开清澈净逸的胸怀，拥抱着来自全国各地的名园长们。初夏的微笑，在陌生的熟悉中荡漾。彼此的心灵辉映着儿童的伟大。

东湖微论坛的每一届都像一部精彩别致的电视剧，让幼教的波光那么盎然闪亮，每一届都让我发自肺腑的激情跃动。园长们带着执着而卓越的探索与实践相聚在武汉东湖，脸上烁现着期待交流与倾听的欣悦。这是一个能量满满的教育群体，这是一个思想绽放的论坛。

我们夜走东湖，灯光影映着粗硕的樟树、水杉、梧桐，湖水灵动着倒影。我们交流着，用各地富有文化生机的语调，讲着那些最显魅力的家乡故事，体现的是生命的真诚与热情。夜色中的笑声，留在了湖边的草丛中。

东湖微论坛孕蕴着学术的专注，每一束眼光都透着专业的力量，都标示着至诚的欣赏，都凝结着劲锐的思索。每个人都在幼教诗意的原野里驰骋，课程与游戏成为眉宇间的奔腾。

柳倩那美丽运动雕塑的身形，那潜心研究与浪漫运动浸润出的姿态，畅快地游弋在保育教育质量评估与幼儿运动的清流中。柳倩是华东师范大学学前教育学系课程与教法教研室主任、副教授、博士、中国学前教育研究会学前教育管理专业委员会主任。作为第二十三届东湖微论坛的主旨报告专家，她基于幼儿健康的底层逻辑，以颗粒化的解析方式，把园长们带入幼儿运动的理论视界与操作视界。她从人的运动对于防止生物退化的要义，从儿童生命的健康生长，从内肥胖给人类的警觉，从激发幼儿积极参与运动的兴趣，提升其力量、速度、柔韧等身体素质核心目标上，深情地阐述着幼儿运动的时间、空间、安全、资源、课程等问题。

柳倩讲幼儿运动，既有仰望星空的大视野与大格局，也有基于底层逻辑的哲学认知，还有对幼儿运动的操作性实施路径的指点。她谈运动课程的安全底线；谈运动课程质量的提升既要尊重儿童的身心发展特点，又要体现国家的目标；谈教师应具备的教育素养；谈适合域情的多元课程资源的开发策略；谈以评促建与评估的增值性；谈站在社会角度看教育；谈如何理解高质量，如何满足孩子差异，如何精准把握适当的压力与幼儿运动的深层关系。她在幼儿运动领域里纵横驰骋着，她讲如何克服人的理性的脆弱性，如何让孩子开展主动的身体活动，如何让幼儿在运动中既获得生命的发展也获得满满的幸福感，如何让幼儿通过运动来适应未来的生活场景,如何让幼儿在运动中提升他们玩的能力,如何通过持之以恒的运动来增强孩子们肌肉的运动记忆。园长们在聆听,在拍摄,在录音,在心灵深处存储着柳倩教授语重心长的话语。

柳倩用她亲身的运动经历讲着幼儿运动,句句真切,透着对儿童的深爱。她站在人口高质量和民族伟大复兴的情感顶端,讲着幼儿运动,浸润着静静倾听的园长的心灵。

柳教授的学术报告里流淌着至真的情感,渗透着基于生命的理解,对于质朴的"管住嘴,迈开腿",她用她切身的案例阐述着,深深打动着园长的心灵。我默默地念着"管住嘴,迈开腿",多么深刻有用的警言啊!为什么我们就难以做到呢?如果我们都能自觉做到,那就会为幼儿运动创造最浓厚的环境。看来一件最细小、最平常的事情也要用最坚定的意志去做。

柳教授认为,教师要有随时随地开展幼儿身体活动的意识。这种意识是由"运动锻炼"意识与"随时动起来"的意识构成的。"运动锻炼"具有特定的活动目标和活动内容,是主动的身体活动。"随时动起来"指的是利用碎片时间,不受场地和设施等条件限制,随时随地开展身体活动。只有把"运动锻炼"和"随时动起来"都做好,"运动无处不在"才能真正落地。

她说,幼儿运动也是在提升和丰富他们玩的能力。是啊,玩是需要智慧和能力的。运动锻炼和随时动起来,需要积淀文化习惯,以形成内在的素养,甚至产生自然的肌肉记忆;幼儿还应具备尽可能多的运动技能,包括使用各种运动器材的技能。与此同时还要有以安全为前提的运动挑战。中国学前教育对幼儿存在过度的保护,适度挑战的运动少之又少,这并不利于幼儿达成"野蛮其体魄"的运动追求。

在柳教授的幼儿运动体系里,集体与团体的特殊性得到深度的认知与解读。团体的运动饱含一种能量，彰显着整体、协调、感染和激发的文化元素，焕发出某种奋发向上的运动精神。柳倩对于幼儿运动的调节能力、耐力等也有精到地阐述。调节能力是科学运动与运动科学的精髓之一，它使运动沿着健康、健壮与健美的方向发展，让运动的正能量发挥到极致；而耐力则是运动的意志，耐力能够成就幼儿的品质。

夏的绿在微风中轻轻摇曳，幼儿的思维在白云中闪熠飞扬。柳倩站在幼儿事业的彩虹上，显得那么美丽。

儿童不是成人的缩影

儿童是谁？儿童不是成人的缩影。我这个儿童崇拜主义者，在第三十届东湖微论坛上，被西南大学教育学部学前教育学院院长、博士生导师李静教授的主旨报告《儿童是谁？教育在哪里？》中的儿童观所震撼。于是，无数关于儿童的问题在“澎湃”，在潮水般地涌动。从某种意义上说，教育的行走是否正确，关键的、起决定作用的是必须弄清儿童是谁。

儿童是谁？儿童不是成人的缩影。儿童有着自己独立而鲜明的特质。儿童是梦想的编织者，他们的脑海中充满了奇思妙想，那些天马行空的念头是成人世界难以企及的。他们永远不会被现实的框架所束缚，他们有着无尽的想象力和创造力。儿童是情感的纯粹表达者，他们的喜怒哀乐，毫不掩饰，真诚而直接地展现在脸上和行动中。他们的快乐简单而纯粹，悲伤也来得快去得快。

儿童是谁？儿童不是成人的缩影。儿童是成长的探索者，他们用自己独特的方式去认知世界，那每一次地尝试都是一次勇敢的冒险。他们不会像成人那样瞻前顾后，而是无惧无畏地前行。儿童有着自己的成长节奏和规律，不能用成人的标准去衡量和要求。他们需要的是理解，是关爱，是耐心的引导，让他们能在属于自己的轨道上自由而健康地成长，才是成人应尽的责任。

儿童是谁？儿童不是成人的缩小版，而是这个世界上独一无二、充满魅力的存在。儿童有着未经雕琢的天真与烂漫，他们的笑容如阳光般灿烂，能轻易驱散阴霾。他们的思维如同未被开垦的土地，充满着无限的可能和惊喜。他们看待世界的视角是那样独特，能从细微之处发现美好，那些被成人忽略的小细节，在他们眼中都是无限奇妙的宝藏。

儿童是谁？儿童不是成人的缩影。儿童的情感，总是那么真挚而热烈，喜欢就是喜欢，不喜欢也会明确表达，没有成人世界的复杂与含蓄。他们的行动力也令人惊叹，会毫不犹豫地去尝试新鲜事物，不怕失败，因为他们有着强大的好奇心和浓烈的探索欲。儿童不是成人的复制品，他们有着属于自己的成长轨迹和发展方式。我们不能用成人的观念和标准去评判他们、要求他们。每个儿童都是一颗闪耀着独特光芒的星星，在属于他们自己的天空中绽放光彩。

儿童，绝非是成人的缩影。他们就像是来自另外一个奇幻世界的精灵，带着唯独属于他们自己的光芒与色彩。儿童有着最纯粹的心灵，他们的善良与纯真如清泉般纯净澄澈，没有成人世界里的那些世故与复杂。他们的快乐简单而直接，也许那只是因为有一片飘落的树叶，或是有一只飞舞的蝴蝶。

儿童的思维活跃且跳跃，不受固有模式的束缚，常常能够迸发出让人意想不到的奇思和妙想，那是成人在岁月磨砺中逐渐丢失的宝贵特质。儿童对世界充满了好奇与探索的欲望，他们兴奋地用自己小小的步伐去丈量每一寸未知的领域，无畏无惧，这种勇气是成人难以比拟的。他们的成长有自己独特的节奏和轨迹，永远不会被成人的模式所框定。儿童啊，就是儿童，他们是这个世界上最独特、最可爱的存在，他们有着自己无比绚烂的世界等待去开启和发现。

儿童是谁？儿童决然不是成人的缩影。他们是一群拥有着独特灵魂的小天使。儿童有着未经世俗沾染的纯净的心灵，他们的善良如同清晨的第一缕阳光，温暖而明亮。他们看待世界的目光中满是新奇与惊喜，每一个细微之处都能引发他们的兴趣和探索欲。他们的情感表达直接而热烈，他们想哭就哭，想笑就笑，没有成人诸多的掩饰与压抑。他们的想象力仿佛没有边界的宇宙，能创造出一个个奇幻而美妙的世界。

儿童的成长充满了不确定性和无限可能，他们不会按照成人既定的模式去发展。他们可能会在泥地里打滚，也可能会对着天空发呆，这些都是他们独有的行为方式。儿童不是成人的复刻品，他们是有着自己个性、自己节奏、自己光芒的独特个体，在成长的道路上绽放着属于他们自己的精彩。儿童，有着最为本真的天性，那是未经雕琢的纯真与无邪。他们的眼中闪烁着对世界最初的好奇与渴望，每一个新的发现都能让他们欢呼雀跃。儿童的情感真挚而热烈，他们的笑声能够驱散阴霾，他们的泪水也让人心生怜爱。儿童有着自己独特的成长轨迹，他们不会亦步亦趋地模仿成人。他们会以自己的方式去探索、去尝试、去体验，在这个过程中展现出无限的可能。

李静教授有着强烈的带入感，她把我再次带到了儿童那个真正的世界。我按照李静教授那亲切的导引，享受着这个世界的独特风光。儿童，永远是我追寻的风景。

儿童“不听话”乃成长需要

儿童“不听话”是成长的需要。我在心里反复默念着这一认识或观点,发自肺腑地认同甚至赞赏。如何看待和理解儿童的“不听话”决定了我们教育方法与行为选择的正确性或者合理性。儿童“不听话”是成长的需要,这是对成人,尤其是对幼儿园教育工作者的警醒。向我们发出这一深刻警醒的是西南大学教育学部学前教育学院院长、教授、博士生导师李静。虽然第三十届东湖微论坛已经过去三个多月了,直到今天,这句话仍然回响在我的耳畔。

儿童“不听话”是成长的需要。我琢磨着这句话的哲学意义,思忖着这句话给幼儿园教育带来的重要价值。对于儿童的不听话,我在不停地猜想:儿童在成长过程中,自我意识逐渐觉醒,他们开始渴望探索和尝试新事物,表达自己的想法和意愿。当他们表现出“不听话”时,可能正是他们试图挣脱束缚、展现自我的一种方式。这是他们认知世界、发展个性的必经阶段。这是他们自我意识发展的体现。他们开始有了自己的想法和主见,并试图表达和坚持,这是他们走向独立的第一步。这种“不听话”意味着他们在积极地探索世界,勇于挑战权威,这对于培养他们的创造力和批判性思维有着重要意义。

从发展心理学的角度看,这其实是儿童认知和心理发展到一定阶段的自然表现。这种“不听话”是他们成长的动力之一。我们要明白,儿童的不听话并不一定意味着他们是在故意捣蛋或叛逆,可能是他们对事物有着独特的理解和感受,或者是他们在尝试用自己的方式去解决问题。这时候,我们不能简单地用成人的标准去评判和纠正，而应尝试站在他们的角度去理解他们。

这种“不听话”促使他们去挑战规则，从而更好地理解规则的意义和边界。通过不断地尝试和犯错，他们逐渐学会如何在社会规范和自我需求之间找到适度的平衡。同时，这也是他们培养独立思考和解决问题能力的契机。他们不再是盲目听从，而是开始思考为什么要这样做，有没有其他的可能性。

作为教育者，我们不能简单地将这种“不听话”视为捣乱或者叛逆之类，而应该以理解和包容的心态去看待，给予他们适当的引导和空间，让他们在安全的环境中充分发挥自主性。总而言之，儿童的“不听话”是他们成长道路上的一种自然表现，是他们探索和发展的动力。我们要善于发现其中所蕴含的积极意义，助力他们健康快乐地成长。不听话是他们发出的一种信号，提醒我们要更加关注他们的内心世界，与他们进行更好的沟通和互动。我们应该以一种理性和包容的态度来看待儿童的不听话。要倾听他们的声音，要理解他们的想法。

儿童的不听话也可能是对环境或教育方式的一种反馈。也许当前的规则或要求对他们来说过于苛刻或不适合，这就提醒我们要反思教育方法的合理性，适时做出调整和优化。科学地看待儿童的不听话，还需要我们给予他们足够的耐心和尊重。我们可以利用他们不听话的契机，适时培养他们的自主意识和解决问题的能力。鼓励他们提出自己的想法和建议，让他们在合理的范围内做出选择和决策。总之，科学看待儿童的不听话，能让我们更好地理解他们的成长需求，从而采取更恰当、更有效的教育策略，助力他们健康快乐地成长。

正确理解儿童的不听话需要哲学，需要确立教育的哲学观，需要构建儿童生命立场的哲学思想或哲学认知。没有哲学的思维方式，没有儿童精神哲学的学术与情感基础是不行的。还要有儿童心理学、生理学等专业的支持。如此这般，才能走进儿童的生命世界。

牢牢把握《评估指南》之逻辑立点

时间，已经过去一年了，但那演讲的画面依然清晰可见，那学术的余音仍萦绕于脑际。我借助武汉东湖清淳的绿波，仿佛又回到了去年的阳春三月，让第二十一届东湖微论坛上那场报告隆重呈现。报告者乃李克建，他是浙江师范大学儿童发展与教育学院的教授、博士生导师，中国学前教育研究会学前教育评价专业委员会主任，浙江省学前教育研究会学前教育评价专委会主任。他主要研究方向为学前教育质量评价、学前教育管理与政策等。他带有江浙厚重的文化底蕴，拥有质朴深沉的学术气质，我透过他独特生动的眼神和语调，揣度着他对《幼儿园保育教育质量评估指南》(以下简称《评估指南》)阐释的深邃，注视着他对学前教育，尤其是对儿童的浓郁的爱恋。

李克建教授的社会兼职与研究方向，给人传递了一个至关重要的信息：他用自己的人生智慧特别专注对学前教育的评价研究。因而他讲《评估指南》有着得天独厚的优势。李克建教授对于《评估指南》的讲解，犹如行云流水般，真乃妙韵天成。背景与核心精神、幼儿园整体质量的内在逻辑与班级保教过程质量的内在逻辑等，李克建教授深入浅出地解读着理解与提升幼儿园教育质量的关键要素以及相互之间的内在逻辑。

李克建教授具有那种学术的稳沉，具有男性学前教育专家的定力与执着。他说，《评估指南》将儿童为本、过程为主的核心理念融入整个评估指标体系之中，以支持儿童游戏与学习的环境创设、支持儿童独立自主的生活活动，以及充分体现"游戏为基本活动"的师幼互动等方面，确立儿童的主体地位，实现对儿童身心健康与全面发展的有效支持。为此，教师需要做到在"儿童为本"的理念下，不断调适自身的教育观念和行为，注重保教结合，生活与游戏的结合，以新形态的师幼互动模式的建构为线索，推动课程教学方式循序渐进的变革，从而更好地、全方位地支持和促进儿童的主动探索、整合学习与全面发展。

李克建教授对于《评估指南》拥有真挚的情感，这源于他对儿童的至爱。儿童的天真烂漫是他眼中的鲜花，儿童的纯洁与善良构筑起他最美好的情感。李克建教授重点解读了《评估指南》的内容，尤其是班级保教过程质量评估指标中的教育过程。围绕"活动组织、师幼互动、家园共育"这三个关键指标和十七个考查要点，旨在落实以游戏为基本活动的理念，促进师幼有效互动，构建家园共育的新机制，促进儿童身心全面发展。

在李克建教授的心灵世界里，儿童是评估的核心元素。以儿童为本是关键的立足点，理解儿童，尊重儿童的身心发展规律，是评估的内在逻辑。偏离了对儿童生命的认知，就会失去教育的本质基础。

李克建教授强调，对于保教质量的评估不能停留在仅仅依靠外评和他评，应该更加注重幼儿园的内部评估，以及管理者与教师的自我评估。《评估指南》明确指出，在评估方式上应该"聚焦班级观察、注重过程评估、强化自我评估"。园长、教师们可以通过持续不断的有目的、有计划的内部评估与自我评估，提升反思意识和能力，以行动研究的螺旋式推进，促进幼儿园保教质量的持续提升。

李克建教授带着加重的语气说，《评估指南》强调了幼儿园"教育过程”的重要性,指出“教育过程”承载着当下学前教育改革、理念探索过程中最具创新性的内容。那么到底什么是“教育过程”?因为学前教育是一个相对特殊的教育阶段,幼儿身心发展的规律和特点决定了其教育内容和教育方式的特殊性。因此教师需尊重儿童的年龄特点和发展规律,注重幼儿发展的整体性和连续性,落实以游戏为基本活动要求,促进师幼有效互动,强化家园协同育人的重要性,强调理解尊重幼儿并支持其有意义的学习,不断提高保育教育质量。

教育过程实际上就是教师的整个工作过程。教育过程是重要的观测点和关键指标,跟教师日常的工作流程有着十分密切的关联。李克建教授越讲越激动:“要认真观测教师如何通过有效的活动组织,去支持孩子和拓展孩子的学习;要认真观测教师如何通过一日生活中真正有效的师幼互动来提升幼儿一日生活的品质。这些都是教师在教育过程中需要思考的问题。通过教师的各种行为,诸如师幼交往、教育活动、教师与家长的交流等,能够对幼儿的发展变化产生直接影响。”因此,“以教师行为为核心”的教育过程是教育质量赖以产生的基础。

在教育过程中,师幼互动、活动组织、家园共育这三大版块是环环相扣、密不可分的。但在实际教学过程中,很多教师会将三者割裂开来,这样就会导致幼儿园一日流程无法实现有效衔接。如何将三大版块形成一个闭环,是老师亟需思考的问题。另者,很多教师在努力提升教学质量时,一味地以教育结果为导向,忽视了“教育过程”这个因变量。但其实,教育过程才是生成教育质量的主体内容,教育结果只是教育过程的自然结果,不存在超越过程的结果。李克建教授对教育过程的阐述特别的独特而深刻。对于学前教育工作者是一种强烈的唤醒。

李教授说，关注教育过程是《评估指南》必须重点突出的内容。因为幼儿身心健康发展是结果质量的核心要素，而幼儿身心健康发展离不开教育过程中的循循善诱，应在日常活动与教育教学过程中采用自然的方法全面考察幼儿的发展状况，承认和关注幼儿的个别差异。此外，应以发展的眼光看待幼儿，既要了解幼儿的现有水平，更要学会关注幼儿发展的速度、特点和倾向等。

李教授对幼儿园的教师们给予了殷切的希望，他提高音量，激情洋溢地说："《评估指南》带领我们开始全方位重新审视幼儿园教育过程，帮助扭转教师的理念：教育过程应体现在幼儿园教师的一日流程之中，教育过程中彰显幼儿的本体、包含温度与情感才是关键。相信教师们在今后的教育工作与学习中定会不断总结、反思，不断在学习与内化的过程中全面领悟《评估指南》的要义，在切实提升自身专业素养的同时，探索出一条适合园所的发展之路。"

她带着一群人创造着"优悦"

中国有个天堂般的杭州，杭州有个仙境般的西湖。在杭州的传说与无限美誉中，生长着一所创造"优悦"、演绎"优悦"、享受"优悦"的幼儿园。这所幼儿园叫杭州市天水幼儿园。总园长胡嫣心中始终充满着阳光，言语姿态透着西湖的调音，真可谓几分净雅，几分诗性。听胡嫣在第二十一届东湖微论坛上的演讲，你的激动会一波一波地泛起，那种强烈的带入感，定会让你处于聚精会神的陶醉状态。随之而来的是你会悦心地鼓起掌来，以此抒发你心中的喜悦，表达你灵魂的寄语。胡嫣是杭州天水幼儿园总园长、高级教师、教育硕士、浙江省心理健康教育先进个人、杭州市优秀教师、运河名园长。在第二十一届东湖微论坛上,我带着强烈的欣赏认识了胡嫣。

胡嫣说:“优悦,一个属于我们幼儿园的独特标识;它的内涵镶嵌在美隽悠扬的音乐之中;优悦,也是一个基于儿童的音符的描述。‘优悦’,指‘优选’课程内容,创设童趣‘优美’环境,整合‘优质’资源;优悦,也指教师团队以‘优美、优雅、优质、优秀、优胜’为可持续发展方向,我们要锤炼‘优胜’团队,我们要探索家园共育,我们要培养‘自信、大胆表现、能倾听、会表达、初具艺术气质’的健康快乐的儿童。‘艺术滋养,优质发展;幸福陪伴,悦心成长’是我们美好的愿景。优悦,作为谐音的‘优越、优跃’,也是这个乐谱中的深层期许。”胡嫣无疑是一个有思想、有追求的幼教工作者。在她的思维深处,“优悦”不仅仅是一个词汇,这是她作为园长的教育理解,她试图将“优悦”变成聚集所有教师、家长、孩子智慧的交响乐,让每一个生命主体都成为最美妙的音韵。幼儿园教育不应该有所谓的天花板,应该拥有美好想象的无限空间,这就是胡嫣的优悦。胡园长的“优悦”已经是一种力求创造和超越的崭新的未来样态,饱含了对幼儿园教育的虔诚,充满了无限的希望和憧憬。“优悦”是胡嫣心中的太阳。

孩子们在缤纷的春天生长着“优悦”。柔暖的风吹动着绿叶,孩子们与老师、家长一道把小树植入充满爱的土壤。植树节让幼儿的心灵里长出嫩嫩的芽尖。孩子们懂得了植树节的意义,他们拿着小铲子,拎着小水桶,栽着树苗。小小的手,轻轻地拿起树苗,放入挖好的窝窝,然后培土、浇水,每一个过程都渗透着优悦的课程,每一个行为都浸润着孩子的心香。自然角的种植活动,呈现着孩子们的稚气。小辣椒、小萝卜、茄子、大蒜、香葱等,每个精巧的园角都长出了生命的嫩绿。孩子们悉心呵护着,浇水,除杂草,晒阳光，那是他们的乐园，他们尽情地享受着。“绘”花也是孩子们十分悦心的事情。花是春天的烂漫；花是孩子童年之梦的绽放。把“绘”花纳入优悦课程，让孩子们在绘花中发现和感受春天的美丽，在绘花中愉悦自己的心境。孩子们兴趣盎然地寻找着春天的花儿，红的火热，黄的浪漫，紫的雅致，粉的柔美，白的纯洁，惊起孩子们“哇”声一片。孩子们无拘无束地想象着，画笔在天真地挥动，一幅幅花儿的画作灵动于纸上。

杭州天水幼儿园，积淀着百年的文化精髓，在生机勃勃的传承中超越，在繁盛中茁壮生长。胡嫣面对一张张老照片娓娓地讲述，显然是愈发激动起来，眸子中有泪花闪射。“守正创新”的课改之路、“优悦奥音”园本课程、“优悦艺术”课程、“优悦四季”课程，构成了探索实践的五彩，创造了步步花开的意像。曾经的园长，曾经的教师，在幼儿园里植入了她们教育的梦想和优悦的情感：“在保证孩子全面发展的前提下发展音乐特色。”“幸福陪伴，悦心成长”，是胡园长默默的期盼，她希望音乐伴随孩子一生，她希望教师能够具有儿童视角和思考力，成为幸福的人，进而培养幸福的孩子。这就是胡嫣的优悦，这就是胡嫣的教育理想。

想起来，我都很感动。胡园长让整个幼儿园浸润在音乐之中，乐器成了孩子们钟爱的游戏；孩子们在各种美妙的节奏中，享受着童年的乐趣。胡嫣交了很多从事音乐的朋友，这些朋友都成了幼儿园的音乐课程资源，成了音乐走进孩子世界的有力支持者，音乐家入园，民间音乐高手入班，音乐课程无处不在，他们创造了幼儿音乐的旖旎多姿。为了孩子们的发展，胡嫣调动着一切她可以调动的力量。胡园长始终描绘着杭州天水幼儿园的办园宗旨：求实、求美、求新、求精，始终坚守着一个清晰的目标：培养“会倾听、擅沟通、乐表达、有自信”的初具艺术气质的幼儿。她殷切叮嘱教师，要永远拥有儿童的生命立场和儿童的视角。这就是优悦的美好,这就是胡园长的彩色追求。

胡嫣是一个摘星星的人,幼儿园中的每一个优悦的故事都是她摘到的最美星星。越听她讲,便越有一种感觉:她的语音语调带有杭州西湖的曼妙,始终伴随着儿童与教师的优悦。优品牌、悦发展,优保障、悦提升,充满自信与阳光,那优雅的姿态,那款款深情,都给人以一种音乐的激荡。优悦是融入、温暖、自由;优悦是看见儿童、从倾听开始;优悦是全员视角,赓续红脉;优悦是融合、蝶变,是飘荡在西湖上的一首永远劲道的歌。

梅花与绿色生态教育

张梅分明是梅花在幼儿园文化中的绽放,一缕缕清香,幽幽飘起,芬芳了第十六届东湖微论坛。张梅是成都市第六幼儿园集团园长、青羊名师、青羊区特级教师。张梅呈现着梅花的形象,梅花的心灵。张梅的讲述,集中体现在三个基本点,绿色、开放、生长,三者共同构成了梅花的味道,也就是绿色生态教育的味道。

在成都市第六幼儿园,"绿色开放、和谐共生""绿色生态、顺性而为"是主旋律,这与成都市所提出的建公园城市的理念一脉相承、高度契合。我很欣赏张园长的这一见解和做法。幼儿园基于城市公园的理念来创设绿色生态、和谐共生的环境,实施绿色生态教育,让幼儿园的教育融入城市发展的大背景,让幼儿园的教育成为城市公园建设的重要组成部分,让幼儿成为城市公园的创造者、维护者、享受者。这不仅是对陈鹤琴"活教育"的积极实践,也是有效利用社会资源、智慧开发园本课程的有益尝试。

成都市第六幼儿园充满绿色。整个幼儿园花草树木绿绿的，颇具美感。绿色最能激发孩子们的生命活力，最能引发孩子们的想象，绿色是培养创造力的土壤，绿色是润生快乐情绪的源泉。成都市第六幼儿园很生态。造型别致富有童趣的绿色生态建筑，让幼儿感受和体验到生态环保理念给幼儿生活带来的便捷和神奇。生态园林绿色主题景观，冲击着视野，包括“一廊”：绿色长廊；“三林”：果林、树林、鸟林；“四径”：石子、瓦片、木桩、泥土路面；“五参与”：水循环系统、再生资源利用、手摇发电、绿色植养、树种认养。

张梅说成都市第六幼儿园自开园以来，一直致力创设一种原生态、去功利、可持续的生态园所，结合园所特有的绿色科技硬件条件和绿色环保特色开展生态教育，尝试幼儿园绿色科技课程构建。通过课程实施，家、园、社合力培养幼儿的低碳、环保意识，让幼儿在探究过程中感受绿色科技与美好生活的联系，这与公园城市“顺应自然、尊重自然、保护自然”的生态价值观十分吻合。

张梅经常问自己：基于公园城市理念，聚焦幼儿园生态课程体系构建，如何有效利用课程资源持续支持幼儿的学习与发展？如何在教育中践行公园城市理念？如何将公园城市的生态、美学、人文、经济、生活、社会六大价值追求在教育中落地？如何让绿色、生态、科技、创新、尚美的意识和品质在幼儿教育中慧养顺成？绿色生态教育在追问中逐渐走向深刻。比如各班墙饰紧紧抓住幼儿年龄特点，突出师幼共同参与的轨迹，采用多种表现形式，追求环境与幼儿的互动效应，并明确每一个墙饰的教育主题和价值。

在成都市第六幼儿园，绿色生态不仅仅是自然环境层面上的，更重要的是人文层面的。张梅说，她们坚持构建“有温度”的同伴关系，以支持幼儿多元学习。有温度，即温暖开放、彼此尊重、互相支持。坚持构建“有故事”的师幼关系,延展生命张力。坚持构建“有醇度”的园家社关系,给幼儿更好的生活感受。如人本制度文化建设,实现他律与自律的高度融合,规范制订规章制度的程序,建立并完善各类规章制度,引入免检制,树立教师自我管理的理念,创新管理机制,强化激励引导,赏识每一个教职工,并充分认可点滴进步,采取动态的量化评估方式,团队一体式管理考核,以行为文化展现团队形象。人文生态环境的建设比自然生态环境建设更重要,也更复杂,它需要足够的智慧与执着。

绿色生态课程的研究与实施是成都市第六幼儿园的重大工程。课程理念是亲自然、慧生活、乐探究、尚美好。课程内容涉及动物、植物、光影、沙石、声音等。打造生态乐园既为生态视野下的课题做有效的实践支撑,也给幼儿提供接触自然、认识自然环境,让每个幼儿都可以从中享受真实体验,获得直接经验,从而感受发现和探索的乐趣。如幼儿在雨水滴灌种植体验中,强化了生态意识,引导幼儿回归生活本真。

绿色生态课程有垃圾分类、节约用水、雾霾应对等。《鱼儿鱼儿水里游》《小兔子》《逛动物园》对幼儿具有极大的吸引力。《毛毛虫》《小蝌蚪找妈妈》《奇妙的生命》《恐龙世界》《恐龙探险队》《乌龟先生》《蚂蚁王国》等,让幼儿观察、探究、模仿,了解各种动物的基本特征及各部位的作用,了解动物的食物。《蚂蚁小实验》《动物的居所》,了解动物的行为特点,了解动物与环境的关系,从而真正地去了解生命、热爱生命和珍惜生命。《蔬菜宝宝》《看,那棵树》《桃花朵朵》,让幼儿感受与了解植物的多样性。《树叶树叶》《稻花香》《土豆先生》,引导幼儿关注植物、保护动植物、保护生态环境。

绿色生态课程“你好,蛋宝宝”,非常有创意,把孩子引入一个独特的生命世界。奇妙的蛋、卵生动物与胎生动物，孩子们在游戏中走进广阔的知识王国。我和蛋宝宝做游戏、蛋宝宝站起来、护蛋大行动、选择蛋宝宝，孩子在玩中培养着人文素养。孵化箱里出小鸡、控制温度、蛋宝宝日记，我和小鸡做朋友，给小鸡取名字、搭建新家、举办生日舞会，孩子们陶醉其间，其乐无穷。

张梅说，所有细微处的努力，给予幼儿的是光、是水、是营养，是为了迎接土壤里那迷人的芬芳，是为了迎接孩子们天性的释然、生命的绽放。“用绿色追寻教育梦想，用游戏绽放幼儿生命”，构建“环境生态、人文生态、教育生态”相互融合的生态游戏特色，让孩子亲近自然、了解自然、爱护自然；让孩子回归生活本真，在生活中学、在玩中学。张梅正努力建构着自己的绿色生态教育学，并沉浸其中、乐在其中。

也谈教育的生命立场

从古到今，从国内到国外，学者们对于“教育究竟是什么”从来都没有停止过研究、辩论和追问。无数理论工作者和实践工作者，也常常会站在生命的立场上来阐述教育的本质。

在第四届东湖微论坛上，华中师范大学教育学院二级教授、博士生导师、教育部基础教育课程教材专家委员会委员杜时忠曾带来《教育的生命立场》的主旨报告，他从了解生命、尊重生命、生命教育三个方面做了解读，让我感触太深。杜教授指出，生命是多层面的，教育的使命就是实现生命的完整与成熟。孩子的成长需求是教育活动开展的直接依据，生命教育的底线应是不损害他们的身体健康，而其最终目标也应是为孩子的成长提供无限可能，让他们找到并成为自己。

我也经常关注教育家们回答“教育究竟是什么”的问题。孔子“因材施教”的教育思想实际上就是站在生命的立场上在认识教育。苏格拉底所提出的教育即是“产婆术”,是基于生命立场的思想。柏拉图认为教育就是“回忆”“唤醒”,这不也是在从生命的角度诠释教育吗?亚里士多德提出了教育要“遵循自然”的理论,指出合理的教育要遵循儿童的自然行程,即根据儿童身心发展的特点来进行,先是体格教育,然后以情感训练为主,最后再发展他们的理智。卢梭的自然主义教育思想与亚里士多德“遵循自然”的教育思想都在强调生命成长的自然规律。杜威的“教育即生活”和陶行知的“生活即教育”,也是从教育与人生的紧密关联上来阐述教育本质的。蒙台梭利的“敏感期”、加德纳的“多元智能”、苏霍姆林斯基关于“自尊心”“兴趣”的论述、皮亚杰的建构主义、陈鹤琴的“活教育”都指向了生命本身。教育家在坚定地告诉我们,教育是生命成长的灯塔,教育的过程是尊重生命、让生命充满活力的过程。

教育界对教育本质的讨论始终没有停止过,尤其人们在对应试教育的反思、批判,在对素质教育的研究与实施中,更加重视教育本质的研讨与回归。在教育研究与改革不断深化的过程中,出现了许多基于生命立场的很有影响力的教育实践,如叶澜领衔的新基础教育改革实验,强调基础教育的“未来性”“生命性”和“社会性”。基础教育应该为社会之未来和学生人生之未来的发展奠定基础;教师心目中不仅要有人,而且要有整体的人,要从发展成长的角度关注人的生命存在;教育的过程是学生的社会化过程,学生要意识到自己的社会责任。朱永新的“新教育实验”,还有许多学校进行的“生命教育”实验、“幸福教育”实验、“生本教育”实验等,都是站在学生生命立场之上，着眼学生生命的幸福与成长的教育研究与实践。

走进教育的本质，走向生命的尊重与关怀，一切都要落实到学校教育的理念与行为上。离开了学校教育的不懈努力，一切教育家的理论，所有回归教育本质的呼唤都会化为乌有。笔者了解到武汉市不少学校都围绕教育的本质进行了卓有成效的研究与实践，谱写了一曲曲基于生命立场的教育之歌。华中师范大学第一附属中学的“关键能力”教育，是面向未来的生命成长教育；武汉市常青树实验学校“让生命之树常青”的生命教育，提出了以修养“中国人格”为核心的“五气三观”（“五气”：浩然正气、昂扬锐气、聪慧灵气、担责勇气、仁义忠气；“三观”：天人合一的世界观、厚德载物的人生观、社会主义核心价值观）的主体教育目标；武汉光谷第十五小学的“创艺教育”，站在生命的高度，坚持科创激智、艺创润美、伙伴乐行，创造了生命成长的新样态；湖北省武昌实验幼儿园所实施的“淬砺教育”指向了基于磨砺的生命成长教育……学校积极的教育实践，对于推动教育本质的回归、维护教育的生命立场起到了关键性的作用。

教育的生命立场，永远是教育的根本立场和核心价值取向。尊重生命，热爱生命，关怀生命，成就生命，幸福生命，永远是教育的主旋律。

震撼：青秀幼教宣言

有一天凌晨五点，我从南宁的睡梦中醒来，突然廖丹萍给我发了一张文字图片，我急忙一看，原来是她们青秀区的幼教宣言，这让我特别新鲜、特别兴奋。第一次看到区域性的幼教宣言,而且是在这静谧的黎明。一种强烈的敬畏感驱使着我、催促着我,让我不得停留,只能迫不及待地一字一句地反复默诵起《青秀幼教宣言》来。我的心波涌动,我的思绪肃然,我在接受洗礼:多么的神圣庄严的幼教宣言啊,多么激越奋进的幼教宣言啊!我反复默诵着、默诵着。

廖丹萍是广西幼教的百香果、三角梅、凌霄花、常青藤。她在青秀推出了庄严的幼教宣言,铿锵地说:"新时代幼儿教师的工作与中华民族的伟大复兴紧密相连,我们肩负为祖国、为民族培养下一代的重任。"是啊,是啊,崭新的时代早已展开,宏伟的目标正在震撼闪耀,中华民族的复兴之梦犹如滚滚巨轮已经隆隆高歌起航,青秀幼教以震耳欲聋的宣言,宣誓着幼儿教育的崇高地位,宣誓着幼儿教师责任的伟大,宣誓着尊重儿童的要义。

有一个声音在青秀区的上空回响,这个声音穿过中国幼教的蓝天,传遍了青秀的山山水水,驻进了幼教工作者的心灵世界:幼儿教育工作不仅需要具备健康体魄、服务精神、创造能力、合作态度、开放视野,还需要具备教育者的博大胸怀,因为我们的工作关乎幼儿品性的养成。对幼教工作者的期待与激励,成为青秀幼教的坚定宣言。青秀的园长、教师在周周讲、半月谈、月报告和季开放、年研讨中积极主动地成长,在制度性的大型研讨会、名师节、名师工作坊中快速成长。

我默默吟诵着,用心体悟着《青秀幼教宣言》,儿童是稚嫩的,需要我们的呵护与关爱,每一个儿童都是生命的个体,更需要我们去了解,去做他们的朋友。对于儿童的一切教育都必须遵循一个原则,就是帮助孩子身心自然发展。了解、呵护和关爱儿童,让孩子身心自然发展,已经成为青秀幼教的共同理念与行为方式。每个稚嫩的孩子尽情享受着浓浓的爱的温暖。

庄严的声音环绕在青秀的上空，宣言创造着属于孩子的快乐：儿童的本性是快乐的，需要我们去创设游戏的探索环境，因为如果你不首先培养活泼的儿童，你就绝不能教出聪明的人。牢记教育家的名言，遵循幼儿生命成长的规律，满足幼儿身心发展的核心需求，这是青秀幼教团体的坚定共识，这是青秀幼教团体的执着追求，这是青秀幼教团体的衷心实践。

青秀幼教宣言在研讨会上、在名师节上、在幼儿园教师大会上，庄严有力地响起。儿童的本质是发展的，需要我们不断学习、努力进步，以具备充分的专业能力去对他们进行诱导与支持，因为活教育教人变活，死教育教人变死。青秀幼教团体把儿童的生命成长作为自己生命价值与意义的体现，用陶行知、陈鹤琴等大家的思想，以适合孩子的方式，引领、激励着孩子尽情游戏、深度学习、健康成长。

我诵读着青秀幼教宣言，我在接受溪泉纯净地洗礼，我抚摸着我心中的那个孩子：儿童的个性是独特的，需要我们潜心观察，用心发现，去接纳各自不同的他和她。教育必以循循善诱为依归，不以力迫威胁为能事。儿童与成人一样都是权利的主体，需要我们平等对待、真诚信任，成为他们强有力的依靠。青秀幼教团结始终尊重孩子的独特性与差异性，他们认为所有的孩子都是灵动的宝贝，都潜在着天赋与能量。独特与差异本身就是最宝贵的教育资源。青秀幼教团体高度尊重孩子们的权利，他们说只有老师蹲下去，孩子才能长起来，公正、平等是教育的重要原则。

青秀幼教宣言宣誓着最核心的思想，宣誓着最关键的理念，宣誓着最重要的原则。青秀幼教团体的声音特别有力量：儿童的家庭各不相同，但家长关注孩子健康成长的心是一致的，我们要和家长密切配合、紧密联系,家园同心、携手共进。青秀幼教,在向整个社会发出宣言,在向这个崭新的时代发出宣言,他们要创造高品质的幼教。

一位特别的学前科长

沈丽很是有些特别,就是与众不同的那种。她是仙桃市教育局学前教育科科长,只要有机会,我必定要听她讲故事,我津津有味地听,每次都听不够。

沈丽做学前教育科科长,真的有些特别。她不是那种按套路出牌的人。她有她的认知,她有她的做法。她总想以某种特殊的方式,来达成最出乎人意料的工作效果。

为了有效引领幼儿园园长、老师和家长,走进学前教育的那个最本质的形态,对儿童的天性和需求给予最透彻的了解,沈丽别具一格地组织拍摄微电影。微电影是当今时代极具感染力的教育样态,人们对于短视频有着浓厚而强烈的兴趣,何况是凝聚艺术力量的微电影呢!

工作不在于按部就班地完成,关键在于效果的显现。假如某项工作有千万种做法呢?那就绝不是对某项工作简单完成可以了事的,它必须要选择最佳的方式或做法。事实上,许许多多的人,并不是没有做完这件事,关键是做事的方式与效果不是最佳的,或者是基于努力的科学选择不够,甚至是严重不够。

家园共育很重要,沈丽就组织巡讲团,她是巡讲团中的一员。巡讲效果非常好,她就一届又一届地组织,共讲六百余场。巡讲优化了学前教育的大环境,形成了强大的支持学前教育的氛围;巡讲,传递着动人的教育故事,传递着好的教育方法。优秀的案例成了真正的教育财富。家园共育无法走捷径,它需要无数经验的凝练,需要活生生的故事的演绎。

沈丽真的是家庭教育的专家。孩子的成长就是她的专业验证。如果自己的孩子都没有教育好,何以能够做家庭教育讲座。即使讲,也只能是深刻的教训。家庭教育不是纸上谈兵的理论说教,一定是基于生活细节的做法,是真正意义上促进孩子生命成长的做法。沈丽谈家庭教育,那每一个细小的行为、每一句话,每次与孩子的交流,每次陪伴,都是那样的恰到好处。最适合自己孩子的教育才可能是最好的教育。

沈丽和园长们一起练瑜伽。这是园长培训吗?这能提升园长的情感与专业素养吗?沈丽说,和园长练瑜伽,练专注力,练园长的精气神,练现代园长所应有的气质,练对儿童生命理解的眼光。一旦展开思维,恐怕瑜伽的功能似乎有许多可能。

沈丽的这种特别,源于她对学前教育工作的热爱,源于她充满激情的思维方式。由此我也想,做事还是要用点心,要把自己所有的智慧都投入进去,用满满的信念去做,用生命焕发的灵感去做,沈丽就这样在做事。特别的学前教育科长,特别的沈丽。

幼儿园不可忽略自我宣传

一片五色的云彩,总在我心灵中轻轻地飘飞;一个生命的祝愿,总在我思绪中静静萦绕。幼儿园已经成为我根深蒂固的情感寄予。

于是,我真情地希望每一所幼儿园,都如那芳香浓郁的花儿,生长在社会那至真爱慕的土壤里;都如那纯净的梦想,飞逸在儿童稚嫩的生命之中;都如那大海的蓝色波光,闪烁在“面向世界、面向未来”的视野里。

于是,我用至情为幼儿园歌唱,为园长歌唱,为幼儿园教师歌唱,为那些蓬勃生长的儿童歌唱,但我也至诚地希望每一所幼儿园要尽情地为自己歌唱。这就是我本篇微语想要表达的情怀。

在我看来,幼儿园加强自我宣传,至少有四个方面的理由:其一,加强自我宣传,有利于社会与家长了解和理解幼儿园独特的办园理念、办园主张及品牌追求。其二,加强自我宣传,有利于家园共育环境的有效营造。其三,加强自我宣传,有利于让社会进一步尊重幼儿园教师,认同幼儿园在儿童生命成长中所创造的重要价值。其四,加强自我宣传,有利于促进幼儿园对教育品质的深度诠释与提升。

幼儿园的自我宣传,可以有许多路径呈现。一是用具有灵魂意义的幼儿园文化标识系统宣传。一走进幼儿园,其理念、主张、品牌等便深深地融入每一个人的心灵视界。二是用内部报刊与网络等宣传。这种方式具有鲜明的目标性与物化的历史感。三是主动争取各级各类媒体给予宣传。这种宣传影响力度大且流行深远。四是通过举办创意性活动进行宣传,如六一活动、毕业典礼活动、亲子活动、社会性开放活动等。这种宣传具有很强的现场张力。五是通过发表文章、出版专著进行宣传。这种宣传品位高,品牌价值大。六是在各级各类检查评估、专项比赛、观摩考察、经验交流、主题论坛等活动中进行宣传。这种宣传见效快,易感动人。

“发现儿童”尤为重要

通常，我们特别强调要读懂儿童、理解儿童、尊重儿童。这至关重要，这既是底线原则，也是最高原则。然而当我们严格遵循了这一原则后，我们还必须注重和善于发现儿童。这既是衡量我们是否读懂儿童、理解儿童和尊重儿童的标志，也是对儿童教育深度与本质的体现。

什么是“发现儿童”？我以为发现儿童，就是发现儿童的潜在能力，发现儿童的个性特点，发现儿童的创造性元素。儿童来到幼儿园，是带着独特的自己而来，带着自己所有的存在而来，带着巨大的发展性而来。这些是儿童生命的土壤，是儿童无限的、可塑的未来。

如何才能很好地“发现儿童”？本人以为：其一，要在多元智能理论的指导下，从一种广阔而多维的空间与角度上发现儿童。加德纳认为，支撑多元智力的是个体身上相对独立存在着的、与特定的认知领域或知识范畴相联系的八种智能。这八种智能分别是语言智能、音乐智能、逻辑数理智能、视觉空间智能、身体运动智能、自我认识智能、人际智能和自然观察智能。这是发现儿童的理论基础，也是发现儿童的卓越眼光，还是发现儿童的技能技巧。

其二，要在一种看似简单的现象中去发现儿童行为与心灵的深层意义。比如：有一天我带三岁的小外孙跳跃时，把腰稍稍闪了一下。我便说：“以一，你知不知道呀？你把外公的腰扭了一下！扭了一下！扭了一下！”刚开始，他只是非常兴奋地大笑，还敦促我一遍又一遍地说。再后来，他突然对我说：“外公，外公你知不知道呀？你把我的腰扭了一下！扭了一下！扭了一下!”这让我吃了一惊！他居然把主语悄悄改变了，变成了他的语言。这是一种语言的超级模仿。

其三，要始终带着一种欣赏和赞美的情感，在蹲下来细心、耐心的观察中发现儿童。那天，我陪外孙以一到沙池里玩，当以一把沙堆成一堆时，我说:“好高的一座山啊!”以一十分高兴。当以一挥动手臂在沙池上向左划一下，我说:“这是一条清清的小河。”他向右划一下，我又急忙说:“这是一条长长的、宽阔的马路。”当他在沙池中弄一个坑洼时，我说:“这是大大的水库，这里有许多鱼儿在游玩。”他用手用力推沙时，我有点夸张地说:“好厉害的推土机呀!”后来，以一划一下就会问我:“外公，外公，这是什么呀?”我会说山呀、大路呀、小河呀、水塘呀、水库、盆地、大堤……以一显得十分有成就感，他也做得越来越认真，越来越兴奋，他真觉得他在创造着许多奇迹。

发现儿童，寄予着幼儿园教育的神圣；发现儿童，是园长和教师的生命应有的意义。

盛赞青山民幼老师的创造

在内蒙古，在包头，在青山民幼集团，刘建琴带我所走过的每所幼儿园，都不断地累积着一个属于我的赞美性结论:青山民幼的老师们太具创意了，简直是都成了艺术家，似乎没有她们创造不了的事情。

走进青山民幼集团新世纪第五分园，它真的震撼到了我。震撼之一，满是浪漫的童话。走进这所幼儿园，就是走进了童话的王国，走进了考拉的故事，走进了熊猫的乐园，走进了动漫的世界。这完全满足了我的心灵期待：幼儿园本应该充满童话的色彩，本应该铺满故事的愉悦，本应该布满动物的情趣。这些浪漫的童话与故事，都是老师们烂漫与智慧的结晶。

震撼之二，彰显着世界的经典。国际场景，生动呈现。诸如法国的埃菲尔铁塔，英国的老车与名包，日本的民俗场景，世界十大名胜集成；中国文化，栩栩如生。皮影戏、京剧脸谱、蜡染、银匠与饰品等，都强烈地冲击着视野。至于那水墨画出的乌镇，那微缩的苏州园林，那颇有民族特色的蒙古包，令我流连忘返。

震撼之三，独具匠心的完美追求。在青山民新世纪第五分园，有两个麻线编织的沙发，紧紧拽住了我的视线，太有创意了，这居然是老师们的作品！那墙壁上的所有艺术挂件，都精妙别致，全透着老师们的思维之光。一幅又一幅凸显主题的画作，令人瞠目惊叹，这居然全是老师们的创作或临摹之作。老师们可以用报纸做成活灵活现的石头，可以用废旧的物品做成许许多多的艺术作品。老师们太厉害了，个个都是艺术家！

震撼之四，文字与主题、与场景的高度融合。在青山民幼新世纪第五园，所有的动物、植物、场景、民俗、文化标志等都配有精炼而生动的文字卡片，而且文字与场景十分和谐默契，也是孩子们喜欢的笔体。这是一个环创的自然构成，也具有了课程的意义。

震撼之五，个性特色而大气的专项教育馆。在青山新世纪第五分园，三楼有音乐馆、美术馆、科技馆、阅创馆、动漫馆，每一个馆都那么有气势，都那么有强大的吸引力。这才是孩子们的天下，这才是孩子们的生长乐园。

我真的没有想到，在内蒙古，在包头，在青山，竟然有这么一所漂亮、有品位、有张力且东方色彩浓厚、国际元素亮眼的幼儿园。

我真的没想到,这青山民幼新世纪第五分园的老师们竟然有如此巨大的艺创能量。

幼教领域里的“逆行者”

没有哪一个冬天不可逾越,没有哪一个春天不会来临。2020年的中国曾经历了一场没有硝烟的“战争”,当时每一个中国人都在坚定不移地传递着这个最美的信念。在这场没有硝烟的战争面前,无数敬佑生命、大爱无疆的白衣战士舍生忘死、勇敢前行,成为人民心中无上荣光的“最美逆行者”。还有那无数的志愿者,无数的在岗工作者,都成为人民心中的“美丽的逆行者”。

记得那段关键时期,我们的园长和老师们,为了做好疫情之后的开园工作,主动出击,迎战困难,及时大规模地组织网络直播培训,抓紧研究、规划和准备特殊背景下的开园工作。其心之切切,其意之柔绵,其情之深厚,其行之可赞。我油然而生敬意:这不也是一曲“美丽的逆行者”之歌吗?

在武汉这所英雄城市的湖北亿童教育装备研究院也以强烈的社会责任感,借助丰富的专家资源,与全国许多地方联合举办了许多场大型线上公益培训,并且免费推出亿童幼师网校、亿童学园两个重要平台,当时得到了社会广泛的响应与好评。中国是一个伟大的国家,中华民族是一个伟大的民族,任何灾难压不倒、打不垮。相反,灾难会让我们的人民淬炼更加坚强不屈的意志。在灾难面前,每一个个人、每一个家庭、每一个单位、每一个企业、每一级政府,都是国家和民族的力量;在灾难面前,所有的个人和集体都是不可推卸的责任主体,都是国家兴亡、匹夫有责的担当者。从这个层面上讲，湖北亿童教育装备研究院与各地教育行政部门及教科研部门所联合举办的公益培训活动，也是值得社会大力称颂的“逆行者”之举。

在疫情之下的幼教领域举办了大规模的网上直播公益培训，我也多次参与其中并感受到了“美丽逆行者”的广阔胸怀。我先后受四川遂宁、内蒙古通辽、江西景德镇，湖北宜昌的远安、点军、兴山，重庆大渡口幼教集团等多地邀请，在线上培训会上致辞，尽管我每次讲话内容都大同小异，但我都至真至诚地表示了我对园长和老师们的无限敬意。每次培训都是少则四五百人，多则上千人，每个参训者都早早地在群里打卡报到，听讲座时积极进行互动，听完讲座后，又纷纷晒笔记、晒心得。每次看到这些，我都深深地敬佩我们的园长和老师。

我的每次讲话，都贯穿了两个意思：一是这次疫情之后的开园工作会显得很复杂，比如环境卫生问题、晨检管理问题、发热幼儿紧急应对问题、幼儿久未入园的心理调适问题、饮食健康问题、洗手等卫生习惯的养成问题、不乱用手擦眼睛和抠鼻子问题等，都需要重新认真研究，都需要制定比过去更为严格的规章制度，都需要扎扎实实强化某些针对疫情的特殊管理与教育。面对这种复杂状况，园长们必须早行动、早研究、早计划和早准备。我之所以对疫情之下的培训活动大加赞赏，就是基于我对当时开园工作复杂性的认识与判断。另一个意思，新冠肺炎既给我们带来了巨大的灾难，也给我们带来了一本极具价值的特别教科书。人类免不了会遭遇突如其来的灾难，就如这场新冠肺炎的突袭一样，人类必须学会总结经验教训，学会预防和抵御各种灾难的生存本事。从这个意义上说，教育有着永远的责任，教育应该承担这一要务。幼儿园教育是重要的启蒙教育，我们应该将疫情作为教育资源，进行课程开发，通过有趣的游戏活动，让孩子们懂得病毒的危害性，懂得洗手等个人行为习惯养成的重要性，懂得必要的预防技能。

园长和老师们，心中永装孩子；每时每刻为孩子们着想，是园长和老师们高尚的品质；迎击疫情、早做准备是园长和老师们美丽的逆行之举。我借此文，再次向园长和老师们表示深深的敬意。

教师的生命之乐

湖北麻城二十所民办幼儿园的联谊会上，我用麻城四月满山的红杜鹃激情致辞，我想把映山红的鲜艳植入五百多位教师的生命；之后又匆匆赶到湖北红安参加十一所民办幼儿园的联谊会，我用中国第一将军县的超凡气度，尽情抒怀，我想把“山山埋忠骨，岭岭树丰碑”的革命红色镶嵌在三百多名教师的灵魂。

那天是腊八节，两地的园长、老师们，用浓烈的欣悦点亮了这节日的神采，用跳腾的欢心感染了这肥沃的土地。那仿佛踩着云朵的舞姿，那仿佛快乐的森林里飘飞而出的歌唱，那仿佛海涛在浪漫中造就的小品，那仿佛从茫茫草原中悠扬诞生的诗朗诵，皆是源于幼儿园教师的生命之乐。

当我在动感中传递我那不可抑制的诗绪时，有亲爱的朋友笑说我是“一日看尽长安花”。此时此刻，我绝不想把我与唐朝著名诗人孟郊相提，但我昨天的生命历史将深深铭刻在幼教的玉石上。

两地的活动又引发了我对幼儿园教师生命之乐的思考。我以为幼儿园教师的生命之乐，应该体现在以下方面；其一，生命之乐乐在本能需求。教师是人，幼儿园对于教师首先是要给予人的理解、尊重与关怀。其二，生命之乐乐在心灵感觉。我们主观上认为给予了教师众多快乐，但真正的快乐必须是教师实实在在感受到了的快乐。这是教师是否获得生命之乐的核心标志。其三，生命之乐乐在精神境界。与儿童打交道，本身就是一种快乐。与儿童打交道，可以获取一种生命的能量。这是工作快乐与生活幸福的最佳融合。

给予教师的生命之乐，才有可能建设最好的教师团队，才有可能创办最有品质的幼儿园。

尝试 BRT 的教育联想

早上，我在我的朋友圈发了一篇小文章，其文题为“人生第一次尝试 BRT”；上午，在一个小会上，我又跟大家分享了我尝试 BRT 的故事与感悟；此时，我坐在驶往温州的高铁上，忍不住还要跟园长们谈谈我尝试 BRT 的教育联想。

故事是这样的，昨天一早我把车送到了维修店。回来时，正好可以乘坐 BRT 公交车。您要知道，这是我人生第一次乘坐 BRT 公交车，这给了我又一个全新的生命体验。

第一次尝试 BRT，就让我出了一些洋相。我居然跑到专用车道上去乘车，结果站台是封闭的，我真是“奥特”得很，我显得十分尴尬，一个不懂规矩的人在车道上找进站口，那个感觉呀，就如同在火炉上烧烤。我找不出任何理由来为我开脱，我是一个地地道道的无知者，我用一些过时的经验在看待似乎特别简单的 BRT。我错了，BRT 不是老公交，它是快速公交系统，它有专用的行车道，它有快速的公交车站与枢纽，它有特色快速的公交车辆，它有高效的收费系统，它有智能的公交系统技术，它有高水平的服务体系……这些我全然不知。

我只知道它可能会比老公交车快一些而已。

第一次尝试BRT,我好像成了"桃花源"里的人。我不知道如何买票、如何进站、如何候车。是温柔可亲的服务员帮我买了票,指导我刷票进站,指引我到第3站台等候上车。上车了,我居然把电子车票当作硬币或纸币一样往箱里投。开车师傅说"不用了",我才找了座位坐下。我多么"奥特"哦!我成了一个有文化的傻瓜!

由此,我自然想到了幼儿园教育,想到了幼儿园教育的尝试与体验。我觉得我们的幼儿园,应该尽最大可能,为孩子们创造生活、社会实践、科学探索等各方面尝试与体验的机会。尝试与体验是孩子们最喜欢的学习方式,也是最有价值、最有意义的学习,也是孩子们生命成长所必须要有的学习。

在人的生活与生存中,哪怕是极其简单的事情,如果没有尝试与体验,对于我们而言也可能是一个无法逾越的障碍或难题。乘坐BRT公交车,本是一件特别容易的事情,可是对于从未尝试和体验过的我来说,它使我不知所措,竟闹出一些愚蠢的笑话来。也许别人比我聪明,即使不尝试、不体验,第一次乘坐也轻车熟路、顺顺利利。可即便如此,尝试与体验也具有重要而独特的价值。

想一想,在孩子们三年的幼儿园教育中,如果能够让孩子们洗洗菜、做做饭、缝缝衣物、包包饺子、擀擀面条、叠叠被子……会生活就不会是一句空话。如果能够指导孩子尝试和体验一下机场、火车站、医院、超市、旅游、银行、网购等,孩子们就会获得实质意义上的成长。

让孩子们多见见世面,多接触生活,多亲近一下大自然,多看看发达的科技,多了解一些丰富的民俗风情。孩子们的视野会决定他们心灵的格局,孩子们尝试和体验到的经验的广度与深度,会决定他们今后的生命质量，也会决定他们对劳动、对科学、对自然、对社会、对亲情等的理解。

尝试BRT，使我获得了书本上无法获得的东西，使我产生了许多前所未有的生命感悟。我再次挚诚地对园长们说：请广泛地开发和利用好各种资源，研制好孩子们喜欢的课程，引导他们多尝试、多体验吧！这是生命的呼唤，这是未来的期许。

“征文出书”是一种好的抓手

广西南宁吉祥幼儿园的园长余岑芳曾在微信上告知我：她的幼儿园在创办一周年之际，已发动教师与家长撰写文章，来畅谈吉祥之花绽放的美丽，来畅想吉祥幼儿园未来发展的美好。现准备将这些文章编辑成书，让我就书名与序言给点建议。我便想借题发挥，谈谈我的一些粗浅想法。

“征文出书”能通过一种独特的激励，促进教师责任感与专业水平的提升。幼儿园为教师出书，是在把教师的名字刻入不朽的石碑，是在把教师对儿童的爱、对幼儿教育的爱变成永不消失的记忆，是在用温暖的期待促进教师静心凝智地思考，是在帮助教师用激情寻找自己真正幸福的未来。我坚定不移地认为：写文章才有可能让教师跨越式的进步，写文章才有可能让教师进入到深度研究的状态，写文章才有可能让教师更加体悟到专业对自己尊严的意义。

“征文出书”请家长参与具有特殊价值。有品质的家园共育需要有品质、有魅力的活动。在幼儿园重要的纪念日，请家长写育儿的故事与感受，写与教师互动的美好过程，写在一定阶段亲眼见证幼儿园所取得的灿烂成就,这是有效升华儿童教育观、促进家园良性互动、探索最佳幼儿教育形态的重要路径。

"征文出书"是园长管理的一种手段。园长在推动幼儿园发展的过程中,必须要有更多的办法,或者说必须要有更多的点子。征文出书就是一种办法和点子。书可以永载史册;书可以延伸生命的长度;书可以张扬一种理念,可以强化一种先进,可以预示一种未来。园长通过征文出书,让自己的办园思想更加清晰,让自己的办园主张被充分地理解,让教师与家长的智慧能够最大限度地凝聚。这就是一种有形或者可见的管理,这就是在创造一种春雨一样的力量,这就是在曲径通幽,就是在构建牢不可破的团队文化。

"征文出书"是在彰显幼儿园教育的存在方式与重要意义。我有一个尚不成熟的判断:目前幼儿园园长和教师群体以学术论文或专著的方式,来体现幼儿园教育科研成就,来影响或引领社会对幼儿园教育的重视与支持,来宣扬幼儿园教师的精神追求与重要贡献,还显得有些薄弱。轻视、歪曲,甚至丑化幼儿园教育的现象时有发生,这与我们幼儿园教育领域里的同仁们不积极作为应该也有一定关系吧!换句话说,我们要想办法来加大我们话语权,我们要主动发声,以展现我们毋庸置疑的专业度,以展示我们最亮丽独特的精神风貌,以展现我们所取得的巨大成就。

尧王故里的"爱与尊重"

这是一个气势恢弘的地方,这是一个光耀历史的地方,它就是尧王故里、丹朱封地、西燕古都、精卫之乡。这个地方就是山西省长治市的长子县。在这块肥沃的土壤上，有一所幼儿园高高飘扬着“爱与尊重”的旗帜，这面旗帜照亮着孩子们的小脸，照亮着教师们幸福的笑容。这所幼儿园是山西省长治市长子县机关幼儿园。“爱与尊重”是这所幼儿园的标志，“爱与尊重”是这所幼儿园获得优质发展的不竭动力与源泉。

张淑霞是这所幼儿园的园长，曾荣获山西省学科带头人、山西省五一巾帼标兵等荣誉称号。在第十五届东湖微论坛，美丽的东湖录下了她动听的声音，芬芳的草木记住了她对“爱与尊重”的阐述。我发现她演讲的幻灯片上，每一张都清晰地打上了“充满神奇、充满活力、充满希望”的字样。透过这些文字，我看到了她内心的激扬。她演讲结束后，我不得不再次感叹：一个园长的理念和主张有着多么强大的力量，园长就是幼儿园的灵魂，就是幼儿园的旗帜，就是幼儿园的高度。

“爱与尊重”，简单的字眼，深刻的意义。“爱与尊重”是张淑霞的办园主张，是张淑霞对孩子们的期待，希望孩子们懂得和学会爱与尊重；是张淑霞对所有教师的基本要求，希望教师以挚诚之心爱孩子、尊重孩子；也是张淑霞凝聚队伍心灵、升华队伍境界的成功经验。张淑霞说对于教师而言，“爱与尊重”就是“顺应天性、尊重个性、涵养品性”；“爱，就是爱园像爱家一样，爱同事像爱家人一样，爱孩子像爱自己的孩子一样。”张淑霞为了让“爱与尊重”内化为教师的素养和品质、为了让教师切切实实感受到被爱、被尊重的幸福，她想了许多点子，探索总结了许多经验。

张淑霞在幼儿园推出了三大举措，即以制度文化激励人，重在提升队伍整体素养；以精神文化凝聚人，重在激发团队内在动力；以教研文化培养人，重在促进教师专业成长。具体做法为变积分制为绩分制、变惩罚多为奖励多、变以奖励个人为主为以奖励团队为主。积极推行岗位自定与捆绑式考核制。实行自我考核、选人定岗、双向选岗、竞聘上岗等民主竞争机制。始终坚持以人为本、尊重差异、激励奖优。张淑霞说,我们坚持用共同的愿景凝聚爱,以团队赋能唤醒爱,以用心连接滋养爱,以帮扶共建传播爱,以生活沙龙分享爱。大力倡导教师静心为师、潜心研究、暖心舒展、明心厚德。力求让教师做一名内心充盈、喜悦舒展的"夸夸"师;做一名乐于助人、乐善好施的"帮帮"师;要求每人至少培养一个特长与爱好,每人确立一个阶段性成长目标并积极努力达成,每周记录一个教育成长故事,每周联系一名同伴、一个家庭。幼儿园每月一次心灵建设赋能活动,每月一次班级课程、常规养成交流分享会,每学期一次个人专业与心灵成长分享会,每学期集体精读一本书,定期学习分享。张淑霞懂得,要将"爱与尊重"植根于教师的内心、并不断提升"爱与尊重"的能力是一个长期而艰巨的过程,同时也需要创新方式方法,采取各种受教师欢迎的办法进行推广使之成为每个教师的一种自觉。

对教师"爱与尊重"意识和能力的培养,长子县幼儿园坚持研训结合、分层培养。对于新入职教师,主要是注重角色转变、打好基础;对于骨干教师,带好徒弟,带头帮扶支教;对于经验型教师,要求带好团队,开展课题研究。她们让教师牢固地确立几个基本观念:反思才是最好的教研,问题就是研究的课题,观摩课不一定是"成功"课。她们从"爱与尊重"的理念角度,带领教师构建了基于自然生态的园本课程体系。在课程体系建构过程中,每月一次研讨总结,让教师能够坚持儿童立场、从儿童视角出发,提升观察分析幼儿行为的能力;每月举行一次班本课程交流活动,使教师实现从过多关注幼儿知识技能到关注幼儿学习品质的转变;每月召开一次教育故事分享会,使教师体会到提升自己对于帮助孩子成长的意义，也认真体悟被尊重的职业幸福。

在长子县机关幼儿园，爱与尊重正在成为师幼的价值共识。幼儿正逐步在领会爱自己、爱家人、爱同伴、爱幼儿园、爱家乡、爱祖国的意义。在自然课程的实施中，也初步懂得了“爱与尊重”的行为表达。在长子县机关幼儿园，亲近自然、健康运动、生活体验、自主游戏、艺术创造等都渗透着“爱与尊重”的浸润，“嬉水葫芦池”“小兔子和鹦鹉的家”“小树林里趣事多”“日月星辰小剧”等都是“爱与尊重”的行为演绎。

张淑霞深有感触地说：“爱与尊重是我园每位教师的行动指南，这个核心理念成为全体教师共同认可的价值观，并逐渐形成稳固的工作态度，成为一种办园精神。我们将倾自己所爱，尽自己所能，做好每一件细小、平凡、简单的事，悉心培养每个孩子良好的生活学习习惯，用爱唤醒爱、凝聚爱、滋养爱、分享爱、传播爱，为孩子一生的幸福奠基。”我还记住了张淑霞一句十分贴心的话：“不让老师难堪，只给老师增添光彩。”这就是张淑霞最朴实的爱与尊重。

方华教育观之“成己成人”

见到方华，就自然联想到电影《芳华》，就自然联想到芳华正茂，就自然联想到我常常说的几句话：只要你植下一片草，就会翠绿一片大地。为事业植草，为生活植草，为生命植草，就会换来一生幸福。方华不就是在为他所热爱的教育事业植草吗？

方华是中国教育学会教育行政专业委员会的常务理事、江西省督学、21 世纪教育研究院副院长。成己成人，是方华的一个十分鲜明的教育价值观。这是方华在第十一届东湖微论坛上，回答他自己提出的教育究竟是什么时所阐述的。我听后,心里陡然一震:教育就是先成己后成人,多么好的一个教育观点啊!

方华指出,教育是面对人类、社会、政府、家庭和个体的教育,它的本质是教己育人。只有帮人助己,生命与成长才能同在。只要我们回顾古今中外的所有教育事实,只要我们从生命与生命的相互影响中深究一下教育所产生的结果,我们必然会得出一个清晰而坚定不移的结论:教育者必须首先要教育好自己。这是教育者实施教育的前提,这是教育本质意义的必然反映。教育者与被教育者在整个教育过程中都是发展者、成长者,而且教育者首先应该成长。

方华把自己的生命植入了教育的本质意义之中。他想让所有的教育同仁都深刻地明白,每一个教育的行为都会促进教育者和被教育者的共同发展。这也回应了孔子教学相长的理念。而且教己育人、成己成人,它把教育者或者教师,放在因教育而获得的第一个人。换句话说,就是因教育而成就自己的第一个人。如果我们教育者或教师都能认识到这一点,那么就会高度重视对于自己的先期教育与同步教育,就会充分感受到教育的过程是首先成就自己的过程,是让自己快乐与幸福的过程。

谈到教己育人,方华又自然衍生到他引以为豪的“成己成人,成人成己;成人成事,成事成人”的认知链条之中。这是一个复杂的哲学逻辑,这也可能是方华对生命世界的一个感悟最为深刻的根本原理。事实上,作为一个虔诚的教育工作者或者教育科研工作者,如果不从人的生命原理中去寻找教育的本质属性,都会发生认知的偏离。因此,方华对于个体教育的问题也是基于生命的本质去诠释的。他说:“面对个体的教育,才让教育真正发生。个体教育的本质是生命追求与追求生命,是成长需要与需要成长。”他还说："生命、人格、成长；平等、互助、尊重都是教育必须关注的重要内容或元素。"他说教育是面向生命的，教育是面向文明的，教育是面向人类的。

方华曾在江西弋阳教育局任过多年局长，他有一本专著《做有温度的教育》。做有温度的教育，也是方华的座右铭。真的，做教育就应该做有温度的教育。我十分喜欢方华的教育心态，永远充满阳光，永远把视角放在学生与教师身上，永远关注他们的生命成长与幸福。他有一首小诗《当下》，让我感受到他生命的闪亮与心灵的美好。小诗《当下》抄录如下："今天，源于昨天/昨天，成就今天/ 明天，启于今天/ 今天，又决定明天/ 假如可以/ 我们最好从昨天开始/ 那样，美好就在当下/ 如果，不能从昨天开始/ 那么，我们只有从当下启航/ 至少，保证明天不会糟糕/ 智慧的人们啊，不要质疑和后悔过往的一切/ 面对当下是最好的选择/ 为了，不要后悔与质怪/因为，今天是明天的昨天。"

读到方华的小诗，听到方华幽默的教育生命性之心灵感悟，看到方华善良的微笑，我便深深感受到他内心深处所燃烧的教育激情与散发的教育温度。方华说他的教育理想是以良好的校风影响家风、改变民风。他说他的工作目的是构建良好教育生态，即构建人成长与生长的良好环境，进而培养健康、积极、快乐的人，培养有责任、有担当的人，培养有能力、有公德、有爱心的人，培养对自己负责，对家庭担责、履责的人。他说有效、有益、有趣的教育是学校、家庭、社会同向、同心、同力的教育。

深情、专情于教育，才会有对教育的挚爱。只有挚爱教育，才会有对教育的生命性理解，才会做有温度的教育，才会成己成人、成人成己。感谢方华院长。

“秋霞老师”的“环创说”

“秋霞老师”,何许人也?为何要打上引号?肯定有朋友要问我。我不是故意要卖关子,是这其中有故事。

“秋霞老师”,名叫王秋霞,是辽宁省大连市甘井子区教育局幼儿园园长、辽宁省特级教师。她受邀在南宁青秀区幼儿教育研讨会暨第五届名师节上做专题报告,我认识了她,我听到了她颇有见地的“环创说”。她把我引向了一个幼儿园环境创设的魅力世界。

王秋霞掏出心里话对人说:我希望老师、家长们都叫我秋霞老师,我希望孩子们叫我秋霞老师。我觉得叫我秋霞老师是对我最大的尊重,而且让我感觉特别亲切。我的幼儿园都喜欢叫我秋霞老师。一个简简单单的称呼,折射出她心灵的澄净,标示着她对园长角色的自我定位。我点评王秋霞的时候,便顺理成章地一直称她为“秋霞老师”了。多么亲切的称呼啊!

对王秋霞的点评,我又展现了我演绎名字的爱好:王秋霞,你是一个美丽、激情和慧韵的孩子王。紫色是你给予自己生命勃动的标记,秋实是你赋予孩子的缱绻诗语,霞光是你献给幼教的烂漫期冀。其实王勃的《滕王阁序》对秋霞早有经典的描绘:秋水共长天一色,落霞与孤鹜齐飞。秋霞老师的名字里寄予了诗的美好,她把这些美好都献给了幼儿教育事业,献给了纯洁的儿童。

秋霞老师报告的主题是基于儿童视角的互动式环境创设。她谈起幼儿园环境创设一套一套的,有独特见解,有丰富实践,有举不胜举的成功案例。秋霞从陈鹤琴的“活”教育出发,创设着基于儿童立场的活环境。在秋霞老师看来,活是成人与儿童思维角色的置换，是关注儿童、理解儿童、移情于儿童的教育追求，是唤醒儿童对于环境观察、对话和倾听的攻略，是巧妙地引导儿童进行独特的自我感知、体验、探索、创造和表达的生命互动。

我听过不少专家和名园长讲环创，而对于秋霞老师的“环创说”却有特别感觉。首先是她的“三味论”。她的甘井子教育局幼儿园环创具有山的味道、海的味道、儿童的味道。将山、海、儿童的味道融合在一起，既包含了甘井子区的自然元素，也充分遵从了儿童特别的生命元素；味道既体现了区域物质实体的特点，也凸显了环境所散发出来的精神。幼儿园开辟了青青芳草园、壹园青菜种植园、清溪留声沙水园和亲近动物饲养园等，想尽办法给幼儿创设接触自然与生活、积累直接经验与间接经验、接受美的熏陶与浸润的环境。而且春夏秋冬都呈现出不同的味道，有秋的多姿：秋叶，飘飘洒洒，在眼里，在脚下，在纸上，在舞里，在故事里。秋霞说，落叶静美，层层叠叠的落叶铺就一条浸润的大道，换来幼儿的讶异、惊叹与欢笑；童年的脉络，在踏足、戏耍的那一刻，更加清晰。冬天的温婉，走进孩子的心田。皑皑的白雪，让孩子们欢天喜地。一排小雪人出来了，孩子们用自己的奇思妙想，装扮着小雪人，奇奇怪怪的帽子、五颜六色的衣服、缤纷多彩的围巾，小孩样、学生样、爸妈样、老人样、军人样、科学家样，显示出孩子们的创造力。春光游园会更是热热闹闹，释放了孩子们的天性；夏天玩水、爬树更是乐之又乐。这集中体现了王秋霞的第二个理念：环境要善于“变”。变，也是对活环境的生动诠释。

秋霞“环境说”的第三个特点：环创与课程合一。秋霞说自己是一个收破烂王，看见废弃的东西，她都会审视它的教育价值，一旦觉得有用就会弄到幼儿园。一天她忽然发现山坡下的草丛中有辆废弃的小汽车，她便叫人拖回来，结果被老师们设计改造成了

"直升飞机",孩子们玩得不亦乐乎,家长们也与"直升机"合影留念。这是环境,也是课程。直升机所在的区域变成了国防教育基地,枪、大炮、坦克、装甲车、军舰、军营、战地医院等,成了孩子们接受国防教育的最好环境与课程;孩子们可喜欢这里啦,他们都成了名副其实的小军迷。

秋霞老师对涂鸦真是情有独钟,她幼儿园的涂鸦环创与涂鸦课程,展现了巨大的想象空间与游戏化的课程力量。在她的幼儿园,涂鸦无处不在。有好多好多的涂鸦墙,孩子们涂鸦起来十分方便。还有涂鸦毯、各种器械涂鸦,还有清水涂鸦,涂鸦载体如想象力一样丰富。正如秋霞所说:"一笔一墙一世界,一涂一说一未来。"我笑着对秋霞说:"你可以出涂鸦专著了。"与涂鸦相应的绘画也成为幼儿园的活环境,纸画、木头画、石头画、麻绳画、树枝画、沙画、鸡蛋壳画、水果画、南瓜画,甚至树叶画,整个幼儿园充满了画的清香。

秋霞老师把自己的精力与智慧都献给了孩子们,她为孩子们创造了最受他们喜欢的环境,孩子的成长在无痕迹中发生。一个园长对于一所幼儿园的教育究竟有多么的重要啊?无法估量。我深深记住了她幼儿园那处处可见的蜗牛,这是她们的吉祥物,她们把蜗牛的形象内涵做了最充分、最科学的展现,牵着蜗牛去散步的诗句成了她们的座右铭。在她们的幼儿园,种子室也成了重要的环境与课程。秋霞老师自豪地说:"我们的种子室全世界最大。我们的孩子们用手捏种子,用鼻子闻种子,用嘴巴咬种子,用眼睛观察种子,了解各种种子的形状和味道,认识它们的特点。播种它们,看它们生长的不同状态。孩子们对种子的兴趣非常浓厚。"

幼儿园的环境创设有很多学问,王秋霞完全深入其间了,她从儿童与环境互动的生命关系中,认识了环境的教育价值,她让自己的幼儿园每一处空间都成为具有教育意义的课程。王秋霞懂得环境必须要活起来，应该针对不同的教育主题和目标而变化，应该始终让孩子兴趣饱满地追随。王秋霞正在成长为幼儿园环境建设的专家。

大山深处有这样一所幼儿园

在我的概念里，十堰是大山之地，房县则是一个大山深处的神秘之地。无论山是否真的大，但在我的认识视野里就是如此。我真的没想到，在大山深处的房县，居然有一所让我惊叹的幼儿园。

我的惊叹，是尽情的赞美。然而却受到十堰市政协原副主席朱仕雄先生的友好批评："你太偏见！你以为我们十堰教育落后吗？跟你说，我们十堰教育发展迅猛，许多亮点璀璨耀眼，光灿夺目。你不要用陈旧而落后的眼光看我们！"

我深深地理解朱仕雄先生，他把自己的一腔热血献给了十堰教育。他深爱着十堰教育这片肥沃的土壤，他用他的精湛的专业，研究和指导着十堰的教育。

我的惊叹也确实潜藏着一种传统原义的低估，意识里面：大山深处本该落后一点。朱仕雄先生需要的是我基于荆楚、甚至基于当今中国现实情境比较之后的惊叹。

房县幼儿园那浓浓的绿色让我震撼。眼光倒映着柔绿，心里生发出阵阵昂扬，血液涌动着自然与生命融合的力量，所有的廊道都充满生机。关键是这些绿色是交织在孩子们创造的文化主体之中，它构成了一种属于孩子们的独特气场，它融贯于孩子们的各种活动之中。

那个奇妙的空中花园,五颜六色、斑驳陆离,仿佛浓缩了整个大自然。孩子们会把这个空中花园雕刻在幼小的心灵里。站在空中花园,心潮澎湃;我必须留影,而且必须尽多地留影,似乎只有如此才能表达我此时此刻的心境。

楼房背后,别有洞天。一大片绿地,翠翠茵茵;顺斜坡而上,满是泥土的清香。那绿地是大草原的画卷,那绿地是自然之神的显现,那绿地是孩子们最美好的世界。我看到一些幼儿园把所有的场地都硬化了,把本该属于孩子们的自然的泥土、草地、树木都剥夺了,我感到特别寒心。

有一个细节更让我惊讶:在厨房里,一个小小的过道,摆着优雅的藤条椅和茶几。园长冯丽告诉我:“这是专为师傅们休息而准备的。师傅们累了可以坐一坐,喝喝咖啡,喝喝茶。”这真是以人为本的典范。

每个班都是孩子们的乐园,宽敞的空间、足够的玩具、丰富的区域活动张扬着孩子们的天性。我兴奋地和孩子们打着招呼,我尽情欣赏着他们纯真隽美的微笑,我甚至极想投入到他们的游戏之中,去体验一下作为儿童的香甜的记忆。

房县幼儿园是大山深处一道亮丽的风景,也是我心中一道绚丽的彩虹。

冠豸山下欲展幼教宏图

冠豸山堆叠着美丽神奇的传说,冠豸山守护着连城厚重的文化。青山与碧水净化着无数的眼光,朝霞与流云编织着无数的向往。

冠豸山繁盛了连城的幼教，冠豸山孕育着连城幼教的未来。以山作基石，以水作滋养，一片小苗将成为参天的森林，一汪童真将化作鲲鹏展翅。

走向冠豸山，走进福建龙岩连城县实验幼儿园，走进同一个希望和同一个梦想，园长周梅芳一个接一个地讲她们幼儿园的故事。写着园名的那块大石头，就是冠豸山著名的山峰。那可爱的吉祥物家家园园，身着客家服饰，绽放着莲花般的笑容；那墙壁上行走的色彩，流动着幼儿思维的神采奕奕；还有那宣纸大龙、那让人垂涎欲滴的美食、那嵌满智慧的民俗，都深深地植根于周梅芳的故事里。

连城的珠宝星光都闪烁在连城县实验幼儿园的每一个地方。周梅芳园长的脸上洒满阳光，她以自己灿烂的语言，导引我们读她幼儿园文化与环境创设的大书。罗丽琴副县长的心中装着满满的自豪感，既是对连城文化的深爱，更是对连城县实验幼儿园的赞赏。她一边听周梅芳的介绍，一边兴致盎然地跟我讲幼儿园文化与课程中涉及的连城文化，让我对连城这片土地、对连城的冠豸山、对连城的璀璨文化，涌出无比的敬畏和崇拜之情。

连城，冠豸山，蓝天下的肥沃，构建了我的心境。走进崭新、现代、静怡的冠豸幼儿园，迎面逸入眼帘的是童真绽放、豸下花开。那片山坡上起伏的草地，布着各种各样的材料和场景，是孩子们游戏的乐土，到处充满鲜花绽放的别样芬芳。来到隔川幼儿园，眼前一亮：乡镇中心幼儿园也居然这么光鲜。做的是本真教育，打造的是武术特色，非物质文化遗产连城拳在这里得到了传承与光大。

在连城，在冠豸山下，我们更多的是在讨论一个重大的工程：如何将连城打造成学前教育强县？连城县准备从体制机制入手、以一种县域整体集团化的模式，全面提升环境、师资、课程、游戏、成效质量,建设学前教育强县,让连城的孩子享受最优质的学前教育。提出这一重大工程的是调来不久的县长蔡东阳。蔡县长十分年轻,学历很高,生于1986年,他本科毕业于清华大学工程物理专业,是清华大学核科学与技术专业博士。蔡东阳县长把学前教育发展作为他大力发展连城教育的第一大战略、第一大行动,这让我实是钦佩之至。这一战略、这一行动,包含了蔡县长多少对基础教育的哲学思考啊!包含了蔡县长多少对人的成长、对启蒙教育、对学前教育的深层诠释啊!

冠豸山下,连城集团化办园的思维在拓展,在几何式地辐射。副县长罗丽琴、教育局局长吴淑友、副局长刘欣华、学前教育股负责人吴星光、教师进修学校副校长吕晓丹等,在冠豸山下,他们满怀对打造连城学前教育强县的美好憧憬,个个以不同的身份、不同的视角、不同的思考,发表着意见:县域整体集团化、基于专业的捆绑型集团化、具有实质性的责权利的专业性集团化,集团管理中心、集团教师培训中心、集团课程中心、集团研究中心、集团督导评价中心,城区6个公办园作为大龙头园、整体实施"龙头+"、"1拖3"、带动17所乡镇中心幼儿园的发展、创造高质均衡的学前教育……思维在碰撞,智慧的火花在竞相闪射,一张恢弘的幼教蓝图在绘制。

冠豸山下,一群心中装着孩子的人,用深厚的情怀在无限地畅想,在论道,在谋划。县域集团化之下的莲文化、莲课程等将成为集团优质教育标志。冠豸山流淌着连城幼教的玉液琼浆,我为连城儿童而庆幸。

连城的冠豸山:阳刚天下第一 ,阴柔举世无双;冠豸山,连城的冠豸山:生命之根,生命之门。它尽显旺盛的生命力,尽显勇往无前的气概。冠豸山,那永远闪烁的生命之光,是连城幼教的未来!是连城教育的未来!是连城的未来!

自创符号点亮环境之光

自创符号！啥？自创符号！我看着何云竹园长，看着孩子们的自创符号，我的想象在奔驰中变成了无数个具有创造性的符号。多么可爱的孩子，他们有着无限的创造力，只要给他们一片天地，他们就能让它长出太阳、月亮和星星，长出春夏秋冬的流云。何云竹说自创符号是以幼儿为主体的环境生成。在何云竹的理念系统中环境的价值与意义首先要满足幼儿的需求。她认为属于幼儿主体创造的环境才是教育的场域，才是生命互动的最佳场所。

何云竹是四川省绵阳市花园实验幼儿园园长、正高级教师、四川省特级教师。她总在追问自己，幼儿园如何才能成为孩子们喜欢的场所？应该如何使环境充分满足幼儿的发展需求？幼儿园环境创设的核心价值是什么？创设什么样的环境才能够支持、促进幼儿发展？园长的追问是幼儿园深度发展的基石。对于何云竹而言，幼儿用自创符号构建环境就是她对于环境追问与思索的产物。作为园长，就是应该从幼儿教育的深层角度、从儿童成长的本质所在去刻骨入魂地追问和思考，只有这样，我们的幼儿教育才能站在幼儿的生命立场上去施行。

自创符号，我听来就新鲜。我无数次地跟园长说：在幼儿园的环境创设中，幼儿应该成为主人，缺乏幼儿参与的环境创设，很难成为幼儿喜欢的环境；一个不被幼儿热爱的环境很难谈什么教育性。何云竹把这样一个教育哲学问题想得十分透彻，她让幼儿体会到了自创环境的乐趣，她让幼儿在自创的环境中快乐健康地成长着。自创符号，我喜欢这一做法，因为它很符合幼儿身心的发展需求。不要看孩子们很小,但他们创造的欲望很强烈,他们希望用他们的小手和大脑创造属于他们的幼儿园。自创符号,是孩子们最擅长的表达方式,他们可以自由地随心所欲地表达,这就是他们独有的文字,这是他们的兴趣使然。在这方面,他们不知道比大人们聪明多少倍。

自创符号体现了孩子们的思维灵光。孩子们基于自创符号的"何园长"是河流、圆圈、手掌,这样的"何园长"多么生动啊,它极具个性化,它调动了孩子们已有的经验,变成了他们特殊的语言。活动区域的名称,是孩子们的自创符号;材料、玩具的分类收装柜名称是孩子们的自创符号;班级文化建设中都有孩子们自创符号的呈现。其实,自创符号也是一种课程、一种游戏、一种艺术创造、一种儿童才华的展现。

在绵阳市花园实验幼儿园,从自创符号延展到更多的幼儿主体创造。幼儿在环境建设中有想法、有建议、有实施。自由、自主成为幼儿活动的主旋律。何云竹说:"有时我们认为好的环境或许只是我们大人们的主观意识,事实上环境优劣的评价主体是孩子。环境创设需要考虑幼儿的想法和意愿,应充分体现幼儿优先的原则,应观察、调研儿童与环境互动的方法和路径,应跟进、留意幼儿内心的感受和活动发展。我们对环境创设的基本原则是好玩有趣、清新雅致、生态自然,有利于课程联动、融会贯通,有利于幼儿游戏,有利于幼儿的交流交往。花园实验幼儿园以幼儿自创为主体,建立了书虫乐乐阁、玩美俱乐部、万能工匠坊、奇思妙搭社、探索号基地、妙笔生花苑等。满足幼儿自创需求的环境,才能促进幼儿主动学习、自主发展。只有着眼于幼儿当下及未来发展需求的环境,才能助力于幼儿的快乐成长。创设环境的过程就是幼儿生命成长的过程。无论是环境创设,还是材料的收集、制作与投放,抑或规则的制定，甚至为区域命名，我们都努力把其变为幼儿的自主创造，让环境追随幼儿的活动不断升级改版。”

自创符号是一种环境创设思想，是一种以幼儿为本的环境构建观念。何云竹和她的老师们坚持就地取材创造环境，这给幼儿带来更大的空间，因为就地取材关照了幼儿已有的经验，幼儿会在经验的基础上产生更多的新奇想法。何云竹认为简单的自然材料，是幼儿天然的玩具，如柚子树的故事。从自创符号，幼儿园又把孩子们引向“项目社团”环境的建构。通过创设“项目社团”来深化幼儿自主游戏。项目社团即“项目＋社团”的活动样式，把幼儿感觉有趣的事儿变成一个个工作项目，围绕专门活动事项建立“幼儿社群”，让幼儿进入更多“朋友圈”。何云竹津津有味地讲述着项目社团，她们每年成立50余个园级、班级社团，每天1小时的活动时间，不同年龄不同班级的同伴拥有不同的活动环境与任务。一个一个相对独立的小社团，逐渐演变为密切联系、广泛联结的“大社团”。游戏空间被无限拓展，自发性游戏活动层出不穷。社团活动给幼儿增添了非常丰富的生命体验，获得了更多与环境持续互动的机会。何云竹对幼儿项目社团的认识是十分深刻的。

何云竹的思维是发散的，她从自创符号又想到功能室的环境创设，她说功能室不是简单的兴趣活动室，而是和班级、户外活动有机整合、互相交替的场所。她强调功能室应成为孩子们环境创设、材料研制、游戏生发的基地。在这里，孩子们能够充分发挥自己的想象力和创造力，将自己脑海中的奇妙想法通过各种材料转化为实际的作品，在游戏的过程中不断探索和发现新的乐趣，真正实现玩中学、学中玩的教育理念。

对于户外游戏环境设计，何云竹将任务分解成一个个子项目，由老师们自主申报、组建项目小组、自领任务，和孩子们一起承担施工设计、材料投放、活动预设、后期环境维护和材料更新等工作。这种方式充分调动了老师们的积极性和主动性,让老师们能够根据自己的专业特长和兴趣爱好参与到户外游戏环境的打造中。同时,让孩子们参与其中,不仅能使他们对户外游戏环境产生更强的归属感和责任感,而且在参与设计和建设的过程中,孩子们的动手能力、团队协作能力和解决问题的能力都能得到很好的锻炼。每一个小项目都像是一颗充满希望的种子,在老师们和孩子们的共同努力下,逐渐成长为户外游戏环境中一道道亮丽的风景线,为孩子们创造出一个充满趣味和挑战的户外游戏天地。

“慢下来”的教育

在第十五届东湖微论坛上,蔡盛说,教育实践其实应该是一种慢的艺术,好教育就是慢慢成就儿童,正如有老师说“成功的教育犹如煲锅汤,需要文火慢炖、需要时间与耐性才能炖得入味”。蔡盛是江西省抚州市保育院院长、正高级教师、江西省督学、江西省教育学会理事、抚州市政协委员。蔡盛行走在快与慢的哲学中。她说,我们现在所处的年代是一个快速发展的年代,追求高效是这个时代的特征,然而我们的教育,尤其是幼儿园教育,应该慢下来。慢下来才有静待花开的美好,慢下来才有高质量的陪伴,慢下来才有师幼的快速成长。我静静地听着,也静静地思考着、反复回味着。

“慢下来”,这是来自天空的声音:“上帝给我一个任务,叫我牵一只蜗牛去散步。我不能走太快,蜗牛已经尽力爬,为何每次总是那么一点点?我催它,我唬它,我责备它,蜗牛用抱歉的眼光看着我，仿佛说：‘人家已经尽力了嘛！’”我想起了台湾张文亮的诗《牵着一只蜗牛去散步》，我想起了一位园长妈妈的话：“孩子，是慢慢养大的，教育孩子就像牵着一只蜗牛在散步，需要我们细腻的呵护。”慢养，才能教出更优秀的孩子。

慢下来，是教育的静待花开；只有慢下来，才能真心陪伴。蔡盛对当今幼儿园教育中急功近利的问题，是有深刻批判的。她说，急功近利，会让我们看不到儿童、等不起孩子的探索、读不懂童心，会让教育失去应有的温暖与幸福。孩子的成长是一个慢慢的过程，需要慢慢等待，需要慢慢陪伴。我们要相信孩子的潜能，相信孩子是有能力的学习者。这是我们幼儿园教育工作者必须要具备的教育理念，要时时刻刻站在儿童的生命立场上去思考，要时时刻刻以儿童的视野去设计、审视、实施我们的教育。

蔡盛对于幼儿教育要慢下来，有着自己特别深刻的体会。她说让脚步慢下来，幼儿游戏就会更充分。她说只要我们给孩子充分的时间、充足的机会，孩子们就会有更好的发展。蔡盛以“遮阳这件事”为案例阐述了自己的观点。那天是户外混龄畅游日，如期而至的孩子们有一段对话引起了教师的关注：“真的好热，太阳好大啊！”“哎呀，你看我全是汗。”“没有什么东西可以挡一下啊？”“我拿这个铲子给你挡一下吧！”“哎呀，铲子上的沙子掉在我头上了！”老师说：“那就撑伞试试看。”孩子们兴冲冲地跑回教室拿来一把伞，可撑伞的时候，孩子们发现一只手撑伞不方便游戏，同时伞太大了，也不方便同伴之间的交流。于是老师和孩子再次进行探讨，孩子提出用报纸遮挡，但报纸易破，又太轻，还会被风吹走。回顾整个课程，五次猜想与实施让幼儿品味了失败的失落和胜利的喜悦，五次探索与实践让幼儿构建起多元化的知识与经验，五次交流商讨为幼儿架构了逻辑性思维体系，五次坚持更是历练了孩子们不畏困难的品质。

慢下来，会让孩子有思考空间；慢下来，不再急着向孩子要成果；慢下来，不再看重表象的成功。蔡盛说，慢下来，孩子的游戏居然可以那么精彩，孩子可以像哲学家一样的思考与提问；慢下来，教师的陪伴可以这么安静，教师可以像一本书、像一棵大树、像一个沙发似的，默默地陪伴着孩子、支持着孩子，也能以一个朋友的身份与孩子们共同探索感知。慢下来，教师的园本教研才会扎扎实实地做起来。观察、查阅、思考、现场教研、思维碰撞等便会成为教师的教研常态。

蔡盛说，慢下来，管理会有更好的效果。她用南京鹤琴幼儿园张俊园长的话来阐述：你希望老师怎样对待孩子，你就应该怎样对待老师。一个教师的专业成长，最关键的不是教学技巧，而是理性成熟的价值观和思维方式，所以培养完整的、身心健康、向上、向善、向美的老师才是最重要的任务。慢下来，给予教师真实、自主的权利；慢下来，用丰富多元的方式促进教师完整、持续、抱团成长。蔡盛说，园本教研是我们对话与提升的最基本的方式，我们通过专家入园引领、走出去学习后回来分享，采取即刻式教研、问题式教研、分享式教研、案例式教研、辩论式教研、专业式教研等多种园本教研模式来解决我们当下出现的问题。读书是我们园本教研的重要内容。通过“我是讲书人、知否读书会、咖啡文化”引导教师爱上阅读、让阅读成为生活的一种习惯，成为一种生活态度和存在方式，也成为我们生命中最重要的事情。爱生活的人最美，培养完整的教师。首先要看到每一位教师的优势并让其发光放彩。丰富多彩的生活化教研中，发挥教师主导力量，教研中可以是教同伴一项生活技能，做一份儿童美食；可以是表达情谊、感恩有你；也可以是为解决一个生活中的问题，共话真心。让老师们在工作与生活中保持“做人以真、待人以善、示人以美”的状态。蔡盛曾激动地对老师说：“让我们一起拥有轻灵心境、平和心态和优雅气质，慢下来，守望孩子的好奇心、创新力，以最温暖的形象站在儿童中间，在真心陪伴中与幼儿共同成长。”

慢下来，会感受到无限的美好：“咦？我闻到花香，原来这边还有个花园，我感到微风，原来夜里的微风这么温柔。慢着！我听到鸟叫，我听到虫鸣。我看到满天的星斗多亮丽！”蔡盛就沉浸在这美好之中。

自然的酸甜的味道

在福建连城，在连城县实验幼儿园，热情似火的周梅芳园长，端出一个水果盘，笑着对我说：“豪哥，请尝尝我们幼儿园里生长的水果吧！刚摘的，味道一定很美！”“啊哈，真的？幼儿园里生长的水果？尝尝，尝尝。”我拿了一个李子吃起来，仔细体会其味道，“太好吃了，酸酸的，甜甜的。”“好吃吧，我们幼儿园生长着好多种水果哩。每年我们会举办水果节，你要那时候来可热闹啦，你会品尝到更多的水果。”那热闹的场面我想得到，孩子、老师、家长们一定是快乐无比。

我吃着连城县实验幼儿园的水果，那是自然天性的水果，那是寄予了孩子们希望的水果，那是饱含了教师深情的水果。水果是周梅芳幼儿园的课程。水果树的生长，是生命的历程，是教育的资源。那初春的嫩芽，在温暖的阳光下显得生机盎然；那繁盛的枝叶，孕育着梦想的果实；那花，那律动的花，与小鸟和蜜蜂编织着最美的故事。我两次到连城实验幼儿园，都特别喜欢这儿的果树,喜欢这儿大片大片的绿草,喜欢这儿葱葱郁郁的各种植物。这儿是自然的,是生态的,是儿童的天地。吃着幼儿园生长的水果,眼前始终浮现一幅幅美丽的画景,我觉得这儿的孩子真幸福。

周梅芳就如那新新鲜鲜的水果,脸上流溢着甜蜜蜜的笑。周梅芳拥有孩子的童真,微笑中满是憧憬,满是快乐。我听她介绍,听她讲故事,听她谈感受,心里挺舒坦。连城幼儿园有一个带状的游乐场,小桥流水,红鱼嬉戏,小水车不停地转动,青青的水葫芦也很有滋味,这真是孩子们的乐园。连城实验幼儿园那环绕的墙壁,长满了绿藤,花儿异常的鲜艳,下面是紫色草,长得特别旺盛,只是我不知道它叫什么名字。周梅芳是懂孩子的,她一定经常在追问自己:“孩子们究竟喜欢什么样的幼儿园?我们应该为孩子们提供什么样的环境?孩子们童年的幸福与快乐究竟从何处来?”我坚信周梅芳的思维深处镌刻着属于孩子的追求。

走在连城幼儿园的每一个地方,包括那些角角落落,都充满着教育的元素。周梅芳兴致勃勃地跟我讲故事,讲那些生动的教育故事。连城实验幼儿园有如连城文化的“博览馆”,风景啊,历史啊,民俗啊,美食啊,都成了幼儿园里的课程。如“姑田游大龙”,深受孩子的喜爱。姑田游大龙始于清乾隆。每年元宵节,连城县姑田镇民间都要举行游大龙的民俗活动,祈福人间国泰民安、风调雨顺。孩子们观看游大龙,或是玩象征性的游大龙,真是不亦乐乎。“罗坊走古事”是具有娱乐性质的盛大狂欢,被称为“中国山村狂欢节”。孩子们玩“走古事”,度过了属于自己的狂欢节。孩子们玩“芷溪花灯”,其乐无穷。花灯有纱灯、牡丹灯、鳌鱼灯等,五彩斑斓,花团锦簇,琳琅满目。“北团游大粽”,孩子们抬着大粽,欣喜若狂,前有鸣锣开道,彩旗花伞引路,后有欢笑声声,一路吹打,浩浩荡荡。“犁春牛”,牵牛僮牵着用红绸布扎花絮披头的健壮耕牛,后接犁田、送饭、钓鱼、挑柴、抬农具、读书、担牛草、挑谷子及抬松明火等二十余组成。牵牛僮和犁田者扮丑角，即兴表演，伴以“嘿、嘿”的喝牛声。他们卷袖、赤脚、戴斗笠，男人扎腰、女人系围裙。孩子们演绎着这些极富有特色的民俗。幼儿园的墙面上，到处都是孩子们游戏的照片，到处都是连城文化走进幼儿园的美好行动。我无法把我看到的、听到的描述出来。但我要说周梅芳充分懂得传承优秀文化对于幼儿园教育的重要意义，也十分热爱连城的文化，周梅芳的所思所想深刻地影响着连城实验幼儿园园本课程的品位与品质。

酸甜的李子把我引向了对连城实验幼儿园的回味；酸甜的，幼儿园里生长的水果，渗透着孩子与教师成长光亮的水果，成了我对连城的记忆，成了我对周梅芳园长的记忆。我突然想，幼儿园是不是应该多一点自然酸甜的味道，这种味道是生命性的，因为它源于生命成长的本质。孩子玩，孩子游戏，孩子的课程，都应该有点自然味道。我认为“尊崇自然”“道法自然”应该成为我们幼儿园教育的重要原则，而且这一原则要落实在所有细节之中。草根性、泥土性对于一所幼儿园的文化建设、课程建设是十分重要的，千万不要忘记了生命对于自然、对于区域文化、对群体记忆的依伴特征。

我考察幼儿园，包括看园长、看老师、看孩子，总喜欢寻找我原本性的感觉，我是一个感性的人。这种原本性的感觉，大概就是我所说的味道，一个园长要有园长的味道，一个教师团队也要有教师团队的群体味道，一所幼儿园的孩子当然应该有自己文化所浸润的味道，每一所幼儿园的独特性或品位就是它的味道。我还一直回味着连城实验幼儿园生长的水果，那自然酸甜的味道。

好大的一片山坡草地

龙岩市连城冠豸幼儿园,有好大一片山坡草地。我特别喜欢这片山坡草地,这与我童年时期的记忆有着密切关联。我的老家在汉江边,我的童年时期是在汉江大堤上度过的。堤坡上生长着丰茂的绿草,我和小伙伴们几乎天天要到草坡上滑自己做的小滑板。坐着滑板从上往下滑的时候,十分刺激。我们几个小孩边滑边叫,欢喜得不得了。有时,我们也自然地从堤上滚下来,欢笑声此起彼伏。堤坡草地上,有许多牛马在吃草,我们小孩帮助大人看管着牛马,很悠闲。有时我们也分成敌我双方,向大堤冲锋,看谁先冲上大堤。堤坡草地成了我童年时期的快乐记忆。

连城冠豸幼儿园就坐落在著名的冠豸山脚下,是一所崭新的,颇有现代感的幼儿园。走在幼儿园中,赏心悦目。那片山坡草地,是幼儿园的独特景观,是孩子们的童话乐园。大型的滑滑梯,钻爬的模拟山洞,野战区的战壕与沙包,攀登山坡的小径,山坡之下的蜿蜒小溪,小溪上的小桥,这片山坡草地给孩子们带来了无限的惊喜与乐趣。

当时冠豸幼儿园的园长是林芳萍,她对幼儿的爱令我感佩。第一次我到冠豸幼儿园,林芳萍因事不在幼儿园,然而她竟第二天从连城赶到龙岩,硬是要当面“请教我”,我被她深深地感动,我至真至诚地和她讨论着幼儿园的文化建设。她说话的语速比较快,是那种性子直爽、快言快语的人。跟她交流,内心会很激动,而且是你不得不激动,她会感染你,她会把你带入她想寻求的文化思索之中。她说她要做冠豸文化,她说“童真绽放,豸下花开”是冠豸幼儿园的办园理念。这个理念，与我关于幼儿园文化的设计思想很契合。“童真绽放”，是幼儿园教育的核心追求，让儿童成为真正的儿童，让儿童对于快乐的期待，像花儿一样绽放。“童真绽放”，需要有绽放的环境，需要有催动绽放的课程，需要有呵护绽放的激励性评价。“豸下花开”，好一片烂漫的风景，好一个教育的美丽期待。冠豸山下，孩子们运动、建构探索、个性化的表演、合作交往，如朵朵鲜花散发着浓郁的馨香。这是冠豸山下最人文的风光。

我建议幼儿园实施生命教育，打造冠豸文化。在龙岩的那几天，我通过各种渠道，尽最大可能了解着冠豸山、冠豸山的传说、冠豸山的文化。事实上，冠豸山既是极具美感的自然风景，更是有着深厚人文底蕴的文化之山。冠豸山是正义的象征，冠豸山的“生命之根、生命之门”给人许多教育的启迪，它也包含了大量的教育资源。打造冠豸文化，探索生命教育，应该成为冠豸幼儿园的内涵延伸与品牌追求。

林园长虽然做事风风火火，而且总想快速成事，但对于拿不准的问题，她会极为恳切地向人求教，会慎重思考研究。那天，她问我：“豪哥，我们幼儿园内有一个小公园，能不能赋予它更多的教育元素？”我说：“我们去看看吧，边看边讨论嘛。”那小公园很美，却缺少一些教育内涵。就此我想到一个话题，幼儿园是教育机构，光具有审美意义还远远不够，关键是要具有课程性，具有与办园理念相吻合的教育性。

我进入林芳萍的微信朋友圈，想进一步了解林芳萍和她的冠豸幼儿园，她的几句话吸引了我，我将其复制于此：“幼儿喜欢绘画的天性是与生俱来的，儿童美术作品能够真实地表达其内心的想法，看似随意的涂涂抹抹，其实绘画已经转变为幼儿的一种特殊语言了。”一个园长，应该要有基于专业素养的教育认知和思考。

冠豸幼儿园的LOGO也引起了我的兴趣，我仔细看了它的内涵诠释：獬豸是代表智慧的瑞兽，豸的抽象轮廓同时也是冠豸幼儿园豸文化的体现，大拇指是獬豸的头，中心图形是风景名胜区冠豸山的缩影，以一个涂鸦样式的手掌印为轮廓；五个手指代表陈鹤琴先生提出的“五指教育法”，即幼儿园的五大领域，让幼儿用自己的小手探索、实践、创新，从而习得多方面的经验和能力。在尊重幼儿的同时激发其关注自然、爱护生命的意识，在学做真人，做真事过程中，学会真本事，获得真发展。整个图形寓意着幼儿园开放、包容；幼儿正直、勇敢、热爱自然。冠豸幼儿园是冠豸家人们的精神乐园、成长乐园、生活乐园，更是孩子们成长的摇篮，这里将像初升的太阳般光芒四射，孩子们沐浴在爱与快乐的阳光下，将成为一个具有创新能力、乐观包容的“小小冠豸人”。

冠豸山是生命之根、生命之门。冠豸幼儿园童真绽放，豸下花开。林芳萍绽放着自己的教育梦想。

陈爱萍沉浸于南通幼教

陈爱萍因从事幼教而幸福。陈爱萍是南通市教育科学研究院学前教育教研员。在第十六届东湖微论坛上，她以一种特别的情怀和深切的感悟，谈着南通基础教育所取得的重要成就，谈着南通学前教育所获得的重要发展，谈着著名实业家型的教育家张謇对南通教育的深远影响，谈着“弘謇”课程在幼儿园的实施与成就，还谈着自然中的儿童最灵性……她津津有味地谈着，她让自己的幼教激情熊熊地燃烧，她让自己的生命快乐在层出不穷的画面中绽放着。

一个植根于南通学前教育的教研人，陈爱萍；一个心中永远装着儿童的幼教工作者，陈爱萍。她情深意切地、自豪地讲着南通市学前教育改革发展的十年美景。她说：十年来，南通学前教育的发展最深刻地体现在内涵的发展上；十年来，广大教师的教育理念和行为发生了重大变化。她说：教师的儿童观变了，更加认同儿童是学习者的角色，更加相信儿童潜在的成长力量。教师在教育过程中给予了孩子们更充分的游戏权利和更多主动发展的机会。教师的课程观变了，教师们依据幼儿直接感知、实际操作和亲身体验获取经验的基本规律，广泛收集和利用最丰富的教育资源建设课程，促进了儿童全面和谐地发展。教师的教育方式变了，在现代信息化背景之下，教师采用更丰富多样、更受孩子喜欢的教育方式引导孩子，使游戏精神落地生根，使儿童真正成为自由、自主、创造、愉悦的发展者。

作为一个市级学前教育教研员，应该如何来总结回顾一个区域学前教育发展的历程，陈爱萍的视野和角度是能够给我们带来启示的。她谈南通市学前教育的十年变化，把眼光放到了内涵发展上，放到了教师观念的变化上，这是特别好的。事实上，教师观念的变化才是最重要的发展成果。观念是推动力，观念是发展的源泉。

情感的画面在轻轻展开，观念的力量催开了无数绮丽的花朵，南通的学前教育在自然的绿色中稳步前行。美丽的言语道出了教师们对儿童最美的认知——“沐浴自然绿色，乐享生命成长”，这是美妙的旋律；“葆有幼儿的自然天性，呵护幼儿生命的活力和多样性，造就幼儿与万物的良好关系”，这是美好的期冀；“有一种天使叫儿童,有一种美丽叫自然,儿童是自然之子,自然中的儿童最灵性",这是美隽地描绘。陈爱萍沉浸在回忆中,沉浸在描述中。陈爱萍追寻着,她说南通学前教育的发展不能脱离南通的地域特征和人文渊源,南通的"前世今生",决定了南通的文化品质是"山水风格",仁者乐山、智者乐水是对南通山水风格的最好诠释。南通学前教育正朝着"敢为人先,包容汇通"的精神境界前行。

陈爱萍又把我们带进了她对幼儿园文化的理解之中。她阐述道:"文化是人类社会历史实践过程中所创造的物质财富与精神财富的总和。文化是一个国家、一个民族或一群人共同具有的符号、价值观及其规范。"她说文化包括物态文化、制度文化、行为文化、心态文化。幼儿园文化的特征,对外是个性的,必须具有鲜明的特色;对内则是具有共性和可操作性的。办园理念是精神力,是哲学性、适切性、差异性、统领性与前瞻性的有机融合。园所定位、园所精神、培养目标、园所愿景、教育理念等形成多维呼应的价值链。制度文化是行动力,包括行政机构设置、制度体系、课程规划、教师手册、品牌管理策略、公共关系策略、人力资源管理策略等。物化环境是形象力,它包括园所布局、绿化、景观、建筑物外形及风格、内部装潢、教育生活设备设施。还有宣传橱窗、网站、标语、建筑物命名等。而幼儿园文化的视觉识别系统则包含园标、园名、标准色等基础要素,听觉系统则包括园歌、幼儿园标志音乐、园内电子媒体音乐等。幼儿园的文化建设应对幼儿园的文化内涵有正确的认识,文化建设的本质在于其精神文化的培育,不可本末倒置;应当意识到幼儿园文化建设是一个长期的过程。即所谓"房子易建,标语好拟,外形易塑,制度好定",而要改变人的观念和行为实属不易,绝对不能急功近利。衡量幼儿园优质文化的标准,是文化能否服务于幼儿园的发展？能否推动幼儿园办园目标的实现？是否有助于增强幼儿园的凝聚力，有助于提升教职工对幼儿园的忠诚度，有助于提升幼儿园的外部形象，从而增强社会和家长对幼儿园的认知和认同？她说从某种意义上说，幼儿园文化可以直接构成幼儿园的核心竞争力，能够引导和规范教师行为，而且具有明确的管理功能。好的幼儿园文化能造就幼儿园的精、气、神。所谓精、气、神，即“人才之华为精，创新之源为气，文化之魂为神”。

陈爱萍以南通市海门区常乐幼儿园为例，讲述了南通开发和实施“弘謇课程”的故事。“弘謇课程”的理念是本土为媒、游戏为介、共享嬉乐童年。常乐幼儿园地处清末状元张謇的故里，具有独特的文化底蕴、浓厚的乡土气息及丰富的教育资源。著名的教育家皮亚杰认为儿童是在与周围环境的相互作用的过程中，逐步构建起关于外部世界的知识，从而使其认知结构得到发展。弘蹇课程十分丰富，它包括酒瓶装饰画、瓶盖大变身、酒瓶演奏、一起来做酒、酒盒创意秀、酿酒日记展等。乐食课程、美景课程、童谣课程、弘文课程、嬉乐课程等演绎着张公祠的文化厚重。陈爱萍堪称是一位优秀的导游，她把与会者带入了历史悠久的南通，带到了南通学前教育的百花园。

健康教育的立体形态

每到幼儿园，总喜欢看孩子们奔跑、攀爬、翻滚、跳动、拍球……一团团生命的火焰在燃烧，在彰显其无限的活力。那天，在第十六届东湖微论坛上，来自重庆市彭水县实验幼儿园园长、中国学前教育研究会会员赵泽梅讲着她们幼儿园的健康教育，我眼前不断浮现孩子们运动的身影，我耳边不断响起孩子们欢快的笑声。小车在奔驰，绳网在晃动，独木桥上充满胆量，土坡上演绎着“占山为王”的童戏，追赶中呈现着拼搏的勇气。

赵泽梅说健康排在五个领域之首，体现出幼儿健康教育在幼儿教育、幼儿发展中的重要性。幼儿园作为具有保育和教育双重任务的教育机构，健康教育有着特殊地位。儿童正处于迅速生长发育时期，能否对他们实行科学的保育和教育，不仅关系到他们现时的健康成长，而且会对他们一生的身心健康产生持久的影响。《幼儿园教育指导纲要》中明确指出：“幼儿园必须把保护幼儿的生命和促进幼儿的健康放在工作的首位，我们必须高度重视幼儿的健康教育。”赵泽梅园长对于幼儿园实施健康教育有着独特而深刻的认识。

彭水县实验幼儿园构建起了自己的健康教育文化。诸如“儿童为本，健康筑基”，“健康乐园，多彩花园，幸福家园”，“健康快乐、自主成长”，“让健康运动成为习惯；让健康心理成为品质”。赵泽梅说健康教育是她们幼儿园的主要教育特色，运动活力是她们健康教育的内核和基本要素。她们挖掘健康内涵，创建“乐动健康课程”。探究运动健康课程，让幼儿在活动中真正“动”起来；探究健康食育课程，让孩子身体真正“长”起来；探究健康心理课程，让孩子内心真正“乐”起来；探究健康社会课程，让师幼健康行为“养”起来。

赵泽梅说，幼儿对自己的身体充满了好奇，他们的生活虽然蕴涵了健康知识，但若不是通过有目的的健康教育活动让幼儿进行充分地探究，幼儿仍然不能真正地理解健康知识，幼儿健康教育并非绝对单纯地对幼儿进行健康行为的培养，而是帮助幼儿初步感知生命的奥秘，让幼儿能够借助生活经验达到认识的目的。幼儿健康教育在促进幼儿身体健康发育的同时，对幼儿道德的发展也有着积极的影响。幼儿健康教育在实际的实施中就是为了培养幼儿的文明行为、遵守社会公德的行为、与他人友好相处的行为、对自身和他人负责的行为能力等。幼儿健康教育还能促进儿童的审美发展。身体美是健康的自然美的具体表现。幼儿健康教育恰是一种以帮助儿童感受身体的美和促进儿童身体的美为己任的教育。幼儿健康教育是有目的地引导儿童领会和体验人类生命运动的特有方式，大胆地表达自己的情感和体验，增强儿童的审美感受力。

健康成了彭水县实验幼儿园的绿色旋律，成为孩子活力四射的翅膀。无论是健康的运动，还是健康的饮食；无论是健康的心理，还是健康的合作，都构成了孩子成长的力量。在彭水县实验幼儿园，孩子们的运动特别充分。有的孩子在传球、抛接球、夹球行进、边拍球边向前行进、投球踢球，球成了孩子们的魔术，成了孩子转动的快乐；有的孩子在跳绳，有单人跳绳的、有集体跳绳的，绳子在孩子们手中千变万化，欢乐在花样中流淌；有的孩子在过独木桥、跨小河、走钢丝、左右行进跳、双脚分合跳，一个个像精灵的小猴，脚下生风，乐此不疲；有的孩子在投掷沙包、抛接沙包、踢包或捡包，沙包里藏着笑声与快乐。每次到幼儿园，我都特别喜欢看孩子们的运动场景，我甚至想跟孩子们动起来。

赵泽梅说，健康既是幼儿身心和谐发展的结果，也是幼儿身心充分发展的前提，增强幼儿的健康不仅能提高幼儿期的生命质量，而且有益于多种疾病的早期预防，为其一生的健康赢得时间。健康是幼儿的幸福之源，对幼儿进行健康教育，是把通往健康的钥匙交给他们。我对赵泽梅园长说，你做的是新健康教育，它新在对健康教育的再定义,它新在健康课程建设与实施的丰富性,其立体的维度,构成了独特的健康教育观念体系和样态,这是对一个崭新时代的追随。

从森林出发的生命曙光

当黎明悄悄到来时,曙光便带着绿叶与根的情意,从森林出发,奔向幸福与快乐。

曙光照亮了整个天空,包括长江的流波,包括江城的所有碧湖。走进曙光幼儿园的时候,我真以为走进了茂密的森林,走进了参天大树编织的植物世界。

巨硕的梧桐树,宽大的叶子,昭示着自己富有资历的年轮;清香的樟树林,长长的绿枝彼此偎依;水杉,生物化石的水杉,将自己的头伸进了蓝天;还有我儿时才见的构树,虬枝浪漫逸出,将城市的繁华与乡野的宁静融合,涌动着生命的气息。还有许多的树,仿佛长在平地的山坡上,所到之处都是景观。

马润红园长兴致勃勃地跟我们讲曙光幼儿园的光辉历史,讲曙光文化。她把我们带到会议室,正好老师们在观看并讨论曙光幼儿园纪念建园七十周年所做的幻灯片。七十年,步履坚定的曙光,七十年的探索,七十年的积淀,把那六十多亩的森林变成了幼儿园教育的灿烂曙光。

马润红带着我们讲她们的豪迈与宏愿。她指着具有前苏联建筑风格的教学红楼,讲她们对红色文化的传承,历史的记忆也是教育的宝贵财富,森林的绿色永远要烙上红色的基因。她在一片树荫下,美好地畅想着:那里将有孩子们向往的树屋,让孩子们与鸟一起歌唱，这里将在树丛中建起相互连接的绳网、长城、高空索道，给孩子们创造可以撒野的地方，让他们野蛮其体魄；那里将是种植园，这里将是探险国。森林处处都将成为课程资源。

曙光，森林里的曙光是一个可以编织梦想的地方。马润红园长还跟我们说，她们准备打造曙光文化，她说：曙光是破晓红日之光，是儿童生命之光，是延安精神之光，是未来希望之光；生命曙光，从这里出发；曙光幼儿园还想构建光影科探课程、红色浸润课程、阳光乐动课程。

对于曙光幼儿园，我早就已熟悉，在第十九届东湖微论坛上，也和李明灯园长做过交流。作为主持人的我对李明灯、对曙光幼儿园已经激情地赞扬过。传承家风、锤炼作风、塑造师风的三风建设，绿野寻踪户外活动，多姿多彩的运动课程，都让我牢牢记住了曙光。

曙光总在眼前的森林里闪现，这绝对不是幻觉。马润红、李明灯是多么好的名字啊，如曙光一样美好。两幅画徐徐展开：马润红，用马克思主义思想浸润出的红色曙光，闪耀在江城武汉；李明灯，是大片桃李树上挂着的盏盏明灯，每天都会迎来最灿烂的曙光。

一棵属于儿童的大榕树

这是一棵令人惊喜并致敬的大榕树。我久久地凝望着它，脑海里满是想象，在一个长长的历史跨度中穿行：多少个春秋烂漫，多少个风霜雨雪。这棵巨大的榕树，有着世事变迁的厚重阅历，有着见证生命成长的博大眼光，有着喜怒哀乐、甜酸苦辣的缱绻情怀。这是一棵伟大的幼儿园教育之大榕树。

这棵大榕树,是河池市宜州区保育院的镇院之宝,是宜州保育院的院树,更是宜州保育院的精神图腾,是其文化的重要象征。这棵大榕树在宜州保育院院长莫柳焕眼里,是知音,是最亲密的伙伴,是最忠实的同行者。这棵大榕树始终陪伴着莫柳焕院长。莫柳焕,以其女人的倔强与决断,在难以想象的困难中,化解了保育院幼教集团发展中的债务问题、民办转制公办问题、教师编制落实问题等。莫柳焕就如同那棵风吹雨打、历尽艰辛的大榕树。

宜州保育院拥有特殊的文化土壤,滋养了这棵巨硕的大榕树。大榕树下,飞舞着宜州保育院的教育梦想,镌刻着莫柳焕与教师们矢志不渝的铿锵追求。大榕树每天都在歌唱着:学会生活、乐于探索、喜爱读书、善于合作。宜州保育院的每一个前行的思索,每一个课程开发与实施的显著成绩,还有那每一个游戏活动与环境创设,都载入了大榕树的心胸。

宜州保育院这棵大榕树,那粗大的树干,紧紧地拧在一起,那略微扭动的形态,透着一股子韧劲,院长莫柳焕和副院长韦金艳心里都有个美好的愿望:希望孩子们能够像大榕树一样拥有顽强的韧劲。大榕树的枝干,向上向外用力地伸展,恐怕有一个篮球场那么大,保育院的场子上,被浓密的枝叶遮蔽。这茂茂密密的枝叶彰显着生命力的旺盛,也如同保育院孩子们的茁壮生长与活力四射的精神风貌。

宜州保育院那棵大榕树,我特别喜欢它那垂吊的根须。因为我知道那些根须一旦伸进泥土里,就会长成粗壮的树干。宜州保育院的老师们说:大榕树垂吊的根须,可以创造生命的奇迹。我想,这不就象征着幼儿教育的无限可能吗?根须笔直地垂吊着,满怀着信心,满怀着希望,向着泥土,向着生长,这是宜州保育院的生长之歌。

六月十三日早晨，我们走进了河池宜州区保育院，烂漫的阳光演绎着夏天色彩，莫柳焕院长带着天性稚趣的儿童般的笑容、带着成功园长的独特气质，以一种优雅的格调和姿态迎接着我们。一走进园中，令我震撼的是那棵枝叶茂密的大榕树，我掩饰不住内心的激动：多么壮观漂亮的大榕树啊！我所有的文学细胞都被迅速激活，千万句诗一样的赞语涌上心头，我简直不知道如何来描绘这种突发的诗情。

在我的眼里，这真的是一棵超凡的具有幼儿园文化意义的榕树。它散发着一种特有的教育气息，全身都饱含着课程价值。我和莫柳焕院长与韦金艳副院长热烈地聊着，聊大榕树博大的胸怀，聊大榕树坚韧不拔的生命力，聊大榕树的爱心、善良与无私奉献。保育院的一切都发生在大榕树下，大榕树就是保育院的发展历史；教师与幼儿的所有美好都与大榕树在默默地共享；大榕树成了保育院健康、社会、语言与科学、艺术全域性的园本课程。道法自然在大榕树课程中生长出无数的故事，珍爱生命在大榕树课程中熠熠生辉闪耀，悦读探究在大榕树课程中放飞梦想的力量。

大榕树已经成为孩子们生命的依念，那是生命与生命的融逸。那是绿葱的枝叶，抚摸着孩子们的心灵，把童年的纯真与天性，焕发成了幼儿的歌韵。还有那泥土下的根，交织错综着，扎到了有水分的地方，将能量吸入到生命的站点。大榕树是为孩子而存在的，是孩子们忠诚的陪伴者，是孩子们快乐的创造者。宜州保育院的副院长韦金艳希望我为大榕树写篇文章，我便如约呈现了我心中的这棵大榕树。

莫柳焕院长激动地告诉我，不管是地方的官员，还是入院指导的专家学者；不管是来院考察的外地同仁，还是来院参加研讨会的园长与教师,都无一例外地会惊叹赞美并牢记这棵大榕树。因此保育院正在深度研究大榕树课程的创新性拓展问题,我对此也极其认同。我在展望,我在想象未来大榕树课程在孩子们生命成长中更为深刻的价值与更为蓬勃的隽美状态。

名园长工作室的独特力

名园长工作室是中国幼教的一股强大而独特的力量,如朝霞璀璨了幼教的天空,如春风缤纷了幼教的原野,如海潮澎湃了幼教的浩荡激情。

名园长工作室主持人则是一棵棵丰茂参天的大树,是园长和教师的强力引领者,是幼教领域里探索与改革的先锋标范。我在全国参加了许多名园长工作室的研讨活动,强烈地感受到了那种蓬勃的精神力量。

我对名园长工作室这种专业发展模型有着特别高的认同感。在我看来,名园长工作室深深渗透着中国师徒文化的精髓,流逸着血脉亲情般的魅力,那种指导与期待澎漾着生命原发的激情,那是充满温馨的教诲与传承。名园长工作室的群体,生长着真诚的种子,彼此之间形成了某种超越物理状态的属性。

那天在贵阳,明媚的冬日,将绿色无比灿烂起来,把天地弄得十分温馨。一个具有特别意义的活动正在贵阳市实验幼儿园举行。它的特别在于是由贵州省名园长工作室主持人龚燕热情邀约晏梅、袁丽、李佳家、张凌、韦亚琳、胡玉清、陈全慧等七位贵州省名园长工作室主持人联合举办的幼儿园文化与课程论坛。八大省级名园长工作室联合举办活动,让我甚感新颖别致,它所彰显的亲和力，流动在参会园长的血液中构成了一种茁壮内生的文化生态。所有园长的脸上都洋溢着独特的期盼。

龚燕是淑女身材，脸上满是微笑，微笑满含善良，是典型的园长妈妈形象。龚燕，是贵阳市实验幼儿园园长、贵州省省级示范幼儿园评估专家、贵州省黔灵名园长、贵州省学前教育研究会副会长。一见到龚燕园长，便觉得特别熟，仿佛与她是许多年的好友。龚燕有着很大的号召力，那么多省级名园长工作室主持人都是她亲密的姐妹，她们的心灵是相通的，她们的情感是相融的，她们的合作是默契的。我十分赞赏龚燕这种对团队文化的钟爱，这种对相互促进相互发展的竭诚努力。这是一种前瞻的眼界，这是一种合和的境界。

龚燕邀请的七位名园长工作室主持人中，有两位是我非常熟悉的园长，比如说六盘水的晏梅园长，只要我走进贵州的幼儿教育领域，她的名字就会反复出现在我的耳畔。许多人会在我的面前讲她，那天我在贵阳幼专听了她的演讲，心里泛起阵阵钦佩的涟漪，她幼儿园那别出心裁的“有点想法”课程，至今还牢牢地嵌在我的脑海里。有点想法，是基于儿童生命立场的课程；有点想法，是凸显儿童主体的课程；有点想法，是启迪创造的源泉；有点想法，是深度学习的思维飞翔。再比如说毕节织金城南幼儿园的园长李佳家，她的微笑始终在我的面前。她钟爱她的幼教事业，她钟爱她的幼儿园，她深爱她那些教师和孩子们，她潜心浸润的清泉文化，正在孩子们的心灵深处，缱绻流淌，还将流入孩子们未来的人生。

名园长工作室是雁群的飞翔。头雁展现着不同凡响的力量。群雁竭力飞行。那是蓝天的胜景，那是天空的气派。在名园长的引领下，一群又一群盎然风发的年轻园长们，奋然飞翔着。白云，在欢呼雀跃；阳光，在鼓掌点赞。我醉迷于名园长工作室所营造的馨悦氛围,我感慨于这种特定的教育生态所展现的秋天的丰硕。

我家乡的香樟幼儿园

我的家乡,有一个特别美丽的名字:仙桃。你自然会想到仙境,云雾缭绕,霞光万道,神秘莫测,你也自然会想到西游记里孙悟空偷吃蟠桃的趣事。湖北仙桃那是我的家乡,那是著名的亚洲体操之乡,那里有赫赫有名的雷军。

在我的家乡,有一所独特奇美的幼儿园,满园都是粗硕茂盛的香樟树,简直就是香樟博树园。我可以说考察了全国无数的幼儿园,还真没有看到能有哪所幼儿园有如此多、有如此让人震撼的香樟树。

魅力无穷的香樟幼儿园,是湖北省仙桃市第三幼儿园,园长是高挑淑雅的张莹。她的热情,她的微笑,她的谈吐,具有浓郁的香樟气质。她说她充满狂热的野心,她希望自己的幼儿园,既要拥有香樟树的独特性,更要拥有大自然的神奇。她想让孩子们成为地道的自然之子,每天奔跑于自然之中,茁壮成长于自然之中,尽兴呼吸自然的灵气,尽情汲取香樟树的精华。

在苍翠茂盛的香樟树下,张莹满是激动地讲幼儿园的课程故事,凡是幼儿园及周边的花草树木都是课程。樟树当然是她们的响当当的明星课程,观察樟树、画樟树、测量樟树、动漫樟树等,香樟树成了孩子们走进大自然的最好朋友,成了他们尊崇自然、构建天人合一的美丽生态环境的重要引路者。张园长说,她要为香樟树寻找更多的伙伴,让它们也有自己的社会。这也许会给孩子们理解人与自然的哲学关系提供必要帮助。

香樟树是生机与活力、纯洁与雅致、朝气与希望、团结与友善的象征。张莹说，香樟树将成为她们幼儿园的文化，其丰富的象征意义将成为教师与幼儿品质发展的教育追求。这里的每棵香樟树，都是教师崇高的形象，都是幼儿的品质特征。香樟树在阳光雨露下，自然茁壮地生长，假以时日便成为参天大树，这是十年树木，百年树人的美好愿望；这更是道法于自然的、一生二、二生三、三生万物的无穷发展哲学的想象。

我倾听着张园长关于香樟文化的故事。我的思想依偎在香樟树的枝叶之上，甚至钻进了香樟树纵横交错的根系。香樟树把生命的力量深深扎根于泥土，去获取源源不断的生长能量。张莹饱含着深情的泪花告诉我，她在进这所幼儿园时，杂树丛生，显得异常荒蛮。她带领教师们，用坚韧不拔的意志，披荆斩棘，将荒蛮变成美丽、清香四溢的香樟园。

张莹是典型的东方美女，可她却说自己有汉子的气质，大约是指她那不怕困难、大刀阔斧与雷厉风行的品格特征吧！我越看她越像那香樟树，枝条有力地伸展出去，形成庞大厚密的树冠，好像要为师幼撑起一把遮风挡雨的巨伞。

小玉园长鹤立于榆树湾

伟大的湖南是东方红、太阳升的地方。我已记不清去过多少次韶山。岳麓书院是每次去长沙必去的点。湘菜会让我食欲倍增。此次去怀化，与鹤城区幼儿园的园长梁小玉，有了先闻其声、后见其人的深度交流，再次深深感到人与人相识真乃天之缘。

何以先闻其声？此中有故事。梁小玉到湘西州幼儿园交流，园长樊竹筠向她介绍了我并将我的微信推给她。樊竹筠是湖南省湘西自治州名师、特级教师、湘西自治州幼儿园党支部书记，我是在首届东湖微论坛上认识的樊书记，梁小玉对樊竹筠园长所推出的悦心教育十分认同并暗下决心将鹤城区幼儿园的文化提档升级，我们便有了从未谋面的电话与微信交流。这不就成了天之缘吗？

从见到梁小玉园长的那一刻起，她几乎不停歇地在谈幼儿园里的事情，文化呀，环境与课程呀，教师队伍呀，管理评价呀，她越谈越兴奋，刹不住车。我听得津津有味，不时也来点评论。我们在美妙的儿童世界里徜徉，漫步在幼教的蓝天白云中。

梁小玉对幼教的沉浸式的状态感染着我，但小玉的同事告诉我，小玉园长刚刚才做过一个手术。我打心底深处钦佩小玉园长，她多么热爱着自己的幼教事业啊！幼教是她生命的源泉，是她生命的力量。她哪里像刚刚动过手术啊！

小玉园长说，怀化鹤城区幼儿园创办于一九五七年，至今已近七十年了。但当初，幼儿园的名称是叫榆树湾幼儿园，她说她很喜欢这个名字。因为它很有历史感，也很有自然的生态气息，会把人带入一种美好的回忆状态。她的副园长、主任们也很有同感。

榆树湾，我也很喜欢这个名字。于是，我们便在彼此的启示中集体追寻着。榆树湾这个地名、园名是因为什么消失的？那时候此地有榆树吗？为什么现在完全看不到它的身影了呢？这种绿色的生态环境是因为什么而变化的？我笑着说：我们这个追问的过程，就是在研发课程，而且研发的是很有哲学深意的课程。这种探寻会给孩子们多么深刻的启迪啊！

我越来越觉得，梁小玉不就是逸立于榆树湾的白鹤吗？她拥有白鹤的优雅与激情，拥有白鹤的聪灵与智慧。幼儿园本来特别狭小，但她们却与紧挨的初中协商共用运动场，硬是成功地打造出幼儿园的运动特色。孩子们变着花样玩篮球，玩足球，玩得不亦乐乎，玩得聪颖灵动；孩子们像模像样地舞龙，舞狮子，舞出万千变化，舞出精神百倍；孩子们脑洞大开地打陀螺，跳竹竿，千姿百态地跳绳子，他们可以把各种大小不同的簸箕玩得精彩无比。

桂香四溢的教育华章

——蔡迎旗教授的学前教育探索

在那“晴川历历汉阳树，芳草萋萋鹦鹉洲”的江城武汉，在那“桂子月中落，天香云外飘”的桂子山上，华中师范大学宛如一颗璀璨明珠熠熠生辉。这里青春洋溢，桂香优雅，“博雅”之风在学术的高地上袅袅飘散。在这桂子山的绿叶丛中，有一朵资深而独特的桂花绽放着迷人的光彩，她的芬芳萦绕在早期教育的园地，飘洒在学前教育的山林，她便是华中师范大学的教授、博士导师蔡迎旗，同时也是湖北省人民政府决策咨询重点权威专家、中国教育学会学前教育专委会副理事长，也是华中师范大学早期教育研究中心和学前教育研究中心主任。

初遇蔡迎旗教授，是在华中师范大学与亿童教育装备研究院联合举办的第一届东湖微论坛上。她那对学前教育的炽热深情，浸润在灿烂的笑容里，流淌于亲和力十足的演讲中。她生命的澎湃激情，学术的馥郁浓香，皆慷慨地赋予了她深爱的儿童，倾心于她心心念念的早期教育事业。

桂子山上桂花树宛如灵动的精灵。那浓郁的香气醉人心脾，小巧的花朵如繁星般点缀枝头，散发出迷人的芬芳。借桂花的高雅与桂香的浸润,我品读蔡迎旗教授的《我国早期教育专业师资培养中的四个基本问题》,恰似星月照亮心间。我感慨,这便是她寄予中国早期教育师资专业发展的缱绻深情。文章开篇,如激昂的诗篇奏响,指出早期教育在当下的重要性与紧迫性,唤起众人对师资培养的关注。时代发展,早期教育步入“快车道”,然而师资培养的滞后却似阴影笼罩。蔡教授如智慧的探险家,深入剖析四个基本问题,引领我们走进早期教育师资培养的神秘世界。从早期教育专业人员的称谓及其隐喻开始,我们目睹称谓背后社会认知的变迁。五花八门的称谓,见证早期教育从看护服务到高质量照护服务的转变,凸显专业属性强化的迫切。教师称谓的异化,警示我们要重塑闪耀专业光芒的称号。早期教育专业教师的专业标准及其厘定向度,似坚实灯塔指明方向。心理向度,遵循婴幼儿身心发展规律,让教育如春风呵护心灵;衔接向度,体现托幼一体化,搭建通往未来的桥梁;经验向度,借鉴国际标准,在全球化视野中汲取智慧,为本土早期教育注入活力。课程目标的厘定,如绚丽画卷展现丰富内涵。教育信念与责任是明灯照亮成长路,教育知识与能力是工具开启智慧门,教育实践与体验是道路引领走向真实世界。在此过程中,教师不仅是知识传授者,更是成长引路人。从业资格及认证制度,如严格标尺衡量师资质量。从“课程—学时”本位到“资格考试”认证,制度演进反映对教师质量要求的提升。然而当前认证制度仍存在诸多问题,期待走向专业化培养与标准化认证的有机结合,为师资队伍建设护航。蔡教授的眼光射向未来:早期教育充满希望。构建“三位一体”标准体系,如打造坚固城堡确保职前教师培养质量;实施持续有效的职后专业培训,如注入动力完善在职教师“补偿教育”。此间,我们看到早期教育的光明前景,亦感受到蔡教授的深深期许。蔡教授此文,如动人诗篇唱响师资培养旋律，似宏伟画卷描绘教育美好未来。

桂花的清香悠悠，润泽着我对学前教育的认知视界。我沉浸在蔡迎旗教授与梁超合著的《幼儿园教师自主学习的影响因素及其促进策略》所营造的美妙境界中。文中指出，内部因素中的自我效能感、目标设置、学习策略和学习结果评价，如四根坚实支柱支撑着教师的自主学习。自我效能感决定学习意志力与策略选择，目标设置指明学习方向，学习策略影响学习成就高低，学习结果评价激发学习动机。外部因素中的同辈群体和幼儿园自主学习氛围，恰似温暖阳光与清新空气滋养着教师的自主学习。同辈群体的榜样示范和学业求助，以及良好的自主学习氛围，为教师成长营造积极环境。促进策略则如珍贵礼物，为幼儿园教师的自主学习提供有力支持。从教师自身出发，勇于承担责任、积极归因、制订规划目标、尝试实践反思、掌握学习策略，如坚实脚步引领走向专业成长。从幼儿园出发，自主学习合理化、增强自我效能感、营造对话氛围、建设学习共同体，如肥沃土壤培育自主学习种子。在这充满挑战与机遇的时代，此文展现幼儿园教师自主学习的重要性与可能性。

再次登上桂子山，满山芬芳中，蔡教授的《促进幼儿深度学习的教师支持策略研究——以角色游戏为例》，如璀璨启明星，展现充满活力与智慧的幼儿学习世界。从注意与联想的基础前提，到活动与体验的核心要求，再到建构与转化的关键环节，以及迁移与应用的最终目的和评价与反思的有力保障，蔡教授以细腻笔触和严谨态度，勾勒出幼儿深度学习的清晰轮廓。角色游戏中，幼儿注意力被新异刺激物吸引，联想让新旧知识碰撞火花。活动与体验是探索世界的独特方式，建构与转化见证知识生长蜕变，迁移与应用使学习与生活紧密相连，评价与反思如成长指南针引领前行。

以某示范性幼儿园大班角色游戏《旅游团》为例,蔡教授生动展示幼儿在角色游戏中深度学习的具体表现。从游戏主题转变,到角色分配探索,再到新角色演绎和问题解决,仿佛看到一群充满好奇与创造力的小天使在游戏世界自由翱翔。他们在冲突中学会协商,困境中寻找方案,挑战中不断成长。每个片段皆如精美画卷,展现幼儿深度学习的魅力与价值。针对幼儿角色游戏中深度学习的教师支持策略,蔡教授激情阐述:关注幼儿原有兴趣经验,激发好奇心,丰富生活经验,设计探究材料环境,提供适宜支架任务,创设真实问题情境,引领积极评价反思。这些策略如耀眼珍珠,串联起教师支持幼儿深度学习的完整链条。

桂花树的绿叶在阳光下闪耀,花瓣在微风中送香。我研读蔡教授,研读她的生命激情,研读她的学术信仰。其《数字技术赋能学前教育可持续发展何以可能》一文,以深刻洞察和前瞻性思考,展现数字技术与学前教育融合的壮丽画卷。学前教育可持续发展,如充满希望的梦想,承载新时代对幼儿教育的美好寄望。作者从发展内涵出发,深入剖析可持续发展理念在学前教育领域的意义。“发展度”“协调度”“永续度”三维统一的发展观,如坚实夜灯指引方向。在此巨系统中,学前教育不仅是知识传递,更是幼儿全面发展的呵护与未来社会的责任担当。数字技术,时代的弄潮儿,悄然走进学前教育世界,如强大洪流冲击传统壁垒,重塑教育形态生态。从教育现代化战略高度,到儿童数字化生存境遇现实需求,数字技术为学前教育带来前所未有的机遇。

打破资源限制,知识全球自由流动;构建全新学习环境,教育跨越时空界限;提升教育质量,创造生动有趣活动情境;促进教育公平,让孩子享受优质资源。在数字技术赋能学前教育可持续发展的三维路径中,看到希望曙光。拓展规模,丰富资源,提升保教质量;促进均衡协调,缩小差距,实现公平;推动体制机制改进,管理更科学精准个性化,为稳健永续发展提供保障。然而,数字技术非万能钥匙。清醒认识到其赋能功能正负与力量大小取决于自身数量质量,加强数字化资源环境建设迫在眉睫。从开发拓展适宜资源,到安全存储精细管理,再到效率公平兼顾优化配置,每个环节皆重要。秉持可持续发展观,以人为本,质量公平并重,促进学前教育管理与安防信息化智能化、保教活动科学化个性化、协同育人及教师专业发展,保障幼儿合法权益,构建数字化资源环境。数字技术赋能学前教育发展,回应当前内涵与国家战略,满足儿童数字化生存境遇需求,核心价值在于以人为本、提升质量、促进公平。

漫步于桂子山上,徜徉于蔡教授的学术视界之中,我看到了她那颗晶莹剔透的心在早期教育的空域中闪烁,在儿童快乐的浪花中歌唱。那天,听她讲学前教育政策的研究与思考,我被她独特而执着的精神所感动,我深知她是在以自己所有的精神投入与能量全心尽智地在做教育。她几乎参加了全国、湖北的绝大多数关于早期教育、学前教育的政策研究,她倾尽所能为中国和地方的早期教育的发展献计献策。她的脚步深入到了学前教育的广袤大地,她的至真至情洋溢在无数的幼儿园,她亲和的指导惠及广大的教师和孩子。当我走进她兢兢业业的学术天地,我的钦佩之情总会油然而生。蔡迎旗,一朵学前教育领域里灿烂鲜艳的桂花,我静静地凝望着桂子山,久久凝望着这朵清香悠悠的教授桂花。

后　记

名园长以及他们和儿童的故事，永远也写不完。

2021年《名园长的诗与远方》出版，时隔三年，第2季书稿终于又和大家见面了。三年时间，名园长俱乐部·东湖微论坛迎来了一百多位专家和名园长的分享，而我探访调研园所的脚步也从未停止，因此就有了第2季的诞生。本书分为四个部分，从不同角度和层面描绘了儿童教育过程中的那些"诗与远方"。

第一部分"园长之境"，共28篇。园长的胸怀、境界乃至光荣与梦想，在与孩子、家长、老师的同频共振中，走向至善与和谐。第二部分"文化之品"，共27篇。园本文化就像一条思想、情感与行为的河流，连接着园所的过去、现在和未来，引领着园所的永续发展。第三部分"课程之魂"，共42篇。读懂儿童、理解儿童、尊重儿童，构建有灵魂、有文化、有特色的园本课程，才是真正遵从儿童天性、孕育真善美的教育。第四部分"理念之要"，共36篇。在专家们质朴深层的学术思维和教育哲学中，拓展成人看待儿童的视野，以倾听的姿态洞悉儿童的生命世界。

《名园长的诗与远方》第2季的出版，同样得到了众多专家、园长、教师的支持和帮助。首先，要特别感谢在东湖微论坛分享的专家和园长们，是你们提供了宝贵的素材和见解；感谢各地园长和教师们在我调研时给予的热情接待和交流，是你们让我们有机会深入一线，了解真实的教育现场；感谢各大院校和科研机构的专家们的指导和支持；感谢所有关注和支持本书的朋友们的鼓励和陪伴。感谢华中师范大学出版社的付义朝社长和少儿教育分社的梅杰社长，是你们的智慧和经验使得本书内容更加丰富规范，是你们的智慧劳动使得本书能够顺利出版。

希望《名园长的诗与远方》第2季能够为大家的工作提供一些有价值的借鉴和参考，能在学前教育内涵式发展的追梦路上给大家带来一点启示和帮助。我也诚挚地期待有更多幼教工作者能到东湖微论坛来分享那些为孩子们点亮智慧、带来幸福与成长的故事，带大家体验幼教事业不一样的"诗与远方"。